I.M.D. und Raffaella Catalano
100% Bulle

I.M.D. und Raffaella Catalano

100% Bulle

Aus dem Alltag eines Mafia-Fahnders

Aus dem Italienischen
von Friederike Hausmann
und Petra Kaiser

DROEMER

Die italienische Originalausgabe dieses Buchs erschien 2010 unter dem
Titel *100% Sbirro* bei Dario Flaccovio Editore, Palermo.

Besuchen Sie uns im Internet:
www.droemer.de

Deutsche Erstausgabe April 2011
Copyright © 2010 by Dario Flaccovio Editore s.r.l.
Copyright © 2011 der deutschsprachigen Ausgabe bei Droemer Verlag.
Ein Unternehmen der Droemerschen Verlagsanstalt
Th. Knaur Nachf. GmbH & Co. KG, München
Alle Rechte vorbehalten. Das Werk darf – auch teilweise –
nur mit Genehmigung des Verlags wiedergegeben werden.
Umschlaggestaltung: ZERO Werbeagentur, München,
unter Verwendung eines Bildes des Originalverlags
Dario Flaccovio Editore
Satz: Adobe InDesign im Verlag
Druck und Bindung: CPI – Ebner & Spiegel, Ulm
Printed in Germany
ISBN 978-3-426-27561-0

2   4   5   3   1

Inhalt

Kapitel 2

Kapitel 3

Kapitel 4

Kapitel 5

Kapitel 6

Vorwort

von Gian Carlo Caselli,
leitender Oberstaatsanwalt von Turin

Die blutigen Attentate des Jahres 1992 gegen die Staatsanwälte Giovanni Falcone und Paolo Borsellino beschworen in Italien ernsthaft die Gefahr herauf, dass sich die Demokratie – so unvollkommen sie auch sein mag – nach dem Vorbild Kolumbiens in einen Mafia- oder Drogenstaat unter der erbarmungslosen Herrschaft der Cosa Nostra verwandeln könnte. Glücklicherweise ist unser Land nicht in diesen bodenlosen Abgrund gestürzt, sondern hat es geschafft, sich dagegen zu wehren.

Für diesen Abwehrkampf, für diese Form der *Resistenza,* spielte die Verhaftung einer großen Zahl von untergetauchten Bossen eine entscheidende Rolle. Auf diesem Gebiet hat der Staat bis heute konsequent auf die Herausforderung durch die Mafia reagiert. Dies war das Verdienst aller (der Ordnungskräfte und Staatsanwälte), ohne Zweifel aber vor allem der Sonderkommission Catturandi, die im Polizeipräsidium von Palermo für die Ermittlungen gegen die Mafia zuständig ist.

Eine eingeschworene Truppe von hochprofessionellen Spezialisten, die durch die beeindruckenden Erfolge ihrer gefährlichen und überaus schwierigen Tätigkeit weit über den Kreis ihres Arbeitsumfelds hinaus berühmt geworden ist, denn es ist ihr gelungen, viele der wegen ihrer Verbrechen, ihrer Rolle in der Organisation und ihrer Kaltblütigkeit

11

gefürchteten Mafiabosse aufzuspüren und zu verhaften. Die Männer dieses Polizeikommandos sind bereit, Tag und Nacht präzise wie ein Uhrwerk zu funktionieren, und sie wenden dabei immer ausgefeiltere technische Methoden an. Ein perfektes »Uhrwerk«, dessen Triebfedern nach eigener Aussage »Blut und Schweiß, Idealismus und Pflichtgefühl, Stolz und, warum nicht, auch der Wunsch nach Vergeltung« sind. Wo »Wunsch nach Vergeltung« so viel bedeutet wie: »die eigene Heimat und die eigene Stadt vom Joch des organisierten Verbrechens zu befreien und die Kriminellen hinter Gitter bringen zu wollen, die der Gesellschaft so viel Schmerz und Schaden zugefügt haben«. Einziges Ziel dieser Männer ist und bleibt es, »die Mafia zu besiegen und möglichst viele ihrer Bosse zu verhaften«. Dieses Ziel verfolgen sie immer wirksamer und intensiver, weil sie ihre Strategie und Methode erfolgreich perfektioniert haben.

Die Arbeitsweise der Polizisten der Catturandi von Palermo wird in diesem Buch von zwei außergewöhnlichen Autoren detailliert beschrieben: von I.M.D., der (als Mitglied der Abteilung aus verständlichen Sicherheitserwägungen nur unter seinen Anfangsbuchstaben firmierend) bereits vor 2009 ein Buch mit dem Titel *Catturandi* herausgegeben hat, und von Raffaella Catalano, die alles, was ihr Coautor vom 4. Dezember 1995 bis heute an Außergewöhnlichem erlebt hat, wirkungsvoll in Worte fasst.

Der Text ist weder Sachbuch noch Roman, sondern am ehesten ein Action-Buch, in dem wie in einem guten Film ständig eine atemberaubende Spannung herrscht.
Raffinierte Ermittlungstechniken, der Einsatz hochentwickelter Technologien, Intuition, Geduld und Hartnäckig-

keit, die Fähigkeit, Einsätze strategisch zu planen, aber auch im Lauf der Ereignisse kurzfristig umzudisponieren, Einfallsreichtum und Effizienz in Notsituationen, häufig überlegene Kühnheit, Geschick und Glück, die Fähigkeit (beim Abhören von Telefonen und bei der akustischen Raumüberwachung), die geheime Botschaft und die Codewörter zu entschlüsseln; aus diesen Zutaten entsteht in den zahllosen von I.M.D. erzählten Episoden die ständig steigende Spannung eines Actionthrillers, der interessante Einblicke in das Leben der Mafiosi bietet: ihre öffentlichen und privaten Laster, ihre Charaktereigenschaften und kriminellen »Eigenheiten«, ihre manchmal fast obsessiven Gewohnheiten, ihre mehr oder weniger geordneten Frauenbeziehungen …

Die an vielen Stellen fein dosierte Ironie macht das Buch noch ansprechender und verleiht vielen wirklich heldenhaften Aktionen einen menschlichen Touch, der sie uns noch sympathischer macht.

Das Leben eines Mafiajägers erfordert Opferbereitschaft. Unvermeidlich und besonders bedrückend ist der dauernde Verzicht im Umgang mit Familie und Freunden. Einen ungenügenden Ausgleich dazu bilden die zahllosen Feiern, Grillfeste, Ess- und Trinkgelage im Kreis der Kollegen, die vor allem dazu dienen sollen, den Teamgeist, die Solidarität und die bedingungslose Hingabe der Männer zu stärken, denn nur wenn sie als geschlossene Einheit agieren, haben sie Aussicht auf Erfolg. Diese Opfer weiß I.M.D. mit größter Leichtigkeit und Selbstironie zu beschreiben, wie in der Episode, wo er seine Geburtstagsfeier sausen lassen muss, weil er im letzten Augenblick abkommandiert wird, um einen untergetauchten Mafiaboss zu fassen.

Doch bei der Darstellung der unvermeidlichen Opfer schwingt auch Bitterkeit mit, wenn es um die unbezahlten Überstunden geht, um Geld, das die Polizisten notwendig gebraucht hätten, oder wenn mehr Zeit dafür verwendet wird, irgendwo Finanzierungsquellen aufzutun, statt Ermittlungen durchzuführen, wenn Ferien und Erholungspausen gestrichen oder nie bezahlt werden. Ganz zu schweigen von der ständig drohenden Gefahr für diejenigen, die bei der Jagd nach den Verbrechern keinen anderen Schutz genießen als den der Kollegen, die sich manchmal freiwillig als Bodyguards zur Verfügung stellen.

Da die Herrschaft der Mafia nicht nur auf Gewalt beruht, weiß I.M.D. genau, dass sich unter der Maske der Gewalt ein ganzes System aus geheimen Verbindungen und Hintermännern verbirgt, das eigentliche Rückgrat der Mafia. Während seiner Ermittlungen stieß I.M.D. direkt auf die stillschweigende Komplizenschaft von Banken und öffentlichen Einrichtungen: »Bei unseren Ermittlungen wurden zahllose Fälle von manipulierter Auftragsvergabe, getürkten Ausschreibungen, Absprachen zwischen Politik und Mafia, illegalen Investitionen und Geldwäsche, Verstößen gegen die gesetzlichen Vorschriften über Bankkredite und Girokonten und vieles andere aufgedeckt.« Er erlebte, »dass diverse Gemeinden unter staatliche Zwangsverwaltung gestellt wurden, viele Gemeinderäte auf der Anklagebank endeten und manche auch verurteilt wurden«. Sogar ein Staatsminister deckte indirekt den gefährlichen Boss Vito Vitale, ja, die Schwester von *Fardazza* (ebenfalls Mitglied der Mafia) war die Geliebte des Gemeinderatsvorsitzenden. An dieser Beziehung lassen sich besonders deutlich die Verflechtungen von Politik und Mafia ablesen, denn daraus ergaben sich beträchtliche

Synergien und ein gewaltiger Informationsvorsprung für beide Seiten.

Die unglaublichen Leistungen der Catturandi von Palermo stützen sich, wie alle Ermittlungen gegen jede Form von Kriminalität überall in Italien, auf abgehörte Telefongespräche und akustische Raumüberwachung als ein entscheidendes und unersetzliches Werkzeug im Dienst der Sicherheit der Bürger. Da I.M.D. in dieser Hinsicht aus direkter Erfahrung spricht, ist es umso ernster zu nehmen, wenn er in diesem Zusammenhang dringend vor allen Bestrebungen warnt, die Abhörmöglichkeiten einschränken oder sogar abschaffen wollen. Denn nur durch »diesen Analyse- und Rechercheaufwand erhielten wir wertvolle Informationen über Milieus, Gebiete, Sitten und Gebräuche, Familienangelegenheiten und schmutzige Geschäfte der gesuchten Mafiosi, und dabei wurden nie, und damit meine ich wirklich nie, Namen oder Umstände enthüllt, die nichts mit den kriminellen Machenschaften zu tun hatten«.

I.M.D. und seine Kollegen von der Catturandi sind hundertprozentige Profis, die einzig und allein dazu ausgebildet sind – unter Einhaltung der Gesetze –, diejenigen Kriminellen vor Gericht zu bringen, die das gesellschaftliche Gewebe, zu dem wir alle gehören, zerreißen. Sie handeln ausschließlich im Auftrag des Staates, sind aber zugleich in der Lage, die staatsbürgerlichen, moralischen und juristischen Verpflichtungen, von denen sie sich leiten lassen, mit Respekt vor den Menschen zu verbinden. Sie fühlen sich gezwungen, die Mafiosi zu verhaften, das heißt »dass wir das, was wir tun, nicht aus Hass oder Groll tun. Es ist notwendig und manchmal eben auch schmerzhaft. Einem

Kind den Vater, die Mutter oder einen Bruder wegzunehmen, ist immer traumatisch«. Und »auch wenn man das nicht erwarten würde«, bemerkt I.M.D. vollkommen ehrlich, gilt das auch für die Polizisten, die einen ihnen erteilten Auftrag pflichtgemäß erfüllen.

Zu unterstreichen ist zuletzt die hellsichtige Analyse, mit der I.M.D. seine Erzählung beschließt: »Trotz zahlloser Festnahmen regeneriert sich die Mafia scheinbar kontinuierlich, und offensichtlich ist ihr allein mit Repression nicht beizukommen.« Es ist denkbar, die Mafia eines Tages wirklich einzudämmen. Aber in der Zwischenzeit haben sich neue Formen der Kriminalität herausgebildet (die sogenannte Massenkriminalität, die dadurch zustande kommt, dass illegale Einwanderer durch Rassismus kriminalisiert werden). »Dabei ist die neue Generation noch dreister und skrupelloser, und das Einzige, woran sie sich noch hält, sind die alten Bezirke. Ansonsten wird unser armes, geschundenes Palermo erneut von Drogen, Raubüberfällen und Gewalttaten überschwemmt.«

In der Welt eines Bullen

von Raffaella Catalano

Die Welt eines Bullen zu betreten ist ein echtes Abenteuer, auch wenn ich nicht mit im Streifenwagen sitze oder dabei bin, wenn das Team zur Verhaftung eines Mafiabosses aufbricht. Es ist ein Abenteuer, auch wenn es der Polizist, den ich beim Schreiben unterstütze, lediglich erzählt. Ich kenne ihn seit langem und schätze ihn für seine Leistung, die er trotz der spärlichen Mittel und Gelder, über die die Polizei verfügt, erbracht hat. Die mangelnden Ressourcen machen aus dieser Tätigkeit mehr als einen Beruf, sie verlangen Hingabe und Opferbereitschaft. Dennoch engagieren sich I.M.D. und unzählige Kollegen wie er unbeirrt und leidenschaftlich, auch wenn sie dafür – zu bestimmten Zeiten – durchwachte Nächte, unbezahlte Überstunden und nicht erstattete Benzinkosten in Kauf nehmen, auch wenn sie endlose Stunden beim Abhören und Entziffern von Telefongesprächen verbringen müssen, eingezwängt in enge, heruntergekommene Räume, in denen nicht einmal eine Klimaanlage Kühlung verschafft.

Kein Polizist ist ein Superman, das will ich hier betonen, obwohl das für jedermann klar sein müsste, aber leider ist es mit der technischen Ausrüstung, der persönlichen Sicherheit und der Arbeitsatmosphäre keineswegs immer zum Besten bestellt, obwohl viele der Männer in einem gefährlichen Umfeld und in lebensgefährlichen Situationen agieren.

Dennoch hält das Leben als Bulle nicht selten Erfolgserlebnisse und starke positive Emotionen bereit, und es bleibt – zwischen den Momenten der Anspannung – Zeit für ein befreiendes Lachen, für einen Scherz mit den Kollegen, für ein gemeinsames Essen. Und dann gibt es natürlich spannende, überraschende, erstaunliche und geheimnisvolle Momente, genau wie in einem Kriminalfilm. Phasen, in denen sich alle Sinne anspannen, weil man spürt, dass die Bemühungen zum Ziel führen. Wenn dann ein gefährlicher Mafiaboss verhaftet wird, wenn ein Gipfeltreffen der Bosse vereitelt oder ein Erpresserring gesprengt wird, dann wird die Kinophantasie Wirklichkeit und gewinnt reale Bedeutung.

All das hat mich I.M.D. miterleben lassen, durch seine Worte und Aufzeichnungen während der Zusammenarbeit für dieses Buch und andere frühere Arbeiten, darunter das Vorgängerbuch *Catturandi*. Und diese Erlebnisse sind, um es noch einmal zu betonen, echte Abenteuer, die der Polizist nun mit jedem Leser teilt.

Die Durchsicht des Buches verlief übrigens mit Hindernissen. Am 15. November 2009 rief I.M.D. mich an und sagte: »Hör auf, wir müssen alles neu schreiben. Wir haben in Calatafimi gerade Domenico Raccuglia verhaftet.« Er war seit über dreizehn Jahren untergetaucht.

Ich gratulierte ihm und seinem ganzen Team überschwenglich zu diesem Erfolg und wartete, bis wir am nächsten Tag die Passagen des Textes ändern konnten, wo davon die Rede war, dass der palermitanische Boss nicht zu fassen sei – was ja jetzt nicht mehr stimmte. Als ich schließlich nur noch zehn Seiten durchzuarbeiten hatte, kamen weitere Neuigkeiten. Am 5. Dezember um drei Uhr nachmittags rief mich I.M.D. wieder an und sagte: »Stopp. Wir haben auch Gianni Nicchi erwischt.«

Ich konnte es kaum glauben. Noch einmal zwanzig Tage später wurde ein weiterer wichtiger Boss gefasst, der junge Aufsteiger in der Mafiaführung von Palermo, die Nummer zwei auf der Liste der meistgesuchten Bosse. Er wurde durch einen glücklichen Zufall am selben Tag gestellt, an dem für Gaetano Fidanzati, den Ältesten der gesuchten Paten, in Mailand die Handschellen zuschnappten.

Deshalb mussten wir an dem Buch erneut viel ändern. Aber wir waren von diesen Erfolgen so beflügelt – er als Polizist und ich als Staatsbürgerin –, dass wir das Buch auch tausend Mal umgeschrieben hätten.

Anmerkung des Autors

Das vorliegende Buch ist kein objektiver Bericht über meine mehr als fünfzehnjährige Zeit bei der Kripo. Es bietet, wenn überhaupt, das Gegenteil: bruchstückhafte, von der verflossenen Zeit getrübte und von starken Emotionen geprägte Erinnerungen. Deshalb wird ein Leser, der diese Themen in der Presse verfolgt, über manche Ungenauigkeit hinwegsehen müssen, denn jemand wie ich, der die Ereignisse hautnah miterlebt hat, schildert zwangsläufig seine subjektive Wahrnehmung der Umstände, die andere vielleicht vollkommen anders im Gedächtnis haben.

Darüber hinaus muss der Leser auch über manche logischen und zeitlichen Sprünge vor allem im vierten Kapitel des Buches hinwegsehen. Denn die neun Jahre dauernden Ermittlungen, die schließlich zur Verhaftung von Bernardo Provenzano geführt haben, handle ich in wenigen Zeilen und ohne Benutzung von Unterlagen oder genauen Daten ab. Für diese Vorgehensweise habe ich mich ganz bewusst entschieden, denn ich wollte keinen Text über die Verhaftung von *zio Binnu* schreiben, das war nicht meine Absicht.

Das vorliegende Buch ist und bleibt nichts anderes als die Niederschrift meiner eigenen Erinnerungen.

Kapitel 1

Alles beginnt mit Lorenzo

Als ich zum ersten Mal einen Fuß in die Abteilung Catturandi der Kripo von Palermo setzte, hätte ich eigentlich sofort merken müssen, dass sich dadurch mein Leben, wenigstens so wie ich es bisher verstanden hatte, grundlegend ändern würde.

Damals war ich seit gut zwei Jahren Polizist, und meine Berufserfahrung beschränkte sich auf Wacheschieben, Streifefahren und die Verhaftung eines an Aids erkrankten Drogenabhängigen namens Lorenzo. Um sich Geld für einen Schuss zu besorgen, hatte der Typ den Pfarrer der Kirche an den Quattro Canti in der Nähe des Polizeipräsidiums bedroht und wollte ein altes Kruzifix und ein paar Bilder aus dem 15. Jahrhundert mitgehen lassen. Die Beute besaß zwar einen gewissen Wert, aber auf dem Schwarzmarkt hätte Lorenzo höchstens ein paar tausend Lire dafür bekommen. Rein zufällig fuhren wir mit unserem Streifenwagen nach Dienstende gerade in dem Augenblick an der Kirche vorbei, als der Priester mit einer blutenden Kopfwunde auf die Straße stürzte und um Hilfe rief.

Ich war damals kaum zwanzig, voller Gerechtigkeits- und Tatendrang, und griff zusammen mit einem Kollegen sofort ein, während der etwas ältere Streifenführer nicht kapierte, was vor sich ging, und im Wagen zurückblieb. Mit gezückter Pistole stürmte ich in die Kirche und forderte den Dieb auf, stehen zu bleiben. Doch der – der dachte nicht im Traum daran, rannte quer durch die Apsis und drohte, umzingelt vom Rest der Truppe, die uns beigesprungen war, uns mit seinem Blut anzustecken. Er brüllte, er habe Aids im Endstadium, und fuchtelte mit einer Spritze als Waffe herum.

Diese verzweifelte und zugleich unmissverständliche Geste schüchterte die Kollegen ein. Aus Angst vor einer Ansteckung wichen sie einige Schritte zurück. Ich hatte schon immer eine tief sitzende Angst vor Nadeln und Spritzen und reagierte, als hätte Lorenzo mit einer Pistole auf mich gezielt: Da ich nahe genug bei ihm stand, steckte ich die Beretta weg, zog den Schlagstock und holte von unten zum Schlag auf seine Hände aus.

Damit hatte der Ärmste überhaupt nicht gerechnet, er ließ sofort die Spritze fallen, war innerhalb weniger Sekunden in die Knie gezwungen und mit Handschellen gefesselt.

Zunächst war das ein großer Erfolg. Ich war stolz darauf, einen richtigen Kriminellen dingfest gemacht und dem Priester das Eigentum der Kirche zurückgegeben zu haben. Nach ein paar Tagen jedoch besuchten mein Kollege und ich diesen Lorenzo, der wirklich an Aids erkrankt war, in der überwachten Abteilung des Ingrassia-Krankenhauses. Wir brachten ihm Zigaretten und etwas zu essen. Am Ende wurde das Gespräch sogar vertraulich, und er nannte uns den Namen des Hehlers, dem er die gestohlenen Gegenstände hätte bringen sollen. Damit begann ein neues Abenteuer à la *Starsky and Hutch,* das ich dem Leser erspare, denn es brachte uns lediglich Ärger mit dem Kommissariat von Oreto Stazione ein, an das wir die Information weitergegeben hatten. Statt auf einen Hehler stießen die Kollegen bei der Adresse, die Lorenzo uns genannt hatte, auf illegale Einwanderer und Landstreicher.

So hatte meine Karriere als Polizist im Wesentlichen ausgesehen. Bis zu jenem schicksalhaften 4. Dezember 1995, als ich – aus purem Zufall und durch die Hilfe meines Kollegen Giuseppe – in die Catturandi der Kripo versetzt wurde.

Schon allein durch die Art und Weise, wie ich dorthin kam, hätte mir aufgehen müssen, dass es bei dieser Abteilung ganz anders zuging.

An jenem Tag absolvierte ich ganz normal meinen Streifendienst, als das erste Handy meines Lebens klingelte. Der Anrufer meldete sich als Inspektor V.

»Bist du I.M.D.?«

»Mit wem spreche ich?«

»Hier ist Polizeihauptmeister V. Aber wo zum Teufel bist du?«

»Ich … Herr Polizeihauptmeister … Ich bin auf Streife.«

»Und was zum Teufel machst du auf Streife, wenn du doch schon seit heute Morgen um acht Uhr bei uns sein solltest? Du kommst jetzt sofort aufs Revier, ziehst die Uniform aus und meldest dich umgehend hier, wenn du dir ein Donnerwetter von deinem Vorgesetzten ersparen willst!«

»Aber … Was soll das heißen? Hallo! Hallo!«

Aufgelegt.

So lief das Gespräch mit dem angeblichen Polizeihauptmeister V. Das konnte doch nur ein Scherz sein, da war ich mir sicher, da wollte mich einer reinlegen. Doch vorsichtshalber rief ich in meiner Dienststelle an und fragte nach, ob es bei der Kripo wirklich einen Polizeihauptmeister V. gab, der mich erwartete.

Der ziemlich phlegmatische Kollege sagte mir gleich: »Und

ob es einen Polizeihauptmeister V. gibt. Pietro V. ist der Dienststellenleiter der Kripo.«

Ich hatte den Namen noch nie gehört.

Und der Kollege fuhr fort: »Du sollst heute bei der Kripo anfangen.«

Ich fiel aus allen Wolken.

»Und wieso hat mir dann keiner etwas gesagt?«

»Weil die hier gedacht haben, dass du nicht gleich wechseln willst. Deshalb hat man dich deinen Streifendienst noch machen lassen. Außerdem glaube ich, dass die bei der Kripo am Vormittag ganz gut ohne dich auskommen ...«

Ich musste an mich halten, um ihn nicht zu beschimpfen. In fünf Minuten war ich auf dem Revier, verabschiedete mich von allen, packte meine Tasche und meldete mich, mit dem Fax über die Versetzung, bei meinem neuen Vorgesetzten: besagtem V. Der wurde von allen liebevoll *Pietro il cane* (»der Hund«) genannt. Um halb elf war ich da: Sogar an die genaue Uhrzeit kann ich mich noch erinnern. Und ich will nicht verhehlen, dass ich etwas Angst vor dem hatte, was da auf mich zukam. Ich hatte gerade einmal zwei Jahre in der Grundausbildung bei der Polizei hinter mir: Mein Berufsalltag konzentrierte sich auf Streifendienste und öffentliche Ordnung, inklusive Spätschichten und Nachtdienste. Von Ermittlungs- und Fahndungsaufgaben hatte ich keine Ahnung.

Das Verhältnis zu Kollegen und Vorgesetzten war, wie ich bald feststellen sollte, hier ganz anders. Bei der Bereitschaftspolizei war alles noch ein bisschen militärischer zugegangen. Man kannte den Dienststellenleiter zwar, hatte aber fast nie direkt mit ihm zu tun, während Polizeimeister und Polizeiobermeister die Bezugspersonen für den täglichen Dienst waren. Bei der Kripo dagegen gab es keine Uniform, so dass man nie genau wusste, wen man vor sich hatte. Es konnte ein einfacher Polizist sein wie du und ich oder der Polizeipräsident. Fast alle duzten sich und kannten sich schon lange. Mich aber kannten sie noch nicht …

Ich meldete mich bei V., der mich nur kurz musterte. Weder ich noch er erwähnte unser Telefongespräch. Nachdem er mich eingewiesen hatte – in solchen Fällen gibt es immer eine Menge Papierkram zu erledigen –, schenkte er mir schließlich ein freundliches Lächeln. Da merkte ich, dass sich unter seiner harten Schale und seinem Bart kein Ungeheuer verbarg, sondern ein wenn auch etwas bärbeißiger Mensch. Er verabschiedete mich mit einem Händedruck und erklärte mir, dass ich in ein paar Minuten mit Kriminaldirektor Luigi Savino sprechen könne. Zunächst solle ich in der Catturandi bleiben und dann nach ein paar Tagen in die Abteilung wechseln, für die ich eigentlich vorgesehen war: zur Mordkommission. Doch dazu ist es nie gekommen. Seit jenem 4. Dezember 1995 bin ich bei der Sonderfahndung, der Catturandi, und mit diesem Team habe ich die gefährlichsten Mafiabosse des Hinterlands von Palermo verhaftet. Angefangen von Fifetto Cannella, der ersten Aktion, an der ich 1996 beteiligt war, bis zum Einsatz gegen Gianni Nicchi 2009.

Seit jenem Tag habe ich das Leben eines Spürhunds geführt. Als kaum Zwanzigjähriger wurde ich wie ein Jungtier darauf trainiert, und noch heute mit meinen fast vierzig Jahren werde ich immer wieder von der Leine gelassen, um untergetauchte Mafiosi in ihren Schlupfwinkeln aufzuspüren.

Ein Leben voller bitterer und begeisternder Erfahrungen, voller Befriedigung und Verzweiflung. Aber auch voller Vergnügen. Wie es jedem von uns zusteht. Wenn die Spannung nachlässt, darf sich auch ein Polizeifahnder, der von

Berufs wegen zur Geheimhaltung, zur Risiko- und zur Opferbereitschaft verpflichtet ist, mal einen Spaß erlauben.

Wie Batman und Robin

Vor der überraschenden Wende in meinem Leben, die mich zur Catturandi verschlagen hat, hatte ich mir in den Kopf gesetzt, in der Mordkommission zu arbeiten. Darüber hatte ich mit dem damaligen Kriminaldirektor gesprochen und vor allem mit dem Leiter der Kripo, dem legendären Arnaldo La Barbera.

Der Grund dafür hatte nichts mit meinem persönlichen Willen und meinen Wünschen zu tun. Ein Kollege und Freund von mir, der aus der Gegend von Palermo stammte, hatte von jemand aus seinem Heimatort einen Hinweis über illegalen Waffenbesitz bekommen. Weil er aber nicht wusste, was er damit anfangen sollte, und vielleicht noch unerfahrener war als ich, bat er mich um Hilfe, wie man in einem solchen Fall vorschriftsmäßig vorzugehen habe.

Die Vorschriften sahen eigentlich vor, dem Vorgesetzten über den vertraulichen Hinweis Bericht zu erstatten. Doch die Polizei von Palermo befand sich nach den Attentaten auf die Staatsanwälte Giovanni Falcone und Paolo Borsellino und durch die Ermittlungen gegen Bruno Contrada in einer schwierigen Phase. Weil es sich außerdem bei dem Informanten um einen Mann aus seinem Heimatort handelte, hatte der Kollege Angst, sich seinem Vorgesetzten anzuvertrauen. Stattdessen reichte er das heiße Eisen an mich weiter, und so musste ich mit der Situation fertigwerden.

Ich war schon immer ein bisschen übereifrig und manchmal auch unbedacht gewesen, und so verfasste ich einen mehrseitigen Dienstbericht, in dem ich Namen, Tatsachen und Umstände dessen, was mir zu Ohren gekommen war, aufzählte.

Da mein Vorgesetzter wohl erkannte, dass in meinem Bericht alles Hand und Fuß hatte, gab er ihn an die Kripo weiter. Daraufhin wurde ich vom Leiter der zuständigen Mordkommission vorgeladen, der sich gemeinsam mit einigen Kommissaren meinen Bericht anhörte und nach weiteren Details der vertraulichen Mitteilung fragte.

Das Gespräch hinterließ einen schlechten Nachgeschmack bei mir, denn ich hatte den Eindruck, die Ermittler hätten keinerlei Interesse an dem, was ich referierte, oder zweifelten sogar am Wahrheitsgehalt der Informationen.

Deshalb machte ich mich in meinem jugendlichen Leichtsinn und unter Verletzung jedweder Vorschrift, einschließlich des gesunden Menschenverstands, mit meinem Kollegen daran, Nacht für Nacht auf eigene Faust Ermittlungen anzustellen. Wir fühlten uns wie Batman und Robin und schlichen uns in das Territorium eines Mafiabosses ein, um herauszubekommen, ob die vertraulichen Hinweise zutrafen.

Der Informant hatte unter anderem von Waffen gesprochen, die auf dem besagten Grundstück in einem Fass vergraben seien. Um das Versteck zu finden, müsse man einen großen Stein, der sich etwa zwei Meter neben einem Zitronenbaum befinde, anpeilen. Dort sei ein Fass mit Waffen vergraben, darunter sogar eine Kalaschnikow und reichlich Munition.

Wir parkten meinen Fiat Ritmo einen halben Kilometer entfernt von der steinernen Einfassungsmauer des Grundstücks, über die wir leicht hinüberklettern konnten. Als wir uns dem Haus näherten, schlug mir das Herz bis zum

Hals, denn obwohl wir die Beretta griffbereit hatten, war die Vorstellung, im Dunkeln auf jemanden zu stoßen oder gar mit jemandem zusammenzustoßen, alles andere als angenehm. Dieser Gedanke war der letzte Funken Vernunft, den wir uns noch bewahrt hatten ...

Tastend erreichten wir die Stelle, von der der Informant gesprochen hatte. Tatsächlich gab es einen Zitronenbaum und in einiger Entfernung einen großen Stein. Allerdings nicht so groß, dass ihn zwei vermeintliche Supermänner nicht hätten hochheben können.

Wir dachten, wir könnten den Stein ein bisschen verschieben, um zu sehen, ob Spuren des vergrabenen Fasses erkennbar waren. Bei genauerem Nachdenken wurde uns dann aber angst und bange, und wir fragten uns: »Wenn wir die Waffen jetzt tatsächlich finden, was machen wir dann? Wir können sie doch nicht einfach dalassen.«

»Aber auch nicht fortschaffen ...«

»Könnten wir nicht als anonyme Anrufer die Polizei oder die Carabinieri verständigen?«

»Dann würde unser Informant auffliegen.«

»Und was ist, wenn wir alles alleine machen und damit vielleicht laufende Ermittlungen sabotieren? Woher wissen wir denn, dass nicht schon ermittelt wird?«

Wir zerbrachen uns die Köpfe, gaben aber schließlich auf und beschlossen, zu verschwinden, ohne die Waffen zu suchen. Am nächsten Tag wollte ich einen weiteren Bericht für die Mordkommission verfassen, in dem außer den bisherigen Sachverhalten auch auf das mögliche Waffenversteck hingewiesen wurde, ein Detail, das ich in meinem ersten Bericht nicht erwähnt hatte.

Leider – oder zum Glück – geschah etwas Unerwartetes.

Der Informant aus dem Heimatort meines Kollegen hatte sich nicht nur ihm anvertraut, sondern auch dem dortigen

Wachtmeister der Carabinieri. Der Wachtmeister nahm die Hinweise sofort ernst oder hatte vielleicht mit seinen Kollegen schon selbst ermittelt, so dass er nur noch Beweise brauchte.

Jedenfalls waren die Carabinieri schneller als die Polizei. Und die Sache stellte sich als viel schwerwiegender heraus, als wir erwartet hatten: Mehrere Personen wurden verhaftet, und der Informant erklärte sich wenig später bereit, als Kronzeuge aufzutreten. Seine Aussagen brachten Licht in eine Reihe von Mordfällen im Umland von Palermo und versetzten der Cosa Nostra einen schweren Schlag.

Ich war darüber sehr erleichtert, zugleich aber tat es mir auch leid, dass die Carabinieri, mit denen die Polizei stets im friedlichen Wettstreit liegt, die Nase vorn gehabt hatten und dass wir, Batman und Robin, leer ausgegangen waren. Letztendlich aber zählte das Ergebnis.

Von den Fahndern erwischt

Meine eigenmächtigen Ermittlungen waren dem damaligen Leiter der Kripo, Arnaldo La Barbera, nicht entgangen, und er bestellte mich in sein Büro. Dieses Gespräch werde ich nie vergessen, denn eigentlich war es gar kein Gespräch, sondern eine Art Vernehmung:

»I.M.D.?«

»Ja, Herr Kriminaldirektor.«

»Willst du zur Kripo?«

»Ja … das gefiele mir schon, aber ich verstehe nichts davon, ich bin dafür nicht ausgebildet.«

»Das ist mir egal. Du wirst es schon lernen! Sag mir lieber, was dein Vater macht. Hast du vorbestrafte Verwandte?

Sag die Wahrheit, denn ich würde es sowieso herauskriegen, und dann hast du Pech gehabt.«

»Mein Vater ist Arbeiter, meine Mutter betreibt eine kleine Schneiderwerkstatt, und vorbestrafte Verwandte habe ich nicht. Das kann ich Ihnen versichern.«

»Okay. Du kannst gehen.«

Nach den Attentaten auf Giovanni Falcone und Paolo Borsellino hatte Arnaldo La Barbera die Kripo von Palermo vollkommen neu strukturiert. Er hatte nur ganz wenige Kommissare behalten, auf die er sich absolut verlassen konnte, die meisten anderen dagegen, die schon seit Ewigkeiten dabei waren, waren entlassen worden, woraufhin neue, teilweise ganz junge Kommissare und Polizisten von außerhalb in sein Team geholt wurden.

Diese neuen Mitarbeiter besaßen zwar weniger Erfahrung, hatten dafür aber den Vorteil, dass sie weder korrupt noch resigniert waren. Natürlich traf das nicht auf alle zu, die gehen mussten, doch La Barbera wollte einen kompletten Neuanfang, und dieses Konzept führte im Lauf der nächsten zehn Jahre zu hervorragenden Resultaten.

Mit meinen kaum zwanzig Jahren wurde ich Teil dieses neuen Teams, obwohl ich keinerlei Erfahrung hatte, dafür aber ein einziges Ziel vor Augen: die Verantwortlichen für die Attentate zu finden und mich so als Palermitaner, der die Mafia bekämpft, zu beweisen.

La Barbera hatte das verstanden und er brauchte Leute wie mich. Und wir brauchten einen Kopf wie ihn.

Als Leiter der Kripo bekam ich ihn allerdings nur dieses eine Mal zu Gesicht, denn bei meinem Wechsel zur Catturandi war er schon Polizeipräsident geworden, und seinen Posten hatte formell bereits Luigi Savina inne.

Ich sage formell, denn Savina war einer von La Barberas engsten Mitarbeitern, und deshalb gab es keinerlei Bruch

in der Führung der Kripo von Palermo. Eine vergleichbare
Übereinstimmung der Zielsetzungen von Polizeipräsident
und Leiter der Kripo sollte es künftig nur noch selten geben.

Um wieder auf den Tag meines Wechsels zur Catturandi
zurückzukommen: Nach der Erledigung des notwendigen
Papierkrams meldete ich mich im Büro der Catturandi, das
sich damals im Erdgeschoss eines ehemaligen Klosters aus
dem 17. Jahrhundert an der Piazza Vittoria befand.

Dort erwartete mich bereits mein Freund Peppino, der
ebenfalls zu meinem Wechsel in die Fahndungsabteilung
beigetragen hatte. Er brachte mich zu seinem Cousin, der
bis heute einer der wichtigsten Männer der Abteilung ist,
und dort wurde ich Claudio Sanfilippo, dem Leiter der
Catturandi, und seinem Stellvertreter Renato Cortese vorgestellt. Nach einem kurzen Gespräch begleiteten sie mich
in den Abhörraum, damit ich dort meine ersten Erfahrungen als Ermittler machen konnte.

In diesem kleinen Raum, in dem alle abgehörten Gespräche zusammenlaufen, stehen die Anlagen aufgereiht,
die die einzelnen Telefonate aufnehmen. Jeder Polizist hat
einen bestimmten Platz und seine Kopfhörer, von denen er
sich selten trennt.

In dieser Umgebung lernte ich die seltsamsten Menschen
kennen, die mir je begegnet sind. Es herrschte eine kafka-
eske Atmosphäre, und ich wartete nur darauf, mich plötzlich in einen Käfer zu verwandeln.

Einige lasen, schrieben und hörten gleichzeitig zu. Manche
beäugten mich misstrauisch, ohne zu grüßen, und verbar-
gen mit dem Arm, was sie auf ihren Block notierten. Andere dagegen grüßten freundlich, fragten mich nach allem
Möglichen aus und informierten sich auch noch bei Kollegen über mich.

Alle waren jung, aber selbst diejenigen, die höchstens einen Tag älter waren als ich, verhielten sich mir gegenüber misstrauisch oder herablassend.

Ich hatte es nicht leicht.

Glücklicherweise war ich einem älteren und einem jungen Kollegen sympathisch, so dass sie mich unter ihre Fittiche nahmen und mir das Handwerk beibrachten.

Ich merkte schnell, dass das Misstrauen der anderen nichts mit Ablehnung zu tun hatte, denn es gibt gute Gründe dafür, einen Neuling nicht sofort in alle Details von Ermittlungen einzuweihen, die schon seit Jahren andauern. Zum einen erkennen die anderen erst mit der Zeit, ob du zuverlässig bist oder nicht. Wenn du es beispielsweise nicht lassen kannst, deiner Freundin oder deinen Freunden zu erzählen, was im Dienst passiert, dann entfernen dich die Vorgesetzten höflich aus der Catturandi oder der Kripo, und wenn das passiert, kannst du mit dem bisschen, was du am Anfang erfahren hast, keinen großen Schaden anrichten. Außerdem würde man den Neuling völlig überfordern, wenn man ihn gleich zu Beginn mit allen verfügbaren Informationen überschüttet. Es hat keinen Sinn, ihm die Namen der Abgehörten und ihrer Familien mitzuteilen, die Adressen ihrer Arbeitsplätze und Wohnungen, die Autos, die sie benutzen, oder ihnen Fotos von Orten und Personen zu zeigen, die etwas mit ihnen zu tun haben. Der Anfänger könnte es mit der Angst zu tun kriegen und alles hinschmeißen. Neue Kräfte sind aber wichtig und können, wenn sie gut geführt werden, zu nützlichen Mitgliedern des Teams werden.

Seit dem Tag, an dem ich zum ersten Mal den Abhörraum betrat, sind inzwischen mehr als fünfzehn Jahre vergangen, und von dem unbedarften Polizisten ist nicht mehr viel übrig geblieben.

Erfahrung habe ich in der Praxis gewonnen, bei der Verhaftung von Giovanni Brusca, dem ersten der großen Bosse, der von der Catturandi im Mai 1996 in der Provinz Agrigent gefasst wurde, und dann weiter bis zu Gianni Nicchi, der im Dezember 2009 mitten in Palermo in unmittelbarer Nähe des Gerichtsgebäudes gestellt wurde. Dazwischen lagen zahlreiche Verhaftungen, nicht zuletzt die von Bernardo Provenzano – in Zusammenarbeit mit der Zentralstelle für operative Einsätze in Rom –, die von Sandro und Salvatore Lo Piccolo und die von Domenico Raccuglia, dem Boss von Altofonte.

Oscar, Anto, Pinta, Pi Gi, Fofò und die anderen

Die ersten Tage bei der Catturandi vergingen wie im Flug. Die Abteilung ermittelte gegen zwei wichtige untergetauchte Mafiabosse, und die Abhörräume lagen in verschiedenen Gebäuden: In der Kripo wurden die Angehörigen der Familie La Mattina abgehört, im Polizeipräsidium die der Familie Tinnirello.
Ich gehörte zu der Gruppe, die auf Peppuccio La Mattina angesetzt war, einen Killer und führendes Mitglied des Mafiaclans im Stadtteil Santa Maria di Gesù von Palermo.
Der Abhörraum lag im Dachgeschoss eines ehemaligen Klosters aus dem 17. Jahrhundert, in dem die Kripo auch heute noch haust. Auf wenigen Quadratmetern waren zahlreiche Kabinen mit Arbeitstischen und den Abhöranlagen untergebracht.
Damals nahm man die Gespräche noch auf Band auf, und die Geräte hatten mehrere Spuren. Wenn während des

Abhörens und Transkribierens ein Anruf »live« – wie wir sagen – ankam, dann wurde er auf einer anderen Spur mitgeschnitten. Im Unterschied zu heute, wo alles in den Computer getippt wird, schrieb man die Protokolle damals noch mit der Hand, sogar die Paginierung erfolgte handschriftlich. Der Einfachheit halber fügten wir die Seitenzahlen immer erst am Ende ein, so dass wir nach dem Abschluss einer Ermittlung ganze Tage damit verbrachten, Zahlen und Unterschriften nachzutragen. Und wenn man eine Seite übersprungen hatte, musste man irgendwelche Tricks erfinden, z. B. Seite 1342a, b usw.

Mit den Kollegen und Kolleginnen, mit denen ich damals Seite an Seite auf diesem beengten Raum arbeitete, bin ich bis heute befreundet. Da die Zimmerchen der Catturandi und der Antimafia-Abteilung, die damals nach Fachdezernat Fahndung V hieß, direkt nebeneinanderlagen, konnten wir uns schlecht aus dem Weg gehen und freundeten uns trotz des anfänglichen Misstrauens schließlich an.

Obwohl sie im Lauf der Jahre andere Wege eingeschlagen haben, bin ich mit diesen Kollegen nach wie vor eng verbunden. Anto, mein Schutzengel, leitet heute eine der schwierigsten Polizeidienststellen in der Provinz Trapani. Mein enger Freund Pinta koordiniert ein Team der neu gebildeten Abteilung für Kleinkriminalität. Pi Gi ist inzwischen nicht nur stellvertretender Polizeipräsident, sondern auch ein erfolgreicher Romanschriftsteller, während Fofò seinem Leben eine radikale Wendung geben wollte und mit seiner Frau, die ebenfalls Polizistin ist, in eine schöne Stadt der Emilia gezogen ist. Aus Liebe zu seiner Familie hat er Schluss gemacht mit dem Kampf gegen die Mafia. Wer wollte ihm das verübeln?

Wenn wir uns trotz aller Schwierigkeiten sehen oder miteinander telefonieren, fassen wir immer ein Treffen aller ehemaligen Kollegen ins Auge, aber es wird wohl nie zustande kommen.

M. und F. waren für mich in diesen Jahren wie größere Schwestern. Wenn die Kollegen F. auf den Arm nehmen wollten, nannten sie sie *maman*, weil sie sich stets fürsorglich um mich bemüht hat. Obwohl sie beruflich oft außerhalb Palermos zu tun hat, ist sie mir bis heute eine echte Freundin. Nur wenn sie sich schlecht behandelt fühlt, wird sie fuchsteufelswild und gibt dir Saures.

Meine Freundschaft mit Oscar entstand hingegen unter ganz besonderen Umständen. An einem Ostersonntag, ich glaube 1995, hatten nur wir beide Dienst. Ich war für die Telefone der Catturandi zuständig, er für die der Antimafia. Es war ein wunderschöner Tag und so warm wie im August. Die Aussicht, ausgerechnet bei diesem Wetter den ganzen Tag in unseren Zellen zu verbringen, war so deprimierend, dass er mir folgenden Vorschlag machte: »Hör mal, heute habe ich keine Lust, nur ein belegtes Brötchen an der Bar zu essen. Wo doch hier ohnehin nichts los ist, hättest du nicht Lust, mit nach Mondello zu kommen? Ich lade dich ein.«

Tatsächlich gab es um diese Zeit nicht viel zu ermitteln, denn die von mir abgehörten Zielpersonen waren zum Mittagessen in ein Restaurant gegangen, und schließlich mussten ja auch wir eine Pause machen.

Deshalb nahm ich an, unter der Bedingung, dass wir uns die Rechnung teilten.

Oscar brachte mich in die Trattoria eines Freundes in der Nähe der Piazza von Mondello direkt am Meer. Zur Vorspeise aßen wir Unmengen einer Thunfisch-Caponata, dann gab es Linguine mit Langusten (pro Portion 40 000 Lire, an diesen Preis erinnere ich mich noch genau), und danach vertilgten wir als Secondo alle Arten von Fischen, die im Bassin des Restaurants herumschwammen.

Soweit ich mich erinnere, wollte der Kellner eine so umfangreiche Bestellung erst gar nicht annehmen, denn er meinte, allein die Linguine, die in einer aufgeschnittenen Languste serviert wurden, seien eine vollständige Mahlzeit, weitere Gänge daher überflüssig.

Oscar schaute ihn mit seinem sympathischen, etwas schiefen Gesicht an, erklärte, dass wir großen Hunger hätten, und bestellte eine zweite Flasche Weißwein.

Bei diesem Essen erzählte er mir zum ersten Mal etwas sehr Persönliches, denn wir waren – vielleicht unter dem Einfluss des Weines, den wir zu dem Fisch genossen hatten – freundschaftlich ins Plaudern gekommen. Oscar vertraute mir an, er feiere bei dieser Gelegenheit die Trennung von seiner langjährigen Freundin. Ich blickte ihn erstaunt an und erkannte, dass dieser gutmütige, zwei Meter große Riese eine Schulter brauchte, um sich anzulehnen. Deshalb erwiderte ich nichts, sondern füllte ein Glas mit Wein und stieß zum zigsten Male mit ihm an.

Als die Rechnung kam, ließ er nicht mit sich reden, sondern zahlte die ganzen 150 000 Lire, die der Wirt als Freundschaftspreis berechnet hatte. Danach kehrten wir unter erheblichen Schwierigkeiten ins Büro zurück.

Ich könnte noch von anderen Erlebnissen und Abenteuern mit meinem Freund Oscar erzählen, beispielsweise von einer denkwürdigen Silvesterparty in einer Art Manege, oder von der Verhaftung der Brüder Garofalo. Weil niemand wissen durfte, dass wir sie erwischt hatten, zwang Oscar einen von ihnen, sich auf der Rückbank hinzulegen, und setzte sich – natürlich möglichst sachte – auf ihn drauf, so dass er selbst wegen seiner Größe eigentlich gar nicht mehr ins Auto passte und praktisch Kopf und Hals zum Fenster hinausstrecken musste.

Ich könnte auch von seinem untrüglichen Gespür als

Ermittler erzählen und von seiner Fähigkeit, Dinge und Ereignisse zu verknüpfen, die scheinbar nichts miteinander zu tun hatten.

Damit würde ich seine Verdienste als guter Polizist würdigen.

Aber jetzt, da er tot ist, erinnere ich mich lieber an meinen Freund Oscar, wie er an jenem strahlenden Tag in Mondello in der Trattoria saß. Wie er lächelte und mit Genuss einen Teller Linguine mit Languste verspeiste. So will ich ihn im Gedächtnis behalten. Addio, Oscar.

Entweder meine Frau oder der Mafiaboss

Der erste gesuchte Mafioso, der nach meinem Eintritt in die Abteilung gefasst wurde, war Cristoforo Cannella, genannt *Fifetto,* das war am 24. April 1996. Wie wir sein Versteck fanden, weiß ich nicht mehr genau, aber ich glaube, dass es einem Zufall zu verdanken war. Bei Ermittlungen gegen mutmaßliche Unterstützer von Peppuccio La Mattina, der, wie gesagt, ebenfalls gesucht wurde, stießen einige Männer der Catturandi auf Fifetto Cannellas Freundin und verfolgten sie bis zu einer Wohnung. Nachdem ein Observierungsteam vor dem Haus postiert war, wurden wir alle in Alarmbereitschaft versetzt: An diesem Abend durfte niemand nach Hause, auch ich nicht, obwohl es mein dreiundzwanzigster Geburtstag war.

Das geplante Geburtstagsessen mit Torte musste ausfallen. Eigentlich sollte es nur ein Fest im Kreise der Familie werden, mit einer Besonderheit allerdings: An diesem Abend wollte ich zum ersten Mal meine Freundin mitbringen, um sie, wie das in Sizilien üblich ist, meinen Eltern offiziell vorzustellen. Der Abend war also wichtig für mich und für sie.

Meine Freundin, die heute meine Frau ist, sollte mit dem Bus aus einem kleinen Dorf kommen und an der Piazza Alcide De Gasperi, heute Piazza Giovanni Paolo II, aussteigen. Meine Eltern hatten sie noch nie gesehen, deshalb konnte ich niemanden schicken, um sie abzuholen, aber absagen konnte ich ihr auch nicht mehr. Damals waren Handys noch teuer, ich hatte zwar schon eines, sie aber noch nicht. In meiner Verzweiflung bat ich einen gemeinsamen Freund, der beim Begleitschutz arbeitete, meine nichtsahnende Freundin abzuholen und sie zu meinen Eltern zu begleiten. Ich ließ ihr ausrichten, dass sie sich keine Sorgen zu machen brauche, denn ich würde rechtzeitig kommen, um sie nach Hause zu bringen.

Obwohl ich alles daransetzte, gelang mir das allerdings nicht. Folglich musste meine Freundin den ersten Abend mit meinen Eltern und meinen Schwestern allein bewältigen. Am Abend begleitete sie unser Freund, der sie an der Bushaltestelle abgeholt hatte, auch nach Hause.

Ich hingegen feierte meinen Geburtstag mit meiner ersten Teilnahme an einem Einsatz der Catturandi. Nachdem das Gebäude, in dem sich der Flüchtige versteckte, von Polizisten umstellt worden war, drang ich mit gezückter Pistole hinter zwei älteren Kollegen und zwei Kommissaren in das Haus ein.

Fifetto Cannella versuchte sinnloserweise dadurch Widerstand zu leisten, dass er die Tür nicht aufmachte. Vielleicht fürchtete er Schlimmeres als die Polizei. Deshalb brach mein Kollege Giovannone, ein ehemaliger Spitzensportler der Nationalmannschaft, mit ein paar gezielten Fausthieben die Tür auf, die den Pechvogel Fifetto unter sich begrub. In dem nun folgenden wirren Handgemenge hielt der Mafiaboss fälschlicherweise mich für den Einsatzleiter und ergab sich mir mit erhobenen Händen. Wie konnte er mich, das letzte Rad am Wagen, den Jüngsten der Gruppe, nur für den Anführer halten?

Das Missverständnis klärte sich schnell auf; Cannella hatte bemerkt, dass ich als Einziger Zivilkleidung trug. Deshalb dachte er, ich sei der Einsatzleiter und die anderen einfache Polizisten.

Da abzusehen gewesen war, dass ich zwischen Spätschicht und Abendessen nicht mehr genügend Zeit haben würde, um mich zu duschen und für die Geburtstagsfeier umzuziehen, war ich an jenem Tag im Anzug zur Arbeit erschienen. Statt zum Festessen musste ich dann zum Einsatz, und mir blieb nichts anderes übrig, als mich in meinem schicken Aufzug unter die Bullen im schwarzen Kampfanzug mit Tarnmaske zu mischen.

Die Operation dauerte an diesem Abend nicht lang. Die Durchsuchung ergab nicht viel für die Ermittlungen, aber trotzdem zog sich alles in die Länge, und mein Geburtstagsessen konnte ich abschreiben. Ich musste noch zurück ins Büro, um meinen Dienstbericht zu schreiben, dann musste ich Cannella wegen der erkennungsdienstlichen Behandlung zur Spurensicherung begleiten und ihn schließlich ins Gefängnis bringen.

Und doch musste mein Geburtstag irgendwie gefeiert werden, und natürlich auch die erste Verhaftung, an der ich beteiligt war. Deshalb kaufte ich auf dem Rückweg ins Büro bei einer bekannten Pasticceria in Bagheria schnell zwei Kilo kleines Gebäck und eine Flasche Spumante.

Die Kollegen in der Kripo waren darüber hocherfreut. Nur schade, dass sie die Köstlichkeiten verspeisten und auf mich anstießen, während ich Cannella ins Gefängnis brachte.

Das fand ich außerordentlich unhöflich, und das war es

vielleicht tatsächlich. Aber so ist die Catturandi, und bei dieser Gelegenheit lernte ich eine Grundregel dieses Betriebs: Wenn du dein Portemonnaie oder deine Uhr liegen lässt, wird sie niemand anrühren, wenn es dagegen Kuchen, Süßigkeiten oder Kekse sind, wirst du keinen Krümel davon wiederfinden. Daran hat sich bis heute nichts geändert. Essen hält das Team zusammen. Das habe ich schnell kapiert. Gemeinsam zum Essen oder einen trinken zu gehen, sich mitten in der Nacht Croissants mit Nutella einzuverleiben mag nicht sehr gesund sein, aber es schweißt zusammen. Auf diese Art lernte man sich besser kennen, und es gefiel auch den Vorgesetzten, die bei keinem Essen, bei keinem nachmittäglichen oder nächtlichen Imbiss fehlten. Zudem war das Team erst neu gebildet worden, und außer einem kleinen, seit wenigen Jahren bestehenden Kern waren die meisten, so wie ich, erst kurz dabei.

Seit 1996 haben wir unzählige Essen und *schiticchi,* die für Palermo typischen, üppigen Zwischenmahlzeiten, veranstaltet, mindestens ebenso oft, wie wir der Mafia entscheidende Schläge versetzen konnten.

Wenn eine Vespa und ein Telefon Wunder bewirken

Nach der Verhaftung von Fifetto Cannella war ich unter anderem auch an der Festnahme von Salvatore Cucuzza beteiligt. Diese Operation war deshalb von großer Bedeutung, weil wir durch das in seinem Versteck gefundene Adressbuch auf einen Telefonanschluss stießen, auf dem wir sehr aufschlussreiche Gespräche mitschneiden konnten. Wir merkten schnell, dass die Nummer von Giovanni

Brusca benutzt wurde, der auch *u scannacristiani* (»der Schlächter«) oder *u verru* (»das Schwein«) genannt wurde, von dem Mann also, den alle Sicherheitskräfte jagten, weil er per Fernzündung Giovanni Falcone, dessen Frau und dessen Begleitschutz in die Luft gejagt hatte.

Für mich war das grauenvolle Attentat von Capaci ein Schlüsselerlebnis, das meine Berufsentscheidung entscheidend geprägt hatte, und deshalb war die Arbeit an diesem Fall für mich eine echte Mission. Heute, nach mehr als einem Jahrzehnt bei der Catturandi, predige ich mir selbst und den Berufseinsteigern immer wieder, dass es sich nur um einen Beruf handelt und man sich deshalb mit den Ermittlungen nicht zu sehr identifizieren darf. In Wirklichkeit, glaube ich, hat kein Einziger von denen, die an dem Einsatz vom 20. Mai 1996 beteiligt waren, diesen Rat je beherzigt. Niemand kümmerte sich um die Einhaltung von Dienstzeiten, Schichten, Überstunden, Dienstfahrten und um das Ausfüllen von Fahrtenbüchern. Jeder von uns war mit Leib und Seele bei der Sache, für sich selbst und für die Kollegen.

Jeder tat, was zu tun war. Man verlangte von dir, mit dem Wagen irgendwohin zu fahren, und du tatest es, man verlangte von dir, Kopfhörer aufzusetzen und stundenlang sinnloses Geschwätz anzuhören, und du tatest es, ja sogar, wenn sie verlangt hätten, Kaffee und Croissants für alle zu besorgen, hättest du es mit Vergnügen getan, denn jeder Einzelne hatte das Gefühl, ein wichtiger Bestandteil des Teams zu sein, das durch seine Arbeit dem ganzen Gemeinwesen nützte. Den Mörder des kleinen Giuseppe Di Matteo und den Attentäter von Giovanni Falcone zu finden, war zu wichtig, um an anderes denken zu können.

Selbst die Verwaltung setzte alle Hebel in Bewegung. Damals verfügte man in Italien noch nicht über die technische

Ausrüstung, um ein Handy anhand des benutzten Netzbereichs zu orten. Der Verantwortliche der Mailänder Firma, die mit uns zusammenarbeitete, informierte uns jedoch darüber, dass ein derartiger Apparat in Deutschland entwickelt worden war, der allerdings ziemlich viel kostete. Sowohl die Staatsanwaltschaft von Palermo als auch die Abteilung für öffentliche Sicherheit beim Innenministerium autorisierten trotzdem den Ankauf. Ein Flugzeug brachte den Apparat innerhalb eines Tages nach Palermo, so dass er schon am nächsten Tag einsatzbereit war.

Dadurch waren wir in der Lage, einen Anrufer in der Provinz Agrigent zu lokalisieren, und zwar im Ortsteil Cannatello. Allerdings war der eingrenzbare Straßenabschnitt ungefähr dreihundert Meter lang und dicht mit Einfamilienhäusern bebaut. Um ganz sicherzugehen, mussten wir uns etwas anderes einfallen lassen.

Während wir in der Nähe der Valle dei Templi von einer Lagerhalle aus, die uns vom Heer zur Verfügung gestellt worden war, die Gespräche abhörten, kam einem meiner Kollegen eine verrückte Idee. Er schlug vor, mit einer Vespa ohne Auspuff an den Häusern entlangzufahren, wenn Brusca telefonierte. An der Lautstärke, mit der die Vespa während des Gesprächs zu hören war, musste genau erkennbar sein, in welchem der Häuser sich der Gesuchte versteckt hielt.

So kam es, dass am Nachmittag des 20. Mai 1996, während im Fernsehen zum vierjährigen Jahrestag ein Film über das Attentat von Capaci lief und die meisten Italiener noch bei Tisch saßen, Männer der Catturandi in das Haus eindrangen, in dem sich Giovanni Brusca versteckt hielt. Sie nahmen ihn, seine Frau, seinen Sohn und seinen Bruder Vincenzo Salvatore fest. Es war natürlich ein Triumph für uns und für die ganze Polizei.

Ein paar Monate später verbrachte ich einige Urlaubstage auf einer kleinen indonesischen Insel. Dort fand ich an einem Kiosk eine englischsprachige Zeitung, die auf der Titelseite über die Festnahme von Brusca berichtete. Es war seltsam und sehr bewegend, festzustellen, dass man selbst in einem so abgelegenen Winkel am anderen Ende der Welt über uns und unsere Arbeit berichtete.

Es tut mir allerdings bis heute leid, dass ich nicht unter den Ersten war, die in das Versteck von Giovanni Brusca eindrangen.

An jenem 20. Mai saß ich im letzten Wagen unserer Kolonne, vor den Kollegen aus der römischen Zentrale, aber an einer Kreuzung nahmen wir die falsche Abzweigung und verloren die anderen aus dem Blickfeld. Wir fuhren eine Weile weiter und landeten schließlich in einer Sackgasse, so dass uns nichts anderes übrig blieb, als anzuhalten und über Handy nach dem richtigen Weg zu fragen; aber natürlich verpassten wir auf diese Weise den eigentlichen Einsatz.

Man kann sich leicht ausmalen, wie die Kollegen aus Rom reagierten, als sie merkten, dass wir falsch gefahren waren. Fast hätten sie uns verprügelt. Wütend legten sie den Rückwärtsgang ein und suchten den Weg auf eigene Faust. Und ich glaube, dass sie es nie zu dem Haus in Cannatello geschafft haben!

Meine Vorgesetzten dagegen waren über den Vorfall keineswegs verärgert. Einer von ihnen klopfte mir sogar, wie ich mich erinnere, anerkennend auf die Schulter. Wahrscheinlich waren wir in diesem historischen Augenblick genügend »abgesichert«, um uns eine solche kleine Unaufmerksamkeit gegenüber unseren Freunden aus der Hauptstadt leisten zu können.

Im Übrigen bemühten sich die Römer nicht sonderlich, uns

für sie einzunehmen. Bereits als wir Giovanni Brusca von Agrigent nach Palermo bringen mussten, erklärte ein hochrangiger Vertreter der Einsatzzentrale in Rom der Presse, seine Leute hätten in Zusammenarbeit mit der Kripo von Palermo und Agrigent den gefährlichen Mafiaboss *Giorgio* Brusca festgenommen.

Ich frage mich bis heute, wer dieser *Giorgio* Brusca wohl gewesen sein mag: Ob sie vielleicht bei einem anderen Einsatz gewesen waren, von dem ich nichts wusste?

Heute kann man über bestimmte Dinge lachen. Die Zeiten haben sich geändert und zum Besseren gewendet. Heute arbeiten die zentralen und lokalen Stellen bei der Verbrechensbekämpfung perfekt zusammen. Unsere Kollegen und Freunde aus Rom arbeiten tagtäglich Seite an Seite mit uns. Ohne die zentrale Einsatzleitung hätte man nie die berühmte Gruppe Duomo bilden können, die Bernardo Provenzano dingfest gemacht hat – den Boss von Palermo, der am längsten untergetaucht war.

In den neunziger Jahren dagegen standen die Dinge noch wesentlich schlechter. Die rechte Hand misstraute der linken, und trotz der organisatorischen Bemühungen von Arnaldo La Barbera war die Situation ziemlich undurchsichtig. Vor allem in Bezug auf Brusca gab es immer wieder Gerüchte über geplante Zugriffe, die dann ohne Angabe von Gründen im letzten Moment plötzlich abgeblasen wurden, und man munkelte über Hubschrauber, die so tief über seinem mutmaßlichen Versteck kreisten, dass der Gesuchte dadurch gewarnt war und monatelange Ermittlungen hinfällig wurden. Deshalb wollte man bei dem Einsatz in Cannatello nichts riskieren, und die Operation war fast bis zum letzten Moment den lokalen Kräften vorbehalten.

Bis zur Verhaftung von Brusca ahnte meine Freundin nichts von meiner Tätigkeit bei der Catturandi. Sie wusste, dass ich Polizist war, hatte am eigenen Leib erfahren, dass im Dienst jederzeit etwas Wichtiges dazwischenkommen und ich deshalb Verabredungen manchmal nicht einhalten konnte, aber womit ich genau zu tun hatte, wusste sie nicht.

Die erste Regel, die mir bei meinem Eintritt in die Catturandi beigebracht wurde, war die, mit niemandem über meine Tätigkeit zu reden, weder mit den Eltern, die sich Sorgen machen könnten, noch mit Freunden, und schon gar nicht mit der Freundin, denn jeder würde es mindestens zehn anderen Personen weitererzählen und in ein paar Tagen wüsste es dann die ganze Stadt. Palermo ist ein großes Dorf, in dem man früher oder später alle trifft und alle alles von allen wissen.

Ich musste mich also ziemlich anstrengen, um nichts zu verraten. Bei der Verhaftung von Brusca kam ich drei Tage lang nicht nach Hause und meldete mich auch per Telefon nicht. Danach schwindelte ich meiner Freundin vor, ich sei bei einer Fortbildung in Vibo Valentia gewesen und habe von der Kaserne aus nicht telefonieren können. Sie sagte zunächst nichts. Doch einige Zeit später erzählte sie mir anlässlich einer weiteren Verhaftung, dass sie schon bei der Festnahme von Brusca verstanden habe, was ich bei der Polizei machte. Sie sei sehr verärgert darüber gewesen, dass ich ihr nicht vertraute. Doch gleich darauf streichelte sie mir die Wange und sagte: »Ich bin stolz auf dich und das, was du tust.«

So war das Problem ohne Schwierigkeiten aus der Welt geschafft.

Was mich nach wie vor ärgert, ist die Behauptung, Brusca und sein Bruder seien bei der Verhaftung und dann später bei der Kripo geschlagen worden.

Mir sind Gerüchte zu Ohren gekommen, die beiden seien

regelrecht gefoltert worden, verprügelt und Schlimmeres. Das ist alles völlig aus der Luft gegriffen. Es wurde keinerlei überflüssige Gewalt angewendet. Die Polizei, und damit meine ich auch uns von der Catturandi, greift nicht auf Mittel zurück, wie sie die Mafiosi anwenden. Dabei muss man allerdings berücksichtigen, dass manche der Beteiligten in solchen Momenten emotional stark unter Druck stehen und es für die Einsatzleitung nicht immer leicht ist, die Situation unter Kontrolle zu halten. Denn unter den Polizisten, die damals an der Operation beteiligt waren, befanden sich auch Angehörige derjenigen Polizisten, die bei dem Attentat von Capaci getötet worden waren. In Sizilien geht man aus Familientradition zur Polizei, entweder weil schon die Väter und Großväter bei der Polizei waren oder aber Cousins, Brüder und Schwestern. Niemand wollte Brusca foltern. Wir haben ihnen höchstens unsere ganze Wut und Verachtung für das, was sie sind und was sie getan hatten, ins Gesicht geschrien.

Wahr ist hingegen die Geschichte von den kaputten Handschellen, die damals von der Presse groß aufgebauscht wurde. Beim Öffnen verkantete sich der Schlüssel, und man musste sie aufsägen. Aber es stimmt nicht, dass dabei ohne Rücksicht auf die Handgelenke des Verhafteten ein Schweißbrenner benutzt wurde. Das war frei erfunden, denn sonst hätte Brusca Verbrennungen und Wunden davongetragen, die nicht verborgen geblieben wären, und er hätte sich sicher in ärztliche Behandlung begeben müssen, was nicht der Fall war.

Ich habe sogar irgendwo gelesen, man habe Brusca an die Wand gestellt, auf ihn geschossen, und der Schuss habe ihn nur knapp verfehlt. Wo hätte das stattfinden sollen? Im Polizeipräsidium oder bei der Kripo? Lauter Lügen. In den Büros hielten sich Dutzende Personen auf. Man kann sich leicht ausmalen, was passiert wäre, wenn jemand geschossen hätte.

Die Brüder Brusca wurden sicher nicht mit Samthandschuhen angefasst, aber alles im Rahmen der Vorschriften. Alles andere sind Erfindungen und üble Nachreden.

Nach der Frühschicht macht man die Nacht- und dann die Spätschicht

Nach der Frühschicht macht man die Nacht- und dann die Spätschicht: Dieser Spruch ist weder ein Witz noch eine Verrücktheit. Der gegenwärtige Minister für Verwaltung und Modernisierung, Renato Brunetta, würde diese Regel als leuchtendes Beispiel für eine gut funktionierende Verwaltung betrachten. Vor allem weil sie so gut wie nichts kostet.

In Wirklichkeit stammt der Satz von unserem Kommissar Peppino.

Dabei gehörte er durchaus nicht zu denen, die ihren Mitarbeitern Wasser predigen, selbst aber Wein trinken. Ganz im Gegenteil, er war morgens immer der Erste im Büro und harrte oft bis tief in die Nacht aus. Deshalb war dieses Arbeiten rund um die Uhr auch für uns das Normalste von der Welt, und wer sich freinahm, weil er etwas Dringendes zu erledigen hatte, hatte trotzdem ein schlechtes Gewissen.

Mit Hilfe seiner engsten Mitarbeiter hatte Polizeipräsident La Barbera den Traum jedes Behördenleiters verwirklicht und die Kripo so strukturiert, dass sie Tag und Nacht reibungslos funktionierte, wie ein Uhrwerk, das man nie aufziehen muss.

49

Immer wenn das Team schlappmachte oder sich Unmut anstaute und zu explodieren drohte, wurde das Räderwerk geschmiert: Überstunden wurden bezahlt und die Männer durch Auszeichnungen, Medaillen oder ein Schulterklopfen bei ihrem Stolz gepackt. Und dann machten wir alle weiter wie generalüberholte Maschinen.

Aber unsere Arbeit war und ist viel mehr als nur ein Job. Diese Hingabe lässt sich nicht mit dem Hungerlohn und dem bisschen Geld für die Überstunden erklären. Da kommt jede Altenpflegerin aus Rumänien oder Bulgarien auf eine höhere Summe. Die Antriebsfedern dieses perfekten Uhrwerks sind Blut und Schweiß, Idealismus und Pflichtgefühl, Stolz und, warum nicht, auch der Wunsch nach Vergeltung.

Letzteres mag unangebracht sein, vielleicht sogar völlig fehl am Platze, besonders für einen Beamten. Wenn es aber bedeutet, dass man Sizilien, Palermo und ganz Italien vom Joch des organisierten Verbrechens befreien und die Kriminellen hinter Gittern sehen will, die der Gesellschaft so viel Leid und Schaden zugefügt haben, dann ist Streben nach Vergeltung der richtige Antrieb und die beste Motivation für ein erfolgreiches Team wie die Catturandi von Palermo. In diesem Sinne schadet ein bisschen Rachgier überhaupt nicht.

Nach der Frühschicht macht man die Nacht- und dann die Spätschicht: Wie sehr habe ich diese Litanei gehasst, bin dann aber doch immer wieder genau wie die anderen in die winzigen, muffigen Räume der Kripo getrottet, die ewig umgebaut wurden. Man hätte wahrscheinlich weit weniger Geld ausgeben müssen, wenn man ein ganz neues Gebäude nach modernsten Standards errichtet hätte, statt die Kripo in einem Kloster aus dem 17. Jahrhundert zu lassen, das feucht und unpraktisch ist und ständig repariert werden muss. Aber bei bestimmten Dingen setzen sich nicht immer Sparwille und Logik durch.

Der Gedanke an den ständigen Raummangel bringt mir das Erlebnis eines Kollegen in den Sinn.

Polizeipräsident La Barbera hatte einen Teil seines Dienstwohnsitzes zur Verfügung gestellt, um einen kleinen Abhörraum einzurichten. Der fragliche Kollege, der dort Dienst hatte und sein Gerät eigentlich nicht verlassen durfte, bat einen anderen, ihn kurzzeitig zu vertreten, damit er auf die Toilette gehen konnte. Als er nach langem Suchen endlich ein Bad ausfindig gemacht hatte, vergaß er vor lauter Eile, die Tür abzuschließen, bevor er sich niederließ, um sein Geschäft zu verrichten. Plötzlich hörte er Schritte und irgendjemand – ich weiß nicht mehr, ob der Polizeipräsident selbst oder ein Familienmitglied – öffnete die Tür und überraschte den Kollegen in dieser peinlichen Lage. Sicher weiß ich, dass der Kollege mehrere Tage an Verstopfung litt, und schon am selben Nachmittag hingen überall Schilder, die die Toiletten für das Personal und für den Polizeipräsidenten kennzeichneten.

Ich dagegen hatte mehr Glück. In einer Art Zwischengeschoss mit kleinen Zellen, das frei geworden war, richtete ich mich mit meinem Kollegen Fofò richtig häuslich ein. Wenn wir schon den größten Teil unseres Lebens im Dienst verbrachten, warum sollten wir es uns da nicht wenigstens gemütlich machen?

Fofò hat Sinn für Ästhetik, er besorgte Pflanzen und kaufte, da er genügend Geld hat (er stammt aus einer wohlhabenden Familie), sogar einen kleinen Kühlschrank, wie man sie in Hotels als Minibar verwendet. Ich steuerte ein paar Klappbetten aus der Garage meines Vaters und einen Fernseher bei.

Mit diesen wenigen Gegenständen richteten wir uns ein

Wohnbüro ein. Mit Wäsche zum Wechseln und funktionierenden Toiletten konnten wir auf diese Weise tagelang in den Abhörräumen ausharren ohne die »Störung« einer Rückkehr nach Hause.

Um es noch einmal zu betonen: Es gab damals noch keinerlei Produktivitätsberechnungen, und unsere Überstunden waren für die Verwaltung kostenlos. Wir waren fast alle um die zwanzig, unverheiratet und hatten ein einziges Ziel: die Mafia zu besiegen und möglichst viele ihrer Bosse zu verhaften.

Heute ist die Situation anders, aber wir spüren die Untergetauchten nach wie vor auf. Da wir unser Handwerk gelernt haben, ist es immer nur eine Frage der Zeit.

Zwei Brautleute für Carlo Greco

Bei der Verhaftung von Giovanni Brusca bekamen wir genügend Material in die Hand, das rasch zur Verhaftung anderer gefährlicher Mafiosi, gegen die wir bereits ermittelten, führte, allen voran Pietro Aglieri, der *u signurino* (»der Geck«) genannt wurde, weil er stets elegant gekleidet war.

Seit geraumer Zeit hatten wir einige seiner Mitläufer im Visier, ohne dass wir ihn, den Boss von Santa Maria di Gesù, der sehr eng mit den Corleonesi von Totò Riina zusammenarbeitete, zu fassen bekamen. Dann bekamen wir den Tipp, dass eine Familie, die einen Gemüsehandel betrieb, Carlo Greco, den Stellvertreter von Aglieri, und seine Verwandten beherbergte.

Beim Abhören eines Telefonats hörten wir im Hintergrund eine Frau rufen: »Carlo, zum Essen!«

Da niemand in dieser Familie Carlo hieß, war sofort klar, dass der Hinweis der Wahrheit entsprach und dieser Carlo wirklich der untergetauchte Greco war.

Wir setzten alles auf eine Karte. In Absprache mit Staatsanwalt Alfonso Sabella gaben sich eine Polizistin und ein Polizist unter den Decknamen *Catwoman* und *u professore* als junges Paar aus und mieteten sich in dem Wohnhaus ein, in dem die Unterstützer und der Boss mit seiner Familie wohnten.

Weil Greco kein Geringerer als der Stellvertreter des Bosses war, gingen wir ein weiteres hohes Risiko ein. Es gelang uns, ein GPS-Gerät in Grecos Wagen anzubringen, der wegen seiner gefälschten Papiere der Meinung war, unbehelligt herumfahren zu können, und mehrmals am Tag sein Versteck verließ. Auf diese Weise stießen wir auf ein Haus in der Gegend von Termini Imerese, in dem sich Greco mit Clanmitgliedern traf. Durch Abhörwanzen, die wir in dem Haus angebracht hatten, konnten wir mehrmals Gespräche über die Planung von Verbrechen direkt mitschneiden und sie sofort an die Staatsanwaltschaft weiterleiten.

Die Nervosität und Spannung jener Tage in den Büros der Catturandi sind mit Worten kaum zu beschreiben. Der Leiter der Kripo, der Polizeipräsident und der Staatsanwalt waren ganz und gar auf uns angewiesen. Wenn irgendetwas schiefgegangen und Carlo Greco uns im letzten Moment entwischt wäre, hätte wohl niemand Verständnis dafür gezeigt, dass wir ihn nicht sofort verhafteten, als wir ihn aufgespürt hatten. Als Rechtfertigung hätte man kaum akzeptiert, dass wir darauf warten wollten, bis er einen anderen untergetauchten Boss traf.

Wir waren allerdings absolut professionell vorgegangen, und niemand merkte etwas davon, dass das Haus, in dem

Greco wohnte, im Umkreis von einem Kilometer besser bewacht war als Fort Knox.

Leider wurde einige Tage später entschieden, dass man nicht länger warten könne. Greco verließ normalerweise das Haus, um ein paar Runden zu drehen, ging in einige Geschäfte und kehrte dann wieder zurück. Nichts deutete auf ein bevorstehendes Treffen hin. Weder die abgehörten Gespräche noch die Beschattung hatten in dieser Richtung brauchbare Hinweise ergeben. In einem Telefonat hatte der Boss allerdings davon gesprochen, ein Wohnmobil für die Ferien mieten zu wollen, und diese Aussage trieb uns zur Eile an.

Deshalb schlugen wir am 29. Juli 1996 zu und verhafteten Greco und seine Unterstützer in ihrem Haus. Einige Wochen später waren die übrigen Clanmitglieder ebenfalls hinter Schloss und Riegel, so dass der Boss Aglieri isoliert war.

In der Zwischenzeit zogen die beiden angeblichen Verlobten, die sich in der Wohnanlage einquartiert hatten, vorzeitig aus. Als Grund gaben sie gegenüber dem Vermieter vor, das Eindringen so vieler vermummter und bewaffneter Gestalten in die gegenüberliegende Wohnung habe sie in Angst und Schrecken versetzt. Der Wohnungseigentümer zeigte sich sehr verständnisvoll und entließ die beiden aus dem Mietvertrag, obwohl dieser für ein Jahr abgeschlossen worden war.

Kapitel 2

1997

Die Catturandi räumt auf

Um eine Vorstellung davon zu vermitteln, in welch hohem Tempo die Catturandi 1997 arbeitete, will ich ein paar Daten und Fakten vorausschicken.

6. Juni: Auf einen Schlag werden in einem Haus in Bagheria der lang gesuchte Pietro Aglieri, Spitzname *u signurino,* Giuseppe La Mattina und Natale Gambino gefasst.

19. Juni: In Palermo wird Salvatore Grigoli, *u cacciatore* (»der Jäger«), festgenommen, einer der Killer, die im Auftrag der Bosse Giuseppe und Filippo Graviano Pater Pino Puglisi umgebracht hatten, den Pfarrer des Stadtteils Brancaccio, der gegen die Mafia aufgestanden war.

22. Juni: Bei einem Ausflug mit seiner Familie wird Antonino Tinnirello, *u Madonna,* von einem Kollegen erkannt, der ihn allein verhaftet und in die Kripo von Palermo bringt.

2. Juli: Nach einem kurzen Feuergefecht macht die Catturandi auch den zweiten Killer von Pater Puglisi, Giuseppe Spatuzza, dingfest.

4. November: Die Verhaftung von Pater Mario Frittitta, einem Karmelitermönch aus Kalsa, einem Stadtteil Palermos, der seit jeher stark von der Mafia verseucht ist, erregt großes Aufsehen.

Drei Asse

Zu den von der Catturandi mit größter Spannung erwarteten Einsätzen gehört zweifellos der vom 6. Juni 1997 in einem zweistöckigen Haus in dem sogenannten Fondo Marino von Bagheria.

In den vorausgegangenen Monaten hatte die Abteilung alle Kräfte auf die Fahndung nach zwei untergetauchten Bossen konzentriert. Ein Team beschäftigte sich mit dem Clan Tinnirello, um den Boss Antonino aufzuspüren, die andere mit Peppuccio La Mattina, den man für die rechte Hand von Pietro Aglieri hielt (im Sprachgebrauch der Mafia der Stellvertreter des Clanchefs).

Bei Ermittlungen gegen einen Clan geschieht es oft, dass man – wie wir in Sizilien zu sagen pflegen – nicht immer Zucchini erntet, wenn man Zucchini gesät hat. Manchmal wachsen Broccoli, manchmal nur eine kleine Aubergine. Damit ist gemeint, dass man auf der Suche nach dem Boss eines Clans in seinem Hoheitsbereich manchmal auf den Stellvertreter stößt. Manchmal passiert aber auch das Gegenteil, und man hat, während man nur den Vize zu verfolgen glaubte, plötzlich den Boss der Bosse im Visier.

Damals hatten wir herausbekommen, dass der Clan Corso und besonders die Söhne von Luigi Corso, Ino und Giampaolo, Kontakte zur Mafia von Santa Maria di Gesù unterhielten. Diese Leute, so hatte sich mehrmals gezeigt, standen mit dem untergetauchten Boss Pietro Aglieri in Verbindung. Damit war klar, dass die Corsos in der Lage waren, über seine leibliche Familie und seine Clanmitglieder Informationen an Aglieri weiterzuleiten.

Wir hörten die Telefone aller Familienmitglieder von Luigi Corso ab. Das war nicht ganz einfach, da Giampaolo ein bekanntes Lokal für Veranstaltungen in Palermo betrieb und sein Bruder Ino ein Autohaus. Ihr Telefonverkehr war enorm: Neben ihren persönlichen Festnetz- und Mobilfunknummern mussten wir auch die auf die Firma und einige ihrer Angestellten eingetragenen Nummern überwachen.

Außerdem gingen die Ermittlungen gegen Peppuccio La Mattina und Antonino Tinnirello weiter. Das heißt, dass wir zusätzlich Dutzende von Gesprächen am Telefon und aus der akustischen Raumüberwachung intensiv verfolgen mussten, um auch nicht die geringste Andeutung zu verpassen. Manchmal wusste ich selbst nicht, wie wir das schafften.

Im Laufe meiner Tätigkeit bei der Catturandi hatte ich allmählich das diffizile Handwerk der Raumüberwachung und des Abhörens von Telefongesprächen gelernt. Dabei geht es nicht nur darum, das, was die Teilnehmer besprechen, zu transkribieren, sondern vor allem darum, die dahinterliegende Botschaft und die Codewörter zu entschlüsseln. Immer spielen dabei der Tonfall und sogar die Pausen eine wichtige Rolle, da sie häufig einen verborgenen Sinn enthalten, den der Abhörende erkennen muss.

Um die damit verbundenen Schwierigkeiten zu erahnen, braucht man sich nur ein Gespräch vorzustellen, das von zwei Personen nicht am Telefon geführt wird, sondern inmitten lärmender Menschen, wo sich die beiden etwas zuflüstern. Die Abhörwanzen übertragen alle Geräusche an den Polizisten, der beim Zuhören den Dialog aus den Hintergrundgeräuschen herausfiltern muss, um zu verstehen, was die beiden, die vielleicht viele Kilometer von seiner Abhörzelle entfernt sind, sagen und was sie damit meinen.

Anfangs schaute ich meinen Kollegen zu, die während des Abhörens lächelten und mit den anderen das Aufgenommene kommentierten. Dann setzte ich mir selbst die Kopfhörer auf und hörte nichts als ein starkes Rauschen.

Und dann lachten sie und versuchten, mich auf den Arm zu nehmen: »Was? Du hörst nichts? Die besprechen doch gerade ein Treffen.«

»Halt, halt! Spul zurück, vielleicht war da was ... Genau, da!«

Und bei mir – nichts. Meistens verstand ich kein Wort.

Schließlich beruhigte mich der älteste unter den Kollegen lächelnd und erklärte mir, dass sich meine Ohren mit der Zeit schon daran gewöhnen würden, die Geräusche der Raumüberwachung auseinanderzuhalten. Ich dürfe nur nicht aufgeben und müsse genügend Erfahrung sammeln.

Gott sei Dank war das nicht nötig. Alle Kollegen sind zwar austauschbar, und jeder kann alles machen. Aber ich bevorzuge mein »Spielzeug« und höre bis heute am liebsten Telefone ab.

Bei den Corsos hatten wir mittlerweile einige seltsame Gespräche zwischen Ino und Pater Mario Frittitta, dem Pfarrer der Gemeinde von Kalsa, registriert.

Einige Kronzeugen und auch Gerüchte in der Bevölkerung munkelten von einer Bekehrung Pietro Aglieris, und Pater Frittitta entsprach genau dem Bild eines Priesters, der einen Sünder zur Umkehr bewegen kann.

Andererseits war allgemein bekannt, dass Frittitta Pfarrer derjenigen Gemeinde war, die schon immer fest in der Hand der Mafia gewesen war, und dass einige Kriminelle auf der Flucht vor der Polizei in seinem Kloster Unterschlupf gefunden hatten. Die Vermutung, dass der Priester selbst mit der Mafia unter einer Decke steckte, wurde durch einige abgehörte Gespräche gestützt, in denen von Botschaften oder auch von Geld die Rede war, die der Clan durch Pater Frittitta an den Untergetauchten weiterleiten wollte.

Nachdem die Staatsanwaltschaft autorisiert hatte, dass wir die Telefone des Karmelitermönches und einiger seiner Mitbrüder abhören durften, bekamen wir tatsächlich einige nützliche Hinweise. Nach Wochen der Überwachung, der Beschattung und des Abhörens – ich glaube, es war Anfang 1997 – hatten wir das Gefühl, dass etwas Entscheidendes bevorstand.

Eines Tages fuhren wir hinter Ino Corso her, als dieser sein Autohaus verließ und in einem dunklen BMW auf der Viale Regione Siciliana in Richtung Catania fuhr. Während er anfangs extrem langsam fuhr, beschleunigte er plötzlich auf über hundert Stundenkilometer. Das ist eine gute Methode, um festzustellen, ob man verfolgt wird. Und wir, die wir ihm tatsächlich auf den Fersen waren, mussten aufgeben. Sein Verhalten bestätigte jedoch unsere Vermutung, dass etwas nicht stimmte, und deshalb sorgten wir über Funk dafür, dass andere Wagen am Kreisverkehr der Via Orta, den er passieren musste, die Verfolgung aufnahmen.

Weil Ino Corso die Autobahn nahm, mussten wir von ihm ablassen, denn auf eine so komplexe Beschattung waren wir nicht vorbereitet, so dass wir uns bedeckt halten mussten, damit Corso nichts bemerkte. Es blieb uns nichts anderes übrig, als auf seine Rückkehr zu warten, um nachträglich seine durch das GPS aufgezeichnete Route und seine Ziele zu analysieren. Genau wussten wir lediglich, dass Corso die Stadt verlassen hatte und Richtung Catania gefahren war.

Einige Wochen später nahm er den gleichen Weg, aber diesmal waren wir vorbereitet. Wir folgten ihm nicht auf der Straße, sondern postierten uns entlang der Strecke an zwei wichtigen Kreuzungen außerhalb der Stadt. Corso passierte beide Stellen und kehrte erst ein paar Stunden später zurück. Wir gingen von einer bestimmten Durchschnittsgeschwindigkeit aus und rechneten uns aus, dass er einen Ort zwischen Villabate und Termini Imerese aufgesucht haben musste. Bei der akustischen Raumüberwachung konnten wir dann einige Tage später einem Gespräch zwischen den Brüdern Corso entnehmen, dass Ino tatsächlich Pietro Aglieri getroffen hatte.

Nun packte uns das Jagdfieber, und bei der Catturandi taten wir praktisch nichts anderes mehr, als die Gespräche der Familie Corso abhören, wieder abhören, warten und wieder abhören. Niemand wollte auch nur eine Minute aufhören zu arbeiten und nach Hause gehen. Unsere Vorgesetzten mussten uns geradezu zwingen und sagten: »Jungs, haltet die Schichten ein, sonst seid ihr zu müde, wenn der Einsatz kommt. Los, wer nicht im Dienst ist, soll jetzt für ein paar Stunden nach Hause gehen.«

Sie waren jedoch die Ersten, die diese guten Ratschläge missachteten. Häufig sah man Claudio Sanfilippo und seinen Stellvertreter Renato Cortese aus den vom Rauch ihrer Zigarren geschwängerten Büros nach Hause hasten, um sich wenigstens zu duschen, bevor sie die tägliche Sitzung mit dem Polizeipräsidenten wahrnahmen.

Wieder erfuhren wir es beim Abhören, dass Corso sich erneut auf den Weg machte, und diesmal kontrollierten wir jede Kreuzung bis Termini Imerese. Der entscheidende Hinweis kam jedoch von einem Wachposten in Bagheria, denn dort wurde beobachtet, wie Ino Corso und Pater Frittitta vor einer Bar am Ortsende auf und ab gingen.

Diesmal verfolgten wir sicherheitshalber beide. Ino war sich seiner Sache sicher. Er benutzte wieder die Methode des plötzlichen Geschwindigkeitswechsels, um zu prüfen, ob ihm jemand folgte. Da er feststellte, dass ihm niemand auf den Fersen war, gab er jede Vorsicht auf und fuhr ganz normal. Bevor die Patrouille die Verfolgung aufgab, war sie sich sicher, dass er die Landstraße genommen hatte.

Ein weiteres Mal würde Corso uns nicht entwischen.

Einige Tage später rief Totò *il rosso* (»der Rote«), der zu den besten Spezialisten für die akustische Raumüberwachung gehörte, die Kollegen zusammen. Seiner Meinung nach ging etwas Merkwürdiges vor sich, denn der Koch in Giampaolos Lokal verwandte allzu große Mühe auf die Vorbereitung einer Lasagne. Dass ausführlich über die Zubereitung von Lasagne gesprochen wurde, war schon öfter vorgekommen und hatte uns bereits misstrauisch gemacht. Sollte sie etwa zu Pietro Aglieri gebracht werden?

Wie aber sollte man einer Lasagne folgen? Wenn wir nicht alle Personen aus der Umgebung der Bosse im Visier gehabt hätten, wäre das kaum möglich gewesen.

Essen spielt immer eine wichtige Rolle bei der Fahndung nach untergetauchten Mafiosi. Einige Jahre später wurden wir auch bei Bernardo Provenzano dadurch auf die richtige Spur gebracht, dass seine Frau mit besonderer Sorgfalt bestimmte Speisen vorbereitete. Sogar Salvatore und Sandro Lo Piccolo riskierten ihre Verhaftung wegen einer speziellen Mehlsorte, die Vater Salvatore für seine geliebte Pizza unbedingt haben wollte.

Doch zurück zu jenem schicksalhaften Tag – ich glaube, es war ein Sonntag – , an dem wir endlich sahen, wie die Auflaufform mit der Lasagne und ein paar Plastiktüten im Kofferraum von Ino Corsos BMW verstaut wurden, der damit in Richtung Bagheria verschwand.

Diesmal konnten wir das Ziel ziemlich genau einkreisen, denn die überall verteilten Posten erwiesen sich als sehr zuverlässig. Corsos Auto mit der Pasta wurde gesichtet, wie er in Bagheria im Ortsteil Fondo Marino in einen Feldweg einbog.

Wir konnten ihm zwar nicht weiter folgen, aber das Wichtigste war erreicht. Bis zur Verhaftung Aglieris konnte es sich nur noch um Stunden handeln.

Alle Jagdhunde waren in gebührender Entfernung vom Brennpunkt postiert und warteten mit klopfendem Herzen auf den Einsatzbefehl. Wir mussten den ganzen Nachmittag warten.

Bei Einbruch der Dämmerung meldete einer unserer Wagen, dass Ino Corso mit seinem BMW auf dem Rückweg in die Stadt vorbeigefahren sei.

Die Gegend, in die Corso die Lasagne gebracht hatte, hatten wir bereits identifiziert. Darüber hinaus konnten wir auf einem Hügel oberhalb des Fondo Marino ein hochwirksames Fernrohr mit dem geheimnisvollen Namen Celestron postieren. Von dort oben beobachtete eine Gruppe von uns die mutmaßlichen Ziele und konzentrierte sich dabei auf zwei oder drei Häuser. Um die Überwachung rund um die Uhr zu garantieren, mussten die Bewacher dort oben im Schlafsack übernachten.

An der Straße und auf der Anhöhe blieben etwa ein Dutzend Polizisten als Wachposten zurück, während die anderen ins Büro zurückkehrten, wo sie jederzeit für den Einsatz bereitstanden.

Mitten in der Nacht wollten wir unbedingt näher an das Haus herankommen, in dem wir Aglieri vermuteten, um genauere Informationen zu erhalten. Doch da sich ein lautloses Anschleichen als unmöglich erwies, gaben schließlich auch die erfahrensten Anpirscher auf, so dass die Aktion im letzten Moment abgeblasen wurde. Das war ein Glück für alle. Denn am nächsten Tag stellte sich heraus, dass wir auf das falsche Haus abgezielt hatten, während Aglieri sich nur wenige Meter davon entfernt versteckt hielt.

Am Morgen des 6. Juni fuhr ein Wagen zu diesen Häusern, und wir beobachteten fast ungläubig, wie einige Personen hinter hohen, festungsartigen Mauern verschwanden.

Einige der erfahrenen Kollegen pirschten sich erneut heran und konnten mit einer kleinen Telekamera einige Bilder machen. Man sah den Teil eines Kopfes, der sich hin- und herbewegte. Zu erkennen waren kurzgeschorene Haare und die Augen, der Rest blieb verdeckt. Der Vergleich mit den alten Archivfotos, die wir von Aglieri und Giuseppe La Mattina besaßen, ergab allerdings keine hundertprozentige Gewissheit, dass es sich tatsächlich um die Gesuchten handelte.

Trotzdem wurde beschlossen zuzuschlagen.

In dem Moment war ich mit meinem Kollegen Fofò auf dem Hügel am Celestron, und wir hatten die Aufgabe, das Zeichen zum Einsatz zu geben. Sobald alle anderen auf Position waren, sollten wir das OK geben oder aber alles stoppen, falls plötzlich ein Wagen oder eine Person vor dem Tor auftauchen sollte.

Die Männer waren nur einige Dutzend Meter von dem Haus entfernt postiert, in das wir eindringen sollten, so dass es in wenigen Minuten umzingelt werden konnte.

Alles lief wie am Schnürchen, bis auf die Tatsache, dass das Tor selbst unter den Schlägen unseres Vorschlaghammers nicht nachgeben wollte. Erst später realisierten wir, dass das Tor nach außen aufging, wir aber nach innen drückten und die Bewohner des Hauses, die sich ergeben wollten, gleichzeitig nach außen. Dadurch bewegte sich das Tor keinen Millimeter, so dass unsere Männer schließlich durch die Fenster klettern mussten und die Situation einige Momente aufs höchste angespannt war.

Als ich die Stimme im Empfänger »Alles OK!« brüllen hörte, bekam ich fast einen Herzinfarkt vor Freude. Von all den Aktionen, an denen ich bisher teilgenommen hatte, war diese ohne Zweifel eine der aufregendsten.

Die eigentliche Überraschung stand aber noch bevor: In dem Versteck hielt sich nicht nur Aglieri auf, sondern auch Giuseppe La Mattina, der noch länger zur Fahndung ausgeschrieben war. Mit Natale Gambino, der ebenfalls gesucht wurde, bekamen wir drei Asse auf die Hand.

Dieser wirklich unglaubliche Erfolg belohnte uns für das nächtelange Wacheschieben in der Kälte, für die kalten Duschen im Büro, die Streitereien mit unseren Freundinnen oder Ehefrauen – einfach für alles.

In Aglieris Versteck stießen wir auch auf eine Art Kapelle mit allem, was dazugehört: Kirchenbänke, Kruzifixe, diverse Heiligenbilder und eine Bibel.

Ich glaube, dass dieser blutrünstige Killer tatsächlich drauf und dran war, sich zu bekehren. Neben seinem Bett wurde der Roman »Die Sonne Satans« von Georges Bernanos gefunden, in dem die Hauptfigur, Abt Donissan, gegen die Versuchungen der jungen Mouchette, der »kleinen Dienerin des Satans«, kämpft. Der darin geschilderte ewige Konflikt zwischen Gut und Böse entsprach wahrscheinlich den Gefühlen Aglieris in dieser Phase seines Lebens.

Ich finde es nur schade, dass diese Art Bekehrung und Reue der Gesellschaft so gut wie gar nichts einbringt. Denn meiner Ansicht nach müsste jemand, der sein moralisches und soziales Verhalten wirklich bereut, zumindest für all das aufkommen, was er der Gesellschaft an moralischem wie materiellem Schaden zugefügt hat, indem er sich der irdischen Justiz stellt und ihr Urteil annimmt, bevor er von Gott gerichtet wird.

Selbst wenn man das Verhalten von Pater Mario Frittitta als naiv durchgehen lässt, halte ich es deshalb trotzdem für einen schweren Fehler, dass er und seine Vorgesetzten einem Mann wie Aglieri geistlichen Beistand gewährt haben.

Meiner Meinung nach wäre es – wie dies auch Papst Johannes Paul II. nachdrücklich gefordert hat – vielmehr die vornehmliche Aufgabe der Kirche, die Mafia und die Mafiosi eindeutig zu verurteilen und sie zu einer echten Umkehr aufzufordern, und das heißt konkret, sich selbst anzuzeigen und vor der Zivilgesellschaft zu verantworten. Priester müssen natürlich alles in ihrer Macht Stehende tun, um den Weg der Bekehrung zu unterstützen, dürfen aber nie vergessen, dass der Mensch den irdischen Gesetzen unterworfen ist, bevor er im Jenseits vor den Richterstuhl Gottes tritt.

Um diese Geschichte zum Abschluss zu bringen, will ich noch erwähnen, dass Ino Corso und sein Bruder Giampaolo als Unterstützer von Aglieri einige Wochen später verhaftet wurden. Auch Frittitta, der in Absprache mit Ino versucht hatte, durch eine Selbstanzeige zu retten, was zu retten war, landete im Gefängnis, wurde in erster Instanz verurteilt, in der zweiten jedoch von der Anklage der schweren Begünstigung einer kriminellen Vereinigung freigesprochen.

Die geheimnisvolle Apothekerin

Die Arbeit der Polizei bei der Suche nach Untergetauchten ist nie einfach. Im Film oder Krimi zieht sich die Fahndung höchsten ein paar Stunden oder ein paar hundert Seiten hin. Wirkliche Ermittlungen sind dagegen fast immer langwierig, kompliziert und aufwendig, vor allem dann, wenn man endlich eine Spur gefunden hat.

Als die Gruppe Duomo beispielsweise mit der Fahndung nach Bernardo Provenzano begann, bezog sie seine ganze Familie in die Überwachung ein und stützte sich dabei auf frühere Ermittlungen. Genauso war es bei Lo Piccolo: Ohne die Operation San Lorenzo 1 und 2 und ohne die Verhaftung von Franco Franzese hätte man ihn nie aufgespürt.

Eine wichtige Rolle spielten auch die Ermittlungen gegen den einflussreichen Boss Peppuccio La Mattina, der sich an dem Ausrottungsfeldzug der Corleonesi von Totò Riina beteiligt hatte.

Man musste Dutzende von Telefonanschlüssen überwachen, darunter die seiner engsten Familienangehörigen. Außerdem wurden an verschiedenen Stellen Abhörwanzen angebracht, durch die unzählige Gespräche abgehört wurden. Dennoch bekamen wir lange Zeit nichts zu fassen, was für die Verhaftung von La Mattina brauchbar gewesen wäre.

Eines Tages jedoch schnappten wir endlich einige interessante Sätze auf. Im Gespräch mit einem Familienmitglied erwähnte Giuseppes Vater die Beziehung seines flüchtigen Sohnes zu einer Frau. Diese Frau hatte, so war den abgehörten Aussagen zu entnehmen, vor kurzem ihr Pharmaziestudium abgeschlossen, und auch ihr Name fiel, wenn ich mich nach so langer Zeit recht erinnere. Ein einfacher, herkömmlicher Name, vielleicht Anna.

Es mag übertrieben oder gar verrückt erscheinen, dass diese winzige Information eine riesige Maschinerie in Gang setzte. Doch nach stundenlangem Abhören und Nachhören hatten wir damit endlich einen Beweis dafür in der Hand, dass Peppuccio La Mattina mit seiner Familie in Kontakt stand, denn seine Verwandten besaßen neueste Informationen über ihn und seine Umgebung. In diesem

Fall über die junge Frau, die »vor kurzem« – also musste die Nachricht neu sein – ihr Examen bestanden hatte.

Dieser Spur gingen wir sofort nach und suchten nach einem passenden Profil. Wir überprüften die Daten aller Frauen dieser Altersgruppe, die an der pharmazeutischen Fakultät aller Universitäten Siziliens in den letzten fünf Jahren ihren Abschluss gemacht hatten.

Hunderte von Namen, die einzeln durchgesehen werden mussten, darunter besonders alle Annas, einschließlich der Doppelnamen wie Anna Maria, Anna Giulia usw. Sie wurden wie üblich danach überprüft, ob sie selbst oder ihre Familienmitglieder vorbestraft waren, ob ihre Adressen und ihre Meldedaten stimmten usw.

Schließlich wurde Peppuccio La Mattina in der Via Marino in Bagheria gefasst, bevor diese Ermittlungen zu irgendeinem Ergebnis führten. Und bis heute ist das Geheimnis der Apothekerin nicht aufgeklärt.

Auf der Suche nach einem Flüchtigen findet man – eine Überraschung

Nach der Verhaftung von Aglieri und seinem Clan bekam die Catturandi den Auftrag, die Verantwortlichen für die Ermordung von Pater Pino Puglisi zu suchen, der in Brancaccio mit seinen Predigten gegen die Mafia den Zorn der Brüder Graviano erregt hatte. Auf der Fahndungsliste standen mit Salvatore Grigoli und Gaspare Spatuzza zwei gnadenlose Killer, die den Mordauftrag ausgeführt haben sollten.

In den meisten Fällen haben untergetauchte Mafiosi ein paar unschuldige Opfer auf dem Gewissen. Die Vorstellung, die Verantwortlichen für den Mord an einem Priester dingfest zu machen, der nichts weiter getan hatte, als die Jugendlichen in Brancaccio von der Straße zu holen und sie aus ihrer Unwissenheit zu befreien, um sie nicht zu Handlangern der Mafia werden zu lassen, war für unser Team ein besonderer Anreiz. Deshalb strengten wir uns besonders an.

Mit Spatuzza hatten wir im Übrigen noch ein Hühnchen zu rupfen.

Eines Nachmittags war einem Kollegen, als er nach Dienstschluss mit seinem Moped in einen Vorort von Palermo fuhr, ein Mann vor einer Telefonkabine aufgefallen. Anfangs wusste er nicht, warum ihn dieser Anblick plötzlich in Alarmbereitschaft versetzte. Dann aber merkte er, dass er den Mann nur allzu gut kannte: Es war Gaspare Spatuzza, nach dem wir fahndeten.

Mein Kollege, den ich hier Alfio nennen will, war unbewaffnet. Deshalb hielt er am Straßenrand an und rief umgehend im Büro an.

In der Zwischenzeit war der Gesuchte in einen Wagen gestiegen und in Richtung Ringstraße davongefahren.

Alfio gab alle notwendigen Informationen am Telefon durch und machte sich dann an die Verfolgung von Spatuzza.

Wir in der Zentrale stürzten ebenfalls mit allen verfügbaren Fahrzeugen los. Mein Kollege Pinta und ich liehen uns einen alten Ford Fiesta vom Rauschgiftdezernat aus und rasten, gefolgt von mehreren anderen Autos, in Richtung Ringstraße.

Mit seinem Moped, das nur 50 ccm hatte, versuchte Alfio verzweifelt, dem Auto des Flüchtigen, ich glaube, es war ein Fiat Uno, auf den Fersen zu bleiben.

Als wir entscheiden mussten, ob wir auf dem Ring in nördlicher oder südlicher Richtung fahren sollten, schickte uns der Kollege, der mit Alfio in ständigem Kontakt stand, aber etwas falsch verstanden hatte, in Richtung Catania.

Am Kreisverkehr der Via Oreto bogen wir zur Autobahn nach Südosten ab, während einige von uns die parallel verlaufende Staatsstraße nach Villabate nahmen. Alfio konnte Spatuzzas Wagen wohl kaum bis zu diesem Punkt verfolgt haben, und deshalb warteten wir auf eine Nachricht, die uns auf den neuesten Stand brachte. Als diese endlich kam, stockte uns der Atem: Alfio forderte Verstärkung in der entgegengesetzten Richtung an. Spatuzza war nämlich bereits jenseits der Via Perpignano auf dem Weg nach Baida im Westen Palermos.

Die Kollegen im ersten Wagen der Kolonne verloren keine Zeit, machten kehrt und rasten auf dem Seitenstreifen in die entgegengesetzte Richtung, mit aufgeblendeten Scheinwerfern, Martinshorn und Blaulicht. Der reine Wahnsinn. Als Pinta und ich dieses waghalsige Manöver sahen, folgten wir ohne Zögern: Kehrtwende und auf dem Seitenstreifen in die falsche Fahrtrichtung. Unser alter Ford Fiesta aber besaß kein Blaulicht, und auch das Martinshorn gab nur einen kläglichen Ton von sich. Bei unserer Geschwindigkeit hätte das kein Mensch gehört. Deshalb blieb mir nichts anderes übrig, als mich im Vertrauen auf unser Glück und die Aufmerksamkeit der überraschten Autofahrer mit der Kelle in der Hand so weit wie möglich aus dem Fenster zu lehnen. Ich kann mir lebhaft vorstellen, wie die Entgegenkommenden in allen Sprachen über uns geflucht haben mögen.

Man sagt, das Glück hilft den Mutigen und den Dummköpfen, und tatsächlich war es auf unserer Seite. Schnell war die ganze Kolonne auf dem Weg Richtung Baida. Leider bemerkte Spatuzza wahrscheinlich, dass Alfio ihm folgte, denn er beschleunigte und ließ das Moped immer weiter hinter sich. Wir benutzten inzwischen die Polizeisirene, um uns im Gegenverkehr Platz zu schaffen, aber der Flüchtige hörte sie vermutlich trotz der großen Entfernung, weil er durch das Moped bereits aufgeschreckt war. Schließlich fanden wir Spatuzzas Auto mitten auf der Straße, die Schlüssel steckten noch, die Tür stand offen, und der Motor war noch warm. Doch von dem Mafioso keine Spur.

Das Gebiet wurde von Polizisten umstellt, die vergebens als Verstärkung angerückt waren.

Unglücklicherweise passte ein Schlüssel aus dem Schlüsselbund im Auto zur Tür eines Hauses in der Nähe, so dass wir es ins Visier nahmen, fest davon überzeugt, Spatuzzas Versteck entdeckt zu haben. Nachts um zwei Uhr wurde den nichtsahnenden Eigentümern die Haustür eingetreten und Dutzende von maskierten Polizisten stürmten hinein. Glücklicherweise kannte ich den Besitzer, es war mein alter Physiklehrer aus dem Gymnasium – zwar ein unangenehmer Pauker, aber bestimmt keiner, der die Mafia unterstützte!

Deshalb war das Missverständnis schnell aufgeklärt. Der Lehrer und seine Frau kamen mit dem Schrecken davon, zeigten sich am Ende sogar verständnisvoll und verlangten nicht einmal eine Entschädigung für die beschädigte Tür. Wie ich später erfuhr, ließen sie schnellstens das Schloss ihrer Eingangstür auswechseln.

Wir dagegen brachten unseren alten Ford Fiesta zum Verschrotten, weil er, nachdem er seiner Pflicht genügt und uns bis Baida gebracht hatte, einfach nicht mehr anspringen wollte, so dass Pinta und ich uns von dem alten Abschleppwagen der Polizei abholen lassen mussten.

Gaspare Spatuzza blieb vorläufig unauffindbar.

Glücksabfall

Nach Spatuzzas Flucht, die von einigen Zeitungen groß aufgebauscht worden war, geschah etwas Seltsames. Wir bekamen Drohbriefe, die, anders als gewöhnlich, sehr gezielt formuliert waren. Auf einem Blatt standen die Nummernschilder einiger der von uns bei der Verfolgungsjagd benutzten Autos und waren mit Kreuzen versehen.

Der Abteilungsleiter besprach die Sache mit uns, und wir beschlossen, als Antwort unsere Arbeit mit noch mehr Nachdruck fortzusetzen. Wir waren allerdings doch so vorsichtig, unsere Autos statt direkt vor dem Polizeipräsidium etwas abseits zu parken und abends nur in kleinen Gruppen das Präsidium zu verlassen, so dass wir uns gegenseitig schützen konnten.

Eines Tages bekamen wir einen Hinweis, den man normalerweise nur aus Routine überprüft. Ein Informant des Kommissariats Oreto Stazione hatte den Namen des Mannes genannt, der angeblich Salvatore Grigoli, den anderen Mörder von Pater Puglisi, mit Lebensmitteln versorgte.

Auch Grigoli galt als sehr gefährlich, da er wie sein Kumpan Spatuzza immer bewaffnet und sofort schussbereit war, sobald er Bullen in seiner Nähe vermutete.

Der Mann namens Renzino wurde zu unserem *target,* wie wir das Objekt unserer Ermittlungen nennen.

Routinemäßig überprüften wir beim Kataster- und Bauamt, ob er Immobilien besaß, und überwachten seine Telefone, soweit ich mich erinnere, einige Wochen lang.

Nichts. Keinerlei brauchbare Ergebnisse. Die Kollegen von Oreto Stazione, die zu uns gekommen waren, kehrten wieder in ihr Kommissariat zurück, und alles schien sich in Luft aufzulösen, wie fast immer, wenn wir Hinweisen nachgingen, die wir von Informanten erhalten hatten.

Doch etwas Unerwartetes gab den Ermittlungen eine neue Wendung, und das Glück schien uns hold zu sein. Während unser Kollege Totò auf dem Weg zur Kripo war, traf er in der Via Pitrè ausgerechnet auf Renzino, der aus einer Haustür trat, um einen Beutel mit Müll in den Container an der Straße zu werfen und dann mit dem Auto wegzufahren.

Totò holte den Beutel aus dem Container und eilte ins Büro.

Wie es ausgesehen haben muss, als Totò mit seinem Müllsack in der Hand von den Kollegen empfangen wurde, kann sich der Leser leicht vorstellen, denn Totò sagte nicht gleich, dass er Renzino entdeckt hatte.

»Bist du verrückt geworden?«, fragten alle, sobald er den Inhalt des Müllbeutels vor dem Schreibtisch unseres Teamleiters ausgeleert hatte. Der erbleichte, öffnete den Mund, brachte aber kein Wort heraus.

Aus den Abfällen fischte Totò einige Blätter mit Notizen heraus, die sich ganz offensichtlich auf Salvatore Grigoli bezogen. Totò hatte im wahrsten Sinne des Wortes den richtigen Riecher gehabt.

Dann erzählte er uns, was er in der Via Pitrè gesehen hatte, und wir alle einschließlich des Teamleiters, der seine Sprache und seine natürliche Hautfarbe wieder gefunden hatte, wären ihm am liebsten um den Hals gefallen.

Wir beschlossen jedoch, nichts zu überstürzen. Anfangs postierten wir in der Via Pitrè einen Wagen mit einer Videokamera, die rund um die Uhr lief. Alle zwei Stunden musste einer von uns zu dem Auto gehen, um die Kassette auszutauschen. Schon in den ersten zwei Stunden wurde Grigoli beim Verlassen des Hauses gefilmt. Unverkennbar trug er eine Gürteltasche, in der vermutlich eine geladene Pistole steckte.

Während wir die Aufnahmen betrachteten, schien in der Stadt die Hölle los zu sein, denn unten auf der Straße rasten plötzlich Autos der Polizei und der Carabinieri los. Wir hörten den Polizeifunk ab und erfuhren, dass ein Geschäftsmann – ich glaube, er hieß mit Nachnamen Bruno – nahe der Via Pitrè ermordet worden war.

Grigoli hatte vor kurzem das Haus verlassen, ganz in der Nähe der Stelle, wo der Mord geschehen war, den man sofort als ein Verbrechen der Mafia einordnete. War das bloßer Zufall?

Wir dachten sofort an die Gürteltasche mit der geladenen Pistole. Polizeipräsident Antonio Manganelli und der Kripochef Luigi Savina ordneten an, dass wir uns äußerst vorsichtig vor dem Haus, aus dem Grigoli gekommen war, postieren sollten, aber auf keinen Fall Aufsehen erregen durften.

Einige von uns beobachteten aus einem Lieferwagen das Haus. Sie sollten uns das Zeichen zum Losschlagen geben. Am Spätnachmittag sah ein Polizist, wie Grigoli zu Fuß auftauchte. Der Killer wurde überrumpelt, war in Sekundenschnelle umringt und mit Handschellen gefesselt. In seiner Gürteltasche trug er eine Pistole mit Schalldämpfer vom selben Kaliber wie die Tatwaffe bei der Ermordung des Unternehmers.

Die Spurensicherung stellte allerdings fest, dass das Opfer nicht mit dieser Pistole erschossen worden war. Grigoli selbst arbeitete mit der Justiz zusammen und gestand viele Morde, leugnete aber hartnäckig, an dem Verbrechen beteiligt gewesen zu sein, dessentwegen wir ihn verhaftet hatten. Auch Renzino wurde einige Zeit später gefasst und wegen besonders schwerer Begünstigung einer kriminellen Vereinigung verurteilt. Ich glaube, er hat seine Strafe nun fast abgesessen und wird bald freikommen.

Die Nadel im Heuhaufen

Die folgende Geschichte hat nicht direkt mit der Catturandi zu tun, sondern mit einem Polizisten, den man als Ehrenmitglied der Abteilung bezeichnen könnte, und deshalb kann ich nicht umhin, von ihm zu erzählen.

Mimmo – so wollen wir ihn nennen – war schon im Palermo der achtziger Jahre hinter Untergetauchten, Drogenhändlern und Mafiosi her.

Er war ein Polizist der alten Garde, ein waschechter Palermitaner, der, wenn er nicht bei der Polizei gelandet wäre, nach eigener Aussage auf der anderen Seite der Barrikade bei den Kriminellen gestanden hätte. Er ist gewitzt, dunkelhäutig wie ein typischer Sizilianer, groß und schlank.

Dieser Polizist hat eine Art des Auftretens, die es ihm erlauben würde, in jedes x-beliebige Haus einzudringen, ohne dass der Eigentümer es merkwürdig finden würde. Er kennt Palermo und seine Bewohner wie seine Westentasche, und das macht ihn zum lebenden Gedächtnis der Mafia und Antimafia.

Zu der Zeit, von der ich erzählen will, war Mimmo Anfang zwanzig und arbeitete in der Fahndungsabteilung der Kripo von Palermo. Heute ist er dank seiner natürlichen Fähigkeiten einer der wichtigsten Männer der Zentralstelle für Operative Einsätze in Rom, die nicht umsonst seit Jahren fest mit der Catturandi von Palermo zusammenarbeitet.

Als Mimmo eines Morgens mit dem Dienstmotorrad unterwegs war, um sich einige Örtlichkeiten anzuschauen, wo man untergetauchte Mafiosi gesichtet hatte, stieß er auf einen Vorbestraften namens Tanino *u Spillo* (»die Stecknadel«), der mit einem Rucksack über der Schulter gerade einen Bus in Richtung Hauptbahnhof bestieg.

Da er nichts Wichtigeres zu tun hatte, beschloss Mimmo, dem Bus in einiger Entfernung zu folgen, um zu sehen, wo Tanino aussteigen würde, denn einige Jahre zuvor war dieser mit einer Tasche voller Haschischplatten erwischt worden.

Mimmo hatte damals die Akten gelesen und sich das Gesicht eingeprägt, weil Tanino aus seiner Gegend stammte. Nun wollte Mimmo wissen, ob Tanino zur Vernunft gekommen war oder ihn auf die Spur eines Drogenhändlernetzes führen würde. Schlimmstenfalls musste er ein paar Überstunden machen.

U Spillo stieg am Bahnhof aus und nahm den Bus zum Flughafen Punta Raisi. Mimmo, der ihn nicht aus den Augen verloren hatte, stellte sein Motorrad ab und fuhr ebenfalls mit dem Bus. Da Tanino ihn nicht kannte, konnte Mimmo sich einige Reihen hinter ihn setzen und ihn beobachten.

Eine Sorge hatte Mimmo allerdings: Was sollte er machen, wenn *u Spillo* ein Flugzeug nehmen würde? Er musste seinen Abteilungsleiter anrufen und sich eine Genehmigung holen.

Leider hatte Mimmo dazu nicht genug Zeit. Am Flughafen begab sich Tanino nämlich unmittelbar zum Check-in für einen Flug nach Mailand und verschwand hinter der Sicherheitssperre.

Mimmo war unentschlossen, weil er seinen Vorgesetzten nicht benachrichtigt hatte, aber gleichzeitig wusste, dass er sich diese Gelegenheit nicht entgehen lassen durfte. Deshalb tat er das, was ein richtiger palermitanischer Bulle am besten kann: er improvisierte.

Er eilte zur Grenzpolizei und traf dort auf einen Beamten, den er kannte. In aller Kürze erklärte er diesem, dass er einem Verdächtigen auf den Fersen sei, der dabei war, nach

75

Mailand zu fliegen, und dass er selbst aber weder ein Ticket noch Geld dafür hatte.

In jenen Jahren hatte die Polizei noch einen gewissen Handlungsspielraum, so dass der Polizist den Piloten anrufen und ihm ohne weitere Erklärungen mitteilen konnte, es werde ein weiterer Passagier mitkommen. Dann zog er eine Blankobordkarte aus der Schublade, stempelte sie ab und schickte Mimmo zum Abflugschalter.

Was damals in ihm vorging, hat mir Mimmo nie erzählt. Aber das Gefühl, der Beute dicht auf den Fersen zu sein, ihren Geruch schon in der Nase zu haben und sich so gut wie sicher zu sein, dass da ein dickes Ding gedreht wird, das kennen wir alle. Vielleicht sind es die Endorphine, die freigesetzt werden; in solchen Fällen wird man von seinem Jagdinstinkt überwältigt, und man stürmt einfach vorwärts, ohne zu wissen, was einen hinter der nächsten Kurve erwartet. Manchmal geht es dann gut, manchmal aber auch nicht.

In dem geschilderten Fall hatte Mimmo nach kurzer Zeit den Eindruck, dass hier alles schiefgehen musste.

Was würde in Mailand wohl passieren? Würde ihn Tanino, weil er ihn immer noch nicht bemerkt hatte, direkt zu einem Drogenhändler führen? Wie aber konnte Mimmo das genau herausfinden? Und sein Vorgesetzter wusste immer noch nicht Bescheid. Wie konnte er rechtfertigen, dass er, statt in der Stadt einige verdächtige Orte zu kontrollieren, als blinder Passagier und ohne Erlaubnis in einem Flugzeug auf dem Weg in das fast tausend Kilometer entfernte Mailand saß? Mimmo hatte allmählich das Gefühl, diesmal wirklich einen kapitalen Bock geschossen zu haben.

In Mailand standen Mimmo und Tanino nebeneinander vor dem Flughafen, als plötzlich ein dunkler Mercedes vor Tanino hielt und ein weiterer alter Bekannter von Mimmo ausstieg: ein mehrfach vorbestrafter Angehöriger eines palermitanischen Mafiaclans, der seit geraumer Zeit im Norden lebte. Als Tanino ins Auto gestiegen war, schaffte Mimmo es trotz hektischen Hin-und-her-Rennens und Winkens nicht, ein Taxi für die Verfolgung aufzutreiben, und verlor den Mercedes deshalb aus den Augen.

Verzweifelt blieb er allein am Flughafen zurück. Nun konnte er nur noch ein Telefon suchen, um seinem Vorgesetzten alles zu gestehen.

Er rief an, erklärte, was passiert war, und hatte sogar den Mut, um die Erlaubnis zu bitten, mit dem Flugzeug nach Palermo zurückzukehren.

Der damalige Leiter der Fahndungsabteilung, Guido Longo, war mit dem eigenwilligen Verhalten seines Untergebenen alles andere als einverstanden, überschüttete Mimmo mit allerlei Verwünschungen und befahl ihm, umgehend den Zug nach Hause zu nehmen.

Mimmo dachte nun, dass ihn dieser Ausflug sicher seine Karriere bei der Polizei kosten würde. Verzagt nahm er den Bus zum Mailänder Hauptbahnhof. Weil der nächste Zug nach Palermo erst am Abend ging, setzte sich der Ärmste auf eine Bank und dachte über sein Missgeschick nach.

Nachdem er mehrere Stunden dort zugebracht hatte, schaute sich Mimmo ein bisschen um und traute plötzlich seinen Augen nicht, denn er sah *u Spillo* am Gleis 22 auf den Zug nach Palermo warten. Außerdem hatte dieser nicht nur den nun offensichtlich ziemlich schweren Rucksack dabei, sondern auch noch zwei ebenfalls gut gefüllte Reisetaschen, eine aus blauem Stoff, die andere aus Leder. Halleluja!

Ganz zufällig nahm Mimmo ein Bett im selben Liegewagenabteil wie der Vorbestrafte. Ab jetzt würde er diesen keine Sekunde mehr aus den Augen lassen.

Auf der langen Reise nach Palermo kamen Mimmo und Tanino unweigerlich ins Gespräch. Weil sie beide Palermitaner waren, zündete der Funke: Man unterhielt sich über Fußball und Frauen und plauderte vertraulich miteinander. Auf Taninos Frage, was er in Mailand gemacht hatte, erzählte Mimmo, er sei bei Verwandten gewesen, um Arbeit zu suchen, müsse aber nun wegen seiner Freundin ganz schnell wieder zurück und habe deshalb nicht einmal Gepäck dabei.

Tanino lachte verständnisvoll. Dann gab er in typisch palermitanischer Manier das feierliche Versprechen ab, in Mailand eine Arbeit für Mimmo zu finden. Einige Freunde von ihm schuldeten ihm, so erklärte er, noch einen Gefallen, und für einen Kumpel, der im fernen Norden in Schwierigkeiten geraten war, würde sich sicher etwas machen lassen.

Ab und zu starrte Mimmo auf die prall gefüllten Taschen und überlegte angestrengt, was da wohl drin sein könnte und wie er es schaffen könnte, seinen Chef zu benachrichtigen, damit er ihn mit Verstärkung am Bahnhof empfing.

Der Räuber und der Gendarm aus Palermo verbrachten die Nacht im Zug. Tanino bot Mimmo Panini und Bier an, und schließlich schliefen sie ein.

Am nächsten Morgen kurz vor der Ankunft setzte Mimmo alles auf eine Karte. Während eines kurzen Aufenthalts in Termini Imerese stieg er unter einem Vorwand aus, fand ein Telefon, wo er ungesehen telefonieren konnte, und sprang gerade noch in den Zug, als der Schaffner bereits abgepfiffen hatte.

Er hatte es geschafft, seinen Chef zu benachrichtigen, dessen Flüche er sich allerdings nicht mehr bis zum Ende anhörte.

Beim Aussteigen bat Tanino seinen neuen Freund, der ja kein Gepäck dabei hatte, ihm beim Tragen seiner Reisetaschen behilflich zu sein.

Das ließ sich der Polizist nicht zweimal sagen, packte zu und drängte sich durch die Menge, um seine Kollegen zu suchen. Er dachte, dass diese, wie in ähnlichen Fällen üblich, das Terrain umstellt und für die Beschattung gesorgt hatten. Leider wird aber nicht immer das getan, was nötig wäre. Einer der Polizisten hatte nicht verstanden, dass er so lange warten sollte, bis erkennbar war, wo Tanino mit seinen Reisetaschen hinwollte. Das Ziel der Aktion war es, die ganze Organisation auffliegen zu lassen, und nicht nur den Kurier. Mimmo hatte seinem Chef die Situation etwas konfus erklärt, und dieser hatte ihm geantwortet, ein Mistkerl wie er müsse ihm nicht sein Handwerk erklären.

Ein Beamter stürzte sich auf Tanino, zeigte seinen Ausweis vor und verlangte dessen Papiere. Der Vorbestrafte wurde kreidebleich, blieb aber stehen und reagierte brav auf den Befehl. Da der Beamte Mimmo nicht kannte, forderte er auch diesen auf, stehen zu bleiben. Dann fragte er Tanino, ob »dieser Typ da« zu ihm gehöre.

Tanino behauptete, Mimmo nicht zu kennen, sondern nur gleichzeitig mit ihm aus dem Zug gestiegen zu sein. Auf die Frage des Beamten, wo sein Gepäck sei, antwortete dieser, er habe nichts außer dem Rucksack.

»Keine Koffer, keine Reisetaschen?«, hakte der Beamte nach.

»Das sind nicht meine. Sehen Sie denn nicht«, antwortete der Kriminelle und zeigte auf Mimmo, »dass der da sie trägt?«

In der Zwischenzeit waren weitere Polizisten dazugekommen, die Mimmo kannten und bei Taninos Worten natürlich zu lachen anfingen. Auch Mimmo lachte, gab Tanino eine Kopfnuss und zeigte ihm seinen Dienstausweis, auf dem der Vorbestrafte lesen konnte: *Sicherheitspolizei*. Da wurde er fast ohnmächtig.

Stumm und resigniert ließ er sich festnehmen und ins Polizeipräsidium bringen.

Nun kam es darauf an, was in den beiden Reisetaschen war.

Sie enthielten nicht weniger als fünfzehn Kilo Haschisch und fast ein halbes Kilo reines Kokain, außerdem einige Pistolen, eine Maschinenpistole und Munition.

Als sehr wichtig erwiesen sich auch Mimmos Angaben darüber, was er in Mailand gesehen hatte.

Die lombardischen Polizisten ermittelten daraufhin und deckten eine kriminelle Organisation auf, die in den internationalen Drogenschmuggel verwickelt war.

Die Mailänder hatten allerdings ein Problem: Wie sollten sie, die den sizilianischen Dialekt kaum verstanden, zurechtkommen, wenn sie Gespräche der »Freunde der Freunde« abhörten? Deshalb rief der Polizeipräsident von Mailand seinen Kollegen in Palermo an, der seinerseits den Kripochef kontaktierte, der wiederum den Chef der Fahndungsabteilung, Guido Longo, anrief. Letzterer überlegte aufgeregt hin und her und musste schließlich einen seiner besten Männer an die Kollegen im Norden ausleihen: niemanden anderen als Mimmo.

Das Waldvögelein

Im Wald von Ficuzza bei Palermo wurde der seit acht Jahren untergetauchte Antonino Tinnirello verhaftet.

Ihm wird vorgeworfen, zum Clan des Corso dei Mille zu gehören und Dutzende von Morden verübt zu haben. Die Ermittler, die seit langem die Telefone der Angehörigen abhörten, wurden durch ein Gespräch seines Vaters wenige Tage nach dessen Entlassung aus dem Gefängnis auf die richtige Spur gebracht. Es war die Rede davon, dass alle zusammen einen Ausflug nach Ficuzza machen sollten. Die Frauen des Clans dagegen hatten sich nie verraten.

Mit diesen Worten – die, wie wir sehen werden, nicht ganz der Wahrheit entsprechen – wurde 1997 die Nachricht verbreitet, dass der seit 1989 untergetauchte Antonino Tinnirello, genannt *u Madonna,* gefasst worden war.

Ich hatte an jenem Tag frei, und als ich mein Handy einschaltete, zeigte es mir drei Anrufe in Abwesenheit aus dem Polizeipräsidium an.

Als ich zurückrief, sagte der Kollege im Büro: »Komm, beeil dich. Es gibt wichtige Neuigkeiten.«

Ohne weitere Fragen zu stellen, fuhr ich sofort mit dem Motorrad ins Büro und sah gerade, wie einer unserer Dienstwagen vor einem anderen Auto in den Innenhof des Klosters einbog, in dem wir untergebracht sind.

In einem der beiden Wagen saß Antonino Tinnirello, der uns so oft entwischt war, in Begleitung eines unserer Kollegen mit dem Spitznamen T9.

Ich dachte, wir hätten vielleicht einen Tipp bekommen oder Tinnirello hätte sich gestellt, denn wir waren nicht in Alarmbereitschaft gesetzt worden. Auch kamen keine Kollegen aus der Abteilung, um diesen Erfolg zu feiern. Deshalb musste etwas Seltsames passiert sein.

Die Feier, so erkannte ich schnell, war im Büro bereits in vollem Gange: Alle Kollegen waren da, um T9 die Hand zu schütteln und ihm mit Worten und Gesten ihre Bewunderung und Freude auszudrücken.

Ich schlüpfte ins Sekretariat, wo der Kollege saß, der mit mir telefoniert hatte. Ich brauchte gar nicht erst zu fragen, denn er sprudelte sofort los und erzählte mir die unglaubliche Geschichte.

T9 hatte sich einen Tag freigenommen, um mit Frau, Kindern und ein paar Freunden einen Ausflug zu machen. Sie fuhren in den Wald von Ficuzza in der Nähe von Corleone, den die meisten Palermitaner aufsuchen, wenn sie ins Grüne wollen und Kühle suchen.

Während T9 sich mit seiner Familie und seinen Freunden in den für Picknicks angelegten Flächen niederließ, bemerkte er unter den Ausflüglern am Nebentisch eine Person, die er durch seine Arbeit nur allzu gut kannte: Es war die Ehefrau von Antonino Tinnirello, dem Killer vom Corso dei Mille.

T9 sagte niemandem etwas, um keine Unruhe aufkommen zu lassen, sondern beschränkte sich darauf, die Frau aus der Entfernung zu beobachten.

Sie war in Begleitung von Kindern und Verwandten und machte nicht den Eindruck, als hätte sie den Polizisten erkannt, denn sie verhielt sich ganz ungezwungen. Plötzlich jedoch verließ sie die anderen und ging zu einem Brunnen, der etwas weiter vom Tisch ihrer Verwandten entfernt lag.

Unter einem Vorwand folgte T9 ihr unauffällig.

Dann begann sich Frau Tinnirello vorsichtig nach rechts und links umzusehen und verdächtig zu benehmen. Aus Erfahrung wusste der Polizist, dass jetzt etwas Entscheidendes passieren würde.

Am liebsten hätte er im Büro angerufen, aber sein Handy hatte kein Netz. Er selbst war unbewaffnet und durfte nichts riskieren. Einige Minuten später geschah das, was T9 erwartet hatte: Tinnirello, der Mafiaboss, den die Catturandi seit Jahren vergebens gesucht hatte, tauchte wenige Schritte von ihm entfernt auf.

Was sollte er tun? Hier war keine Zeit zu verlieren.

T9 ging einfach auf einen Parkwächter zu, wies sich aus und lieh sich dessen Beretta aus, ein ähnliches Modell wie das der Polizei.

Dann näherte er sich langsam dem Paar und hielt Tinnirello die Waffe an die Schläfe. Der Boss und seine Frau waren völlig überrumpelt und unfähig zu reagieren.

T9 führte den Mafioso und seine Frau zu dem Wagen, mit dem die Frau gekommen war, und zwang Tinnirello, immer mit der Pistole an seiner Schläfe, das Auto in Richtung Palermo zu steuern.

Eine filmreife Szene.

In der Zwischenzeit hatte der Parkwächter die Polizeiwache von Corleone alarmiert, die mit zwei Autos nach Ficuzza rasten und den Wagen, in dem Tinnirello und T9 saßen, abfingen, um sie sicher bis ins Polizeipräsidium nach Palermo zu begleiten.

Für diese unglaubliche Aktion erhielt T9 die höchste Auszeichnung, die für besondere Leistungen verliehen wird, er rückte in den nächsthöheren Dienstgrad auf (was ihm übrigens noch zwei weitere Male gelang).

Ein Rettungswagen für Spatuzza

Als Salvatore Grigoli, der Mörder von Padre Pino Puglisi, sich entschieden hatte, mit der Polizei zusammenzuarbeiten, gab er einige Mobiltelefonnummern von Pietro Paolo und Giovanni Garofalo preis, die zum Killerkommando des gefährlichen Bosses Leoluca Bagarella gehörten.

Grigoli drückte sich klar aus: »Findet die Brüder Garofalo, und ihr werdet auch Gaspare Spatuzza finden, denn sie sind Geschäftspartner.«

Beim Abhören der Handys der Garofalos zeigte sich, dass die beiden im Bereich der Kommune Terrasini telefonierten. In Kombination mit anderen Informationen, die wir von Grigoli erhalten hatten, konzentrierten wir uns schließlich auf ein Haus im Ortsteil Calarossa. Wir setzten die üblichen Techniken der Überwachung und Einkreisung ein, wollten aber noch abwarten, in der Hoffnung, dass sich auch Spatuzza blicken ließ.

Mit diesem Vorgehen hatten wir schon mehrmals Erfolg gehabt, zum Beispiel bei der Verhaftung von Carlo Greco, aber in den meisten Fällen hatte es immer Komplikationen gegeben, so dass wir vor dem erhofften Zusammentreffen eingreifen mussten.

Auch in diesem Fall mussten wir das Drehbuch ändern. Einer der Posten, die das Haus von oberhalb beobachteten, sah, wie Pietro Paolo seinem Bruder Giovanni half, Koffer ins Auto zu laden. Diese Nachricht setzte uns sofort in Alarmbereitschaft, denn wir konnten nicht zulassen, dass uns der lange gesuchte Giovanni Garofalo entwischte.

Letzterer hatte kaum ein paar hundert Meter mit seinem Wagen zurückgelegt, als von links eines unserer Autos auftauchte und ihn rammte. Es schien ein ganz normaler Autounfall zu sein, wie sie gerade an dieser Stelle, wo es keine Vorfahrtsschilder gab, häufig passierten.

Als Giovanni Garofalo ausstieg, um den Schaden zu begutachten, sah er eine Pistole auf sich gerichtet.

Die anderen Polizisten drangen in der Zwischenzeit in das Haus ein und verhafteten Pietro Paolo. Wir fassten ihn mit

Samthandschuhen an, denn vielleicht beugte er sich dem Druck der beiden anwesenden Beamten und gab uns wertvolle Informationen. Auch wollten wir keinerlei Aufsehen erregen, denn wenn Gaspare Spatuzza von der Verhaftung erfuhr, würde er sofort den Kontakt abbrechen und flüchten.

Deshalb wurde beschlossen, die Brüder Garofalo nicht ins Polizeipräsidium zu bringen, sondern mit ihnen in dem Haus zu bleiben. Giovanni gab seinen Widerstand schließlich auf, leugnete nicht mehr, Gaspare Spatuzza zu kennen, und enthüllte gegen die Zusicherung, in das Zeugenschutzprogramm aufgenommen zu werden, dass am selben Nachmittag ein Trefen mit Spatuzza vereinbart war, und zwar vor dem Vincenzo-Cervello-Krankenhaus im Cruillas-Viertel von Palermo.

Wir mussten sehr vorsichtig agieren und uns trotzdem ungeheuer beeilen. Der Kripochef Luigi Savina berief eine Teamkonferenz ein, um das Vorgehen zu besprechen, während die Brüder Garofalo auf Schritt und Tritt beobachtet wurden. Die Männer anderer Abteilungen umstellten das Krankenhaus. Wir von der Catturandi sollten in einem Krankenwagen, den wir kurz vor dem vereinbarten Termin übernahmen, am Eingang warten.

Giovanni Garofalo hatte angegeben, dass er Spatuzza um fünf Uhr auf der Straße hinter dem ältesten Flügel des Krankenhauses treffen sollte, wo wir dann, wenn es so weit sein würde, schon bereitstehen müssten.

Um vier Uhr rief unsere Einsatzzentrale einen Krankenwagen in die Tre-Torri-Polizeikaserne in der Nähe des Krankenhauses. Ich erinnere mich noch gut an die verdutzten Gesichter der Sanitäter, als ihr Fahrzeug gewissermaßen beschlagnahmt wurde. Wir erklärten ihnen, dass wir den Wagen für eine Aktion der Gerichtspolizei brauchten und dass sie bis zu unserer Rückkehr in unserem Büro bleiben müssten, ohne jemanden benachrichtigen zu können. Merkwürdigerweise protestierten sie nicht, sondern ermahnten uns, den Krankenwagen gut zu behandeln und mit den Instrumenten sorgsam umzugehen.

Ich ließ mir mehrmals erklären, wie man die Seitentür von innen öffnete, denn ich war dem Team zugeteilt, das Spatuzza stellen sollte, und meine Aufgabe war es, die bewaffneten Kollegen zuerst aussteigen zu lassen und ihnen als Letzter zu folgen. Wenn es zu einer Schießerei gekommen wäre und ich die Tür nicht rechtzeitig aufbekommen hätte, wären wir im Krankenwagen in der Falle gesessen. In derartigen Situationen steht man selbst bei einer so einfachen Aufgabe wie dem Türöffnen unter enormer Spannung.

Wir bedankten uns bei den Sanitätern und fuhren los. Um Viertel vor fünf kamen wir am Krankenhaus an, während unsere Kollegen bereits ihre Stellung eingenommen hatten. Von Spatuzza war nichts zu sehen.

Plötzlich meldete unser vorgelagerter Wachposten über Funk, dass sich ein Citroën näherte, in dem vermutlich der Gesuchte saß. Alle standen bereit, sogar Luigi Savina, der zwar wegen eines Unfalls nicht laufen konnte, aber trotzdem mit schussbereiter Pistole auf der Lauer lag. Als ein anderer unserer Wachposten über Funk bestätigte, dass es sich um Spatuzza handelte, setzte unser Kollege, der den Krankenwagen fuhr, das Blaulicht, fuhr hinter Spatuzzas Auto her und zwang ihn, an den Straßenrand zu fahren.

Als der Citroën nur noch langsam fuhr, öffnete ich die Seitentür und ließ meine Kollegen herausspringen. Unmittelbar danach hörte ich zuerst einen, dann noch einen Schuss. Ich entsicherte meine Beretta, aber als ich die Kollegen wenige Sekunden später erreichte, lag Spatuzza bereits am

Boden und blutete an einer Hand. Sie hielten ihn fest und zogen ihn fast vollständig aus, um ihn auf Waffen zu durchsuchen.

Kurz davor – so erzählten mir die Kollegen – hatte jemand beobachtet, dass sich Spatuzza zu einer Seitentasche im Auto hinuntergebeugt hatte, in der, wie sie vermuteten, eine Uzi-Maschinenpistole steckte, eine ziemlich gefährliche Waffe. Deshalb hatten sie ihm in die Hand geschossen.

Spatuzza musste in die Notaufnahme des Krankenhauses gebracht werden. Da ich das Cervello gut kannte, erklärte ich dem Einsatzleiter, wo wir hingehen mussten. Daraufhin setzte sich, wie in einer Filmszene, ein kleiner Zug aus vermummten und bis an die Zähne bewaffneten Polizisten, die den verletzten Mafioso bewachten, in Richtung Notaufnahme in Bewegung, begleitet vom Applaus des Krankenhauspersonals und der Patienten. Von den Fenstern aus hatten sie das Spektakel mitverfolgt und verliehen jetzt unter Zurufen, Pfiffen, rhythmischem Klatschen und anderen Gesten ihrer Begeisterung über diesen Erfolg der Polizei, der Kripo und der Catturandi Ausdruck. Alle zusammen hatten wir der Cosa Nostra einen weiteren harten Schlag versetzt.

Die Verletzung Spatuzzas war Gott sei Dank nicht schwer. Das Projektil hatte seine Hand zwischen Ring- und Zeigefinger lediglich gestreift. Er musste nur eine Tetanusspritze bekommen und ein bisschen genäht werden, bevor er ins Polizeipräsidium gebracht werden konnte.

Bei der Aufnahme des Protokolls, bei der ich nicht anwesend war, wurde Spatuzza dazu aufgefordert, sich als Kronzeuge zur Verfügung zu stellen. Anfangs schien er fast dazu bereit zu sein, lehnte aber nach einiger Überlegung mit der Begründung ab, die Zeit sei noch nicht reif.

Viel später erfuhren wir, dass ihn seine Frau davon abgehalten hatte, auf unseren Vorschlag einzugehen. Erst heute, zehn Jahre später, hat Gaspare Spatuzza sich dazu entschlossen, den Staatsanwälten die Wahrheit über den Drogenschmuggel, die Bluttaten und die Morde zu enthüllen, die Palermo in den neunziger Jahren erschütterten.

Auch er ist heute, ebenso wie Giovanni Garofalo, Kronzeuge der Justiz.

Kapitel 3

Ein Mafiaboss nach dem anderen:
Vitale, Guastella, Troia

Task Force für Vito Vitale

Auf dem Höhepunkt der Ermittlungen gegen Pietro Aglieri im Jahr 1996, rief mich der damalige Leiter der Catturandi, Claudio Sanfilippo, in sein Büro. Er teilte mir mit, dass ich mit Kollegen der Fahndungsabteilung des Kommissariats in Partinico zusammenarbeiten sollte, die am nächsten Tag nach Palermo kämen, um einen von dort stammenden untergetauchten Boss namens Vito Vitale aufzuspüren.

Mein Chef übergab mir eine Akte mit Informationen und erklärte mir, diese Zusammenarbeit – in Form einer Task Force – sei von oben angeordnet worden, weil die Kollegen unbedingt technische und logistische Unterstützung brauchten. Deshalb habe er trotz der vordringlichen Ermittlungen gegen Aglieri nicht nein sagen können.

Ich sollte mit meiner Arbeit weitermachen und, wenn ich Zeit hätte, die Polizisten aus Partinico in die Abhörtechnik einführen. Falls interessante Informationen herauskämen, sollte ich Sanfilippo sofort benachrichtigen, damit er in Absprache mit dem Leiter des Kommissariats in Partinico, Salvatore D'Aleo, weitere Entscheidungen treffen konnte.

Schon damals galt die Regel, die meiner Meinung nach zu Recht auch bis heute aufrechterhalten wird, dass umfangreichere Ermittlungen im Bereich des organisierten Verbrechens vom Polizeipräsidium aus geleitet werden. Es unterstützt die Polizeidienststellen, die zuerst Hinweise auf ein solches Verbrechen erhalten oder Anfangsermittlungen durchgeführt haben. Damit werden Überlagerungen und Gefahren vermieden, mit denen ein normales Polizeikommissariat überfordert wäre.

Glücklicherweise entwickelte sich das Arbeitsklima mit den Kolleginnen und Kollegen aus Partinico von Anfang an hervorragend, denn diese engagierten sich ebenso wie wir und setzten alles daran, Vito Vitale zu fassen. Ich identifizierte mich sofort mit der Aufgabe, denn ich war noch neu bei der Catturandi, und die Tatsache, dass ich allein für diesen Fall verantwortlich war, motivierte mich extrem. Deshalb verwendete ich jede freie Minute und viele Überstunden auf die Ermittlungen gegen Vitale und beschränkte mich nicht bloß auf die gelegentliche Unterstützung, mit der ich beauftragt worden war. Ich nahm aktiv an den Arbeitsschichten der Kollegen aus dem Kommissariat von Partinico teil.

Es war ein riesiger Arbeitsaufwand, aber wir hatten Glück und stießen auf einen Telefonanschluss, von dem aus Vitale persönlich mit einem seiner Partner kommunizierte.

Die Stimme eines untergetauchten Mafiabosses am Telefon zu hören war neu für mich, und gleichzeitig unerwartet und aufregend. Dies umso mehr, als der Gesuchte ein rücksichtsloser Killer war, der die alte Garde seines Ortes um Nenè Geraci oder den alten Boss Antonino Nania ausschalten wollte. Diese Bosse standen Bernardo Provenzano nahe, der damals noch nicht zu fassen war. Man musste Vito Vitale also so schnell wie möglich dingfest machen, um eine blutige Fehde zu vermeiden.

Fardazza, »der Lump«

Wer Vito Vitale war und warum er in den Kreisen der Cosa Nostra *Fardazza* genannt wurde, also »Lump«, erklärte mir eine Kollegin aus Partinico. Vitale hatte seine Verbrecherkarriere nach dem Vorbild seiner Brüder mit Gemüsediebstahl begonnen und war dafür verurteilt worden.

Seine Familie gehörte zur Unterschicht der Mafia, die mit den traditionsreichen Mafiaclans von Partinico nicht konkurrieren konnte. Die Vitale gehörten in die Kategorie der Viehdiebe. Doch die enge Freundschaft von Nardo und später Vito Vitale mit Totò Riina und eine noch engere Bindung an Giovanni Brusca ließ sie in der Hierarchie der Cosa Nostra aufsteigen. Sobald Nenè Geraci, der Freund und Vertraute von Bernardo Provenzano, aus dem Weg geräumt war, beherrschten sie in den neunziger Jahren unangefochten das Territorium. Durch das von Santo Mazzè *u carcagnusu* geführte Bündnis mit dem Clan der Corsoti aus Catania gerieten die bestehenden Machtverhältnisse unter den Clans durcheinander, denn Vito, der damals bereits untergetaucht war, galt als das Alter Ego von Totò Riina, und die Vitale waren als erbarmungslose Killer gefürchtet. Keineswegs zu Unrecht.

Von 1996 bis 1998 wurden in der Umgebung von Palermo, in Partinico, Balestrate, Borgetto, Camporeale usw. zahlreiche Verbrechen begangen, die alle auf Vito Vitales Strategie zur Eroberung der Macht zurückzuführen waren. Auch in Palermo selbst versuchte der Vitale-Clan, seine Herrschaft durchzusetzen, wie aus einem im Gefängnis abgehörten Gespräch hervorging. Der dort einsitzende Nardo Vitale trug darin seiner Schwester Giusy auf, zwei Anhänger zu unterstützen, die die Führung der Clans in der Innenstadt übernehmen wollten. Die Fahndung nach Vito Vitale, die anfangs nur als Amtshilfe für die Kollegen aus Partinico gedacht war, wurde bald zu einem vorrangigen Anliegen des Polizeipräsidenten Antonio Manganelli, der Arnaldo La Barbera abgelöst hatte. Auch der neue Leiter der Kripo, Guido Marino, zog mit ihm an einem Strang.

Es wurde eine Sonderkommission aus Polizisten der Catturandi und Fahndern aus Partinico gebildet. Wir konzentrierten auch deshalb alle Kräfte auf die Suche nach Vito Vitale, weil uns in der Zwischenzeit Pietro Aglieri und Giuseppe La Mattina ins Netz gegangen waren, so dass auch diese Kollegen für die Fahndung nach *Fardazza* und seinen Gefolgsleuten frei waren.

Vito Vitales Organisation war nicht nur sehr mächtig, weil sie bis an die Zähne bewaffnet war, sondern auch, weil sie über hervorragende Kontakte zu ziemlich einflussreichen Politikern verfügte. Außerdem waren die Partner des Vitale-Clans und ihre illegalen Geschäfte nicht auf das Territorium von Partinico beschränkt, sie reichten vielmehr weit darüber hinaus bis ins Jato-Tal und bis nach Catania, Enna und Trapani.

Geliebte und Telefone

Die Fahndung nach Vito Vitale ging von einem Hinweis der Kollegen aus Partinico aus. *Fardazza* hatte eine Geliebte, obwohl er verheiratet war und Kinder hatte. Von dieser neuen Frau hatte er sogar eine Tochter, weshalb sich die Kollegen sicher waren, dass er mit der Geliebten Telefonkontakt halten würde.

So beantragten wir bei der Staatsanwaltschaft von Palermo die Überwachung von Vitales Telefongesprächen. Der zuständige Staatsanwalt Alfonso Sabella, der unseren Beruf in- und auswendig kennt, gab uns umgehend die Erlaubnis. Wenig später hörte ich zum ersten Mal Vito Vitales Stimme im Abhörgerät. Da der Ehemann seiner Geliebten gerade außer Haus war, plauderte der untergetauchte Boss ganz entspannt mit ihr und erkundigte sich nach dem Ergehen der Tochter.

»Das ist er! Das ist er!«, jubelten die Kollegen aus Partinico.

Da wir uns aber auf diese Auskunft nicht verlassen wollten, ließen wir uns die Unterlagen kommen, um festzustellen, von welchem Anschluss Vito angerufen hatte.

Die Telefongesellschaften und ihre Angestellten in den Rechtsabteilungen arbeiten überaus loyal mit uns zusammen. Sie sind schnell und benehmen sich manchmal fast, als wären sie selbst die Polizisten, wenn es darum geht, Anschlüsse und deren Inhaber zu identifizieren.

Wir fanden eine Mobilfunknummer und beantragten bei Alfonso Sabella, auch diese abhören zu können, was er uns natürlich gestattete. Wir durften keine Zeit verlieren, denn Vito Vitale musste so bald wie möglich dingfest gemacht werden.

Im Gefängnis verfolgten wir weiter alle Gespräche Nardo Vitales, der formal noch als Clan-Chef galt und dem es trotz der verschärften Haftbedingungen immer wieder gelang, Kassiber und Befehle nach draußen durchzuschmuggeln. Seine bevorzugten Gesprächspartner waren seine Schwester Giusy und sein Neffe Giovanni, Vitos Sohn, die bestens über alle illegalen Geschäfte des Clans Bescheid wussten.

Nardo seinerseits war über die außereheliche Beziehung seines Bruders auf dem Laufenden, erkundigte sich bei seiner Schwester und seiner Frau öfter danach und forderte sie sogar dazu auf, Vito zu größerer Vorsicht zu ermahnen.

Vito hatte nämlich nicht nur dieses eine Eisen im Feuer: Als seine Geliebte nicht mehr angerufen werden wollte, vielleicht weil ihr das, was über Vito in der Zeitung stand, Angst machte, oder weil sie ihren eifersüchtigen Ehemann fürchtete, der sich über stumme Anrufe beklagte, suchte Vito sich eine Neue. Er widmete seine Aufmerksamkeit einer Lehrerin aus seinem Heimatort, die er wahrscheinlich schon lange kannte und aufsuchte, bevor es uns gelang, sie ausfindig zu machen.

Auch deren Telefon wurde abgehört, und daraufhin entdeckten wir weitere Handynummern, die Vito benutzte.

Wir kontrollierten alle, so dass unser Abhörraum zum ersten Mal bis auf den letzten Platz besetzt war und wir sogar einige Apparate übereinanderstellen mussten, weil sie nicht mehr hineinpassten.

Vito Vitale wechselte in seinem Handy nur die SIM-Karten aus. Und mit Hilfe der Mobilfunkgesellschaft konnten wir zum ersten Mal die International Mobile Station Equipment Identity (IMEI) nutzen, mit deren Hilfe alle von einem Gerät aus geführten Gespräche überwacht werden konnten, auch wenn die SIM-Karte ausgetauscht wurde und wir die Nummer der neuen Karte nicht kannten. Für die Polizei ist die IMEI ein großer Fortschritt im Kampf gegen das organisierte Verbrechen.

Binnen kurzem hatten wir die meisten Telefone des Clans *Fardazza* unter Kontrolle und rekonstruierten detailliert ihre Geschäfte und Beziehungen. Wir hörten zu, wie Vito mit den Leuten aus Catania verhandelte, vor allem mit den Männern von Santo Mazzè und mit einem gewissen Massimiliano Vinciguerra.

Über dessen Telefon konnten wir die meisten Geschäftsverbindungen des Vitale-Clans verfolgen, der, wie gesagt, in mehreren sizilianischen Provinzen agierte. Als Vinciguerra Opfer der *lupara bianca,* des perfekten Mords eines rivalisierenden Clans wurde, hörten wir mit, wie er gerächt werden sollte: »Für jeden Tropfen vergossenen Blutes seines Freundes und Verbündeten Vinciguerra will Vito ebenso viele Köpfe seiner Feinde rollen sehen.«

Und Vito war ein solches Massaker zuzutrauen.

Ihm stand ein schwerbewaffnetes Heer zur Verfügung.

Während eines abgehörten Telefonats war die Rede von einigen Wassermelonen, die von Catania nach Palermo geschickt werden sollten. Die größte sei die mit dem Timer. Aus diesen Gesprächsfetzen konnten wir uns zusammenreimen, dass es sich um Bomben handelte, und außerdem ging in den Kreisen der Cosa Nostra immer wieder das Gerücht um, der Clan von Partinico verfüge über eine einsatzbereite Raketenabschussvorrichtung. Der geplante Anschlag könne, so hieß es, einem Staatsanwalt in Palermo gelten, man dachte dabei vor allem an Alfonso Sabella.

Die Situation war wirklich kritisch.

Uns war es jedoch noch nicht gelungen, das Versteck des Mafiabosses genau zu lokalisieren. Trotz der Verabredungen, die Vito mit seinen Leuten traf, gelang es uns nie, Genaueres herauszufinden. Wir durften nicht allzu gewagt vorgehen, denn einige Zeit zuvor war etwas sehr Seltsames vorgefallen. Vito *Fardazza* war auf seinem Handy zwei Mal von einer Telefonzelle in der Innenstadt Palermos aus angerufen worden, ohne dass sich der Anrufer gemeldet hätte. Dadurch schöpfte der Mafioso Verdacht und benutzte zu unserem allergrößten Schrecken das Telefon nicht mehr, so dass unsere monatelangen Ermittlungen ins Leere zu laufen drohten.

Irgendetwas war schiefgelaufen. Deshalb wurde alles, was wir weiter unternahmen, weitestgehend geheim gehalten. Wir verzichteten darauf, die logistische Unterstützung des Kommissariats in Partinico in Anspruch zu nehmen. Das Büro dort lag mitten im Ort und war leicht zu beobachten, so dass jederzeit jemand Vitale über die Bewegungen der Polizei informieren konnte.

Wir legten fest, dass nur die Kollegen unseres Teams die Beschattung, die von der Stadt ausging, übernehmen sollten. Das geschah nicht aus Misstrauen gegenüber den anderen, aber diese merkwürdigen Anrufe waren ein deutliches Zeichen: Irgendjemand war auf uns aufmerksam geworden und hatte den Boss gewarnt.

Glücklicherweise konnten wir einige Tage später wieder ein Gespräch Vitos abhören, als er seine Cousine Gina Barretta anrief. Wir waren aufs äußerste gespannt, weil wir endlich wieder die Stimme des Flüchtigen hörten und weitermachen konnten.

Damit aber waren die Schwierigkeiten keineswegs beseitigt, denn als wir auch Ginas Gespräche abhören wollten, mussten wir feststellen, dass sie bereits von unseren lieben Kollegen, den Carabinieri, kontrolliert wurde. Sollte das etwa heißen, dass sie mit ihren Ermittlungen weiter waren? Wir waren zutiefst enttäuscht, denn unserer Ansicht nach hätten wir es nach all den erbrachten Opfern wirklich verdient, diejenigen zu sein, die dem Boss die Handschellen anlegten.

Wir fanden jedoch heraus, dass die Carabinieri Gina Barretta nicht wegen Vito Vitale, sondern wegen ihres mehr-

fach für kleinere Vergehen vorbestraften Ehemannes überwachten. Außerdem hatten sich die Gespräche als unergiebig erwiesen, und deshalb gaben die Carabinieri den
Anschluss frei. Als uns die Staatsanwaltschaft zum Abhören des Anschlusses ermächtigte, waren wir natürlich
hocherfreut. Wir standen an einem Wendepunkt unserer
Arbeit: Für *Fardazza* lief die Uhr ab.

Ein Geräusch öffnet unerwartet eine Schleuse

Die Arbeit der Catturandi bei der Fahndung nach Vito
Vitale, und zwar sowohl die Ermittlungen bis zu seiner
Verhaftung als auch das, was für den Prozess rekonstruiert
und mit Beweismaterial untermauert wurde, war so perfekt, dass man ein eigenes Buch damit füllen könnte. Diese
Leistung ist umso höher zu bewerten, als insgesamt nur
etwa fünfzehn Leute aus unserer Abteilung und dem Kommissariat in Partinico daran beteiligt waren und sich zwei
ganze Jahre lang unter ständiger Gefahr und unter Hochdruck dieser Aufgabe widmeten.
Eines Tages bekamen wir beispielsweise mit, dass in einem
verlassenen Gehöft zwischen Montelepre und Partinico
ein Gipfeltreffen verschiedener Bosse des Jato-Tales stattfinden sollte. Auch Vito Vitale hätte vielleicht daran teilnehmen können.
Nachdem wir die Örtlichkeiten unter schwierigsten Bedingungen, nachts und zu Fuß, erkundet hatten, mussten wir
feststellen, dass es unmöglich war, dort unsere Autos und
unsere Leute zu postieren. Auch technische Instrumente
konnten wir nicht einsetzen: Für die Plazierung von Kameras mangelte es an Stromleitungspfosten, und außer

dem war die Bewaldung zu dicht, um irgendetwas aufzunehmen.

Wir mussten uns andere Methoden ausdenken, mehr nach Art von Marines als von Polizisten.

Deshalb baten wir die Armee, uns mit ihrer Ausrüstung zu unterstützen. Sie stellten uns Tarnanzüge und entsprechende Schlafsäcke zur Verfügung, auch einige Nachtsichtgeräte, die natürlich technisch noch nicht auf dem heutigen Stand, sondern primitiver und unhandlicher, für uns aber doch sehr nützlich waren.

Wir mussten auf dem Boden durchs Gestrüpp robben und uns entlang der Triften zu dem Gehöft schleichen, in dem das Treffen stattfinden sollte. Wir blieben dort vom frühen Morgen bis tief in die Nacht und notierten die Kennzeichen der auftauchenden Autos. Die Spannung war unbeschreiblich: Jedes Geräusch, das kleinste Knistern oder Rascheln versetzte uns in Alarmbereitschaft; unsere Pistolen lagen stets griff- und schussbereit. Außerdem durften wir unser Versteck keinen Augenblick verlassen, um zu essen, zu trinken oder uns zu erleichtern. Alles mussten wir an Ort und Stelle erledigen. Wie das genau ging, überlasse ich der Phantasie des Lesers …

Vito Vitale ließ sich zwar nicht blicken, aber wir sahen eine ganze Reihe von Männern, unter denen einer, wie wir später herausfanden, ein wichtiges Verbindungsglied zwischen den einheimischen Mafiosi und denen war, die in die USA geflüchtet waren. Das blieb nicht die einzige Überraschung.

Wie erwähnt, unterhielt Vitale Beziehungen zum Mazzi-Clan von Catania und stand in direktem Kontakt mit dem damals im Gefängnis von Augusta einsitzenden Santo Mazzè.

Wie ein untergetauchter Boss mit einem im Gefängnis sitzenden Boss telefonieren konnte, war uns ein Rätsel, aber es war nicht zu leugnen. Zunächst verstanden wir überhaupt nicht, dass der Gesprächspartner von Vito Vitale mit seinem ausgeprägten ostsizilianischen Akzent niemand Geringeres war als *u carcagnusu*. Wir wussten lediglich, dass das Telefon des Cataniers am anderen Ende der Leitung im Gebiet von Augusta zu orten war, nichts weiter. Das Handy wurde ausschließlich für Telefonate mit Vito Vitale benutzt und blieb ansonsten ausgeschaltet oder zumindest ungenutzt.

Dieses Rätsel wurde eines Tages durch einen genialen Einfall eines Kollegen gelöst. Während der Catanier mit Vito sprach, hörten wir Stimmen im Hintergrund, und irgendjemand schrie: »Sperr auf!«

Danach hörte man im Hintergrund ein dumpfes Krachen und weitere Geräusche, die den Eindruck vermittelten, als befinde sich der Mann am Telefon in einem geschlossenen, aber sehr großen Raum, in dem es hallte.

Beim abermaligen Abhören des sogenannten Eigengeräuschs, d.h. des Hintergrundrauschens, das gewöhnlich das eigentliche Gespräch stört, kamen wir zu dem Schluss, dass Vitale nur mit einem Häftling kommunizieren konnte. Nach der Ortung des Anschlusses musste es sich um das Gefängnis von Augusta handeln.

Das Krachen, das wir gehört hatten, war das typische Geräusch einer eisernen Gefängnistür, die ins Schloss fällt. Der Ruf »Sperr auf!« passte hingegen zu einem Wärter, der einen Kollegen aufforderte, die nächste Schleuse zu öffnen, ein Sicherheitssystem, mit dem verhindert werden soll, dass zwei Türen gleichzeitig offen stehen.

Wir brauchten nur ein paar Stunden, um herauszufinden, dass zu den »berühmten« Insassen des Gefängnisses von Augusta ausgerechnet Santino Mazzè gehörte. Und es war ein Leichtes, das faule Ei zu entdecken, das dem einsitzenden Boss heimlich sein Handy geliehen hatte. Der Gefängniswärter selbst wanderte anschließend ins Gefängnis, und der Gefangene wurde vor Gericht gestellt und in ein sichereres Gefängnis überführt.

Ein Sprung ins Unbekannte

Alle Jahre wieder kommen Filme in die Kinos, die sich irgendwie um Weihnachten drehen und die Kinokassen klingeln lassen. Auch wir von der Catturandi können von uns behaupten, ein filmreifes »Weihnachten in Palermo« erlebt zu haben.

Am 25. Dezember 1997 waren wir im Umland von Partinico unterwegs gewesen, um Vito *Fardazzas* neue SIM-Karten und seine Ansprechpartner zu identifizieren. Zu diesem Zeitpunkt war der Gesuchte Gast bei unbescholtenen Bürgern, denen er von einem gewissen Salvatore Zanca – einem Kleinunternehmer aus Palermo, der später mit der Justiz zusammenarbeitete – als Verwandter auf der Durchreise vorgestellt worden war. Vitale wurde fürstlich bewirtet und stieß mit seinen Gastgebern auf die Geburt des Herrn an.

Leider fanden wir diese Zusammenhänge erst im Januar und fast zufällig heraus. Als wir Fotos vom Weihnachtsfest dieser unwissenden Gastgeber in die Hände bekamen, entdeckten wir, dass der Ehrengast ausgerechnet der damals meistgesuchte Mafiaboss war.

Salvatore Zanca hatten wir bereits seit einiger Zeit im Visier, und deshalb hatte sich einer von uns über einen alten Freund, der in seiner Nachbarschaft wohnte, dort etwas genauer umgesehen, um an Informationen über Zanca heranzukommen. Nie und nimmer jedoch hatten wir damit gerechnet, auf Vito Vitale selbst zu stoßen, wie er bei einer Weihnachtsfeier für ein Foto posiert.

Sofort schlugen wir Alarm. Wir wollten die Bewohner des Apartmenthauses nicht in Angst und Schrecken versetzen, konnten jedoch nicht darauf verzichten, die Wohnungen genau zu überprüfen. Da Salvatore Zanca und seinen Kindern mehrere Apartments gehörten, konnte es gut sein, dass Vitale sich dort irgendwo versteckt hielt. Lange zu warten wäre riskant gewesen. Der Einsatz begann um elf Uhr abends, nachdem der Komplex umstellt war und wir sicher sein konnten, dass die Verdächtigen zu Hause waren.

Leider war *Fardazza* nicht zu finden. Dennoch stießen wir auf Hinweise, die unsere Ermittlungen weiterbrachten. Einige Informationen lieferte Zanca selbst, der angesichts des erdrückenden Beweismaterials seine Beziehungen zu *Fardazza* zugab und sich bereiterklärte, mit der Justiz zusammenzuarbeiten.

An diesem Abend schrieb ich mich mit einem albernen Missgeschick in die Annalen der Catturandi ein. Nachdem wir über Funk den Einsatzbefehl bekommen hatten, sollte ich mit einigen Kollegen über die Mauer des Wohnkomplexes klettern, um so schnell wie möglich das angepeilte Haus zu erreichen.

Ich aber sprang von der Mauer mit einem Bein in einen Eimer mit frischem Zement, blieb darin stecken und konnte nicht mehr weiter. Da alles Fluchen nichts half, blieb mir nichts anderes übrig, als mit Unterstützung der Kollegen Schuh und Socke in dem Eimer zurückzulassen.

Obwohl wir den Gesuchten nicht erwischten, herrschte später im Büro großes Gelächter. Wie immer in solchen Fällen lieferte jeder eine andere Version meines glorreichen

Sprungs und reicherte die Geschichte mit immer neuen Details an, so dass es am Schluss hieß, ich sei fast ganz eingemauert und zu einer Art menschlicher Zementsäule geworden.

Ich hatte eine Hose, einen Schuh und eine Socke ruiniert, aber die Kollegen halfen mir, die Geschichte von der komischen Seite zu nehmen. Außerdem habe ich dabei gelernt, dass es nie gut ist, ins Unbekannte zu springen: Man sollte immer zuerst schauen, was einen unten erwartet. Im Grunde ist damals ja alles gut ausgegangen.

Die Menschenpyramide

Vito Vitale war uns im Januar entwischt und wusste nun, dass wir ihm auf den Fersen waren. Die Bestätigung dafür erhielt er im März, als er rein zufällig in Borgetto, einem Ort in der Nähe von Palermo, mit mir und meinem Kollegen Tufillo zusammenstieß.

Tufillo und ich kamen gerade aus dem Einwohnermeldeamt der kleinen Gemeinde, wo wir irgendeine dringende Information eingeholt hatten. Es muss wirklich dringend gewesen sein, denn ansonsten wären wir niemals am helllichten Tag in ein Dorf von ein paar tausend Seelen gegangen, wo wir sofort als Fremde und wahrscheinlich auch als Polizisten ausgemacht wurden. So etwas versuchten wir gewöhnlich zu vermeiden. Genau dort – so gestand er mir nach seiner Verhaftung – kam Vitale uns auf der Hauptstraße entgegen und wurde auf uns aufmerksam. Er hatte eine Pistole bei sich und überlegte nach eigenen Worten, ob er sie ziehen und auf uns schießen sollte.

Zu unserem Glück merkte *Fardazza,* dass wir abgelenkt

waren und ihn nicht erkannt hatten, so ging er an uns vorbei und entfernte sich schnell.

Trotz dieser Begegnung verließ der Boss die Gegend nicht, weil er seine Geschäfte verfolgen und seiner Familie und seiner Geliebten Gina Barretta nahe sein wollte.

Und tatsächlich war es Gina, die ihn in Schwierigkeiten brachte. Sie unterhielt seit langem eine Beziehung zu Vitale, obwohl sie selbst verheiratet war. Aus den mitgehörten Gesprächen ging sogar hervor, dass der Ehemann über das Verhältnis seiner Frau zu dem Boss Bescheid wusste, denn bei einem Besuch im Gefängnis, in dem er wegen Drogendelikten einsaß, ermahnte er sie, vorsichtig zu sein und nie allein auszugehen. Gina beruhigte ihn, übergab ihm als Geschenk von *Fardazza* einige Trainingsanzüge und versprach, sich zur nächsten »Verabredung« von Vito Vitales Schwester Giusy begleiten zu lassen.

Diese abgehörte Unterhaltung war für uns eine wichtige Anregung. Wir mussten ein GPS in Ginas Auto anbringen. Das hatten wir schon früher einmal versucht, aber sie stellte ihren alten Renault immer in einer Garage ab, die wir nur schwer öffnen konnten, ohne das ganze Viertel zu wecken.

Die Verhaftung ihres Ehemannes kam uns zu Hilfe und außerdem die Tatsache, dass Gina ein neues Auto kaufte. Sie ließ den Renault, der so spartanisch ausgerüstet war, dass man ihn schwer manipulieren konnte, verschrotten. Den neuen Lancia Y dagegen konnten wir leicht »ausrüsten«.

Wir nutzten einen Besuch Ginas bei ihrem inhaftierten Ehemann, um ein Satellitenpeilgerät in ihrem Wagen zu installieren. Auch dazu mussten wir uns allerdings einen Trick ausdenken: Am frühen Morgen mussten einige Beamte die falsch parkenden Autos abschleppen und an deren Stelle unsere Wagen plazieren. Als Gina Barretta erschien, wunderte sie sich nicht über den Mann mittleren Alters mit ungepflegtem Bart, der sich mit Käppi und Geldtasche als Parkplatzwächter ausgab und ihr einen Parkplatz zuwies. Sie überließ ihm die Autoschlüssel und ermahnte ihn noch, vorsichtig zu sein, weil der Wagen neu sei. Der angebliche Parkplatzwächter, in Wirklichkeit unser Kollege Michele, antwortete ihr in feinstem Palermitanisch und mit breitem Lächeln, sie solle sich keine Sorgen machen, er werde das Auto behandeln, als sei es sein eigenes.

Schon wenige Tage nach der »Ausrüstung« des Lancia Y sah man Gina mit einer großen Tasche das Haus verlassen. Sie fuhr mit dem Wagen von Partinico aus in Richtung Fußballplatz und dann auf die Landstraße nach Borgetto. In einiger Entfernung konnten ihr zwei unserer Autos anhand der von ihrem GPS festgehaltenen Route bequem folgen. Als Gina auf einem Feldweg in der Nähe eines einzeln stehenden Hauses anhielt, wussten wir, dass sie sich dort mit Vito Vitale treffen würde.

Es war der 14. April 1998, und der Zugriff erfolgte blitzschnell. Ich saß im letzten Wagen unserer Kolonne zusammen mit Onkel Ottavio, dem ältesten Kollegen unserer Abteilung. Als er sah, dass alle anderen auf die Eingangstür zugingen, sagte er als erfahrener Jäger zu mir: »Wenn der Jäger in eine Richtung schießt, muss der Hase aus der anderen kommen.«

Auf unsere Situation übertragen hieß das, dass wir unseren Hasen hinter dem Haus erwischen würden, weil alle anderen zur Vordertür hineinstürmten.

Der kluge Onkel Ottavio hatte seinen Satz noch nicht beendet, da sahen wir Vito Vitale schon in unsere Richtung rennen. Ich zog die Pistole und gab einen Schuss ab, um ihm Angst einzujagen, aber er war so an Schießereien gewöhnt, dass er nicht darauf achtete und weiter in unsere Richtung rannte.

Da handelte ich ganz instinktiv, gab Ottavio meine Pistole, schärfte ihm ein, nur zu schießen, wenn Vitale mir entkommen sollte, und stellte mich ihm entgegen. Es kam zu einem heftigen Ringen: Ich bin einen Meter achtzig groß und wiege neunzig Kilo, aber Vito war als Viehzüchter und Bauer genauso stark und ebenso an Handgemenge gewöhnt wie ich.

Er schlug mir mit der Faust ins Gesicht, aber ich wollte mich nicht geschlagen geben. Deshalb krallte ich mich an seinen Hals und ließ ihn nicht mehr los. Wenn er hätte flüchten wollen, hätte er mein ganzes Gewicht mitschleppen müssen.

Plötzlich schien ich wieder in die Zeit meiner Kindheit versetzt zu sein, als ich mit meinen Freunden im Park das Spiel »Der Vater mit den vielen Kindern« spielte, bei dem es darum ging, eine möglichst hohe Menschenpyramide zu bilden.

Als ich Vitale nämlich zu Boden gerungen hatte und über ihm lag, stürzten sich einer nach dem anderen alle Männer der Catturandi auf uns und bildeten einen Menschenberg. Wir hatten es geschafft: Auch Vito Vitale war festgenommen.

Hallo, Herr Minister?

Um die Geschichte von *Fardazza* abzuschließen, müssen noch ein paar wirklich ungewöhnliche Details Erwähnung finden, die Vito Vitales Schwester Giusy betreffen.

Während der Ermittlungen zu diesem Fall habe ich in ihr

zum ersten Mal in meinem Leben eine echte weibliche Vertreterin der Mafia kennengelernt. Giusy unterhielt nicht nur im eigenen Interesse und im Interesse des Clans Beziehungen und Liebesverhältnisse zu mehreren Männern, sondern war auch – wie wir erst später herausfanden –, einschließlich der Überfälle und Morde, an allen Aktivitäten des Clans beteiligt.

Sie schmuggelte sowohl Nachrichten ihres Bruders Nardo für Vito aus dem Gefängnis, als dieser untergetaucht war, als auch dessen Antworten wieder hinein. Sie telefonierte mit den Anwälten und besorgte alle für deren Tätigkeit notwendigen Unterlagen und erledigte die Zahlungen.

In diesem Zusammenhang musste ich zu meiner Empörung feststellen, dass ein damaliger Minister sich indirekt für die Verteidigung *Fardazzas* eingesetzt hatte. Giusy rief ihn einmal auf dem Handy an, als er gerade im Abgeordnetenhaus an einer Debatte über Justizgesetze teilnahm. Da der Minister während der Sitzung nicht mit ihr sprechen konnte, bat er sie, später noch einmal anzurufen.

Ohne das Recht auf Verteidigung und das Recht selbst eines Ministers leugnen zu wollen, seinen Beruf als Anwalt auszuüben, finde ich es doch verwerflich, ja geradezu skandalös, dass die Schwester eines flüchtigen Mafiabosses einen Minister einfach so am Handy anrufen und bei der Ausübung seiner Amtspflichten stören kann, um mit ihm über den Prozess ihres Bruders zu sprechen.

Ich sehe in diesem Verhalten einen untragbaren Interessenskonflikt. Aber vielleicht denke nur ich so, denn als wir dieses Ermittlungsergebnis an die Staatsanwaltschaft weitergaben, stellte sich heraus, dass dies kein strafbarer Tatbestand war.

Auch das Liebesverhältnis zwischen Giusy Vitale und dem damaligen Gemeinderatsvorsitzenden von Partinico ermöglichte uns einen tiefen Einblick in die Verflechtungen von Politik und Mafia, denn daraus ergaben sich beträchtliche Synergien und ein gewaltiger Informationsvorsprung für beide Seiten.

Glücklicherweise setzte *Fardazzas* Verhaftung diesem verbrecherischen Zusammenspiel von Mafia und Politik in Partinico ein Ende. Aber trotz der seitdem verstrichenen Zeit ist noch viel zu tun, um eine wirkliche politische und kulturelle Erneuerung durchzusetzen, nicht nur in Sizilien, sondern in ganz Italien.

Mafia als Angeberei

1998 war ohne Zweifel das erfolgreichste Jahr der Catturandi. Nur wenige Monate nach der Verhaftung von Vito Vitale konnten wir Giuseppe Guastella, genannt Pinuzzo, dingfest machen, den Vertrauensmann von Leoluca Bagarella, der den Polizeipräsidenten Arnaldo La Barbera ermorden sollte, wie sich aus abgehörten Telefongesprächen ergab.

Die Fahndung nach Guastella hatte sehr merkwürdig begonnen. Auf den Spuren seiner Geliebten waren wir auf eine Parkgarage gestoßen, deren Eigentümer wahrscheinlich als eine Art Postbote für die *pizzini,* die kassiberähnlichen Botschaften Pinuzzos fungierte. Deshalb beantragten wir bei der Staatsanwaltschaft die Telefonüberwachung des Betreibers und einiger mit ihm in Verbindung stehender Personen.

Wir fanden sehr schnell heraus, dass der Mann tatsächlich die von uns vermutete Aufgabe innehatte. Das war aus seinem Verhalten eindeutig zu schließen, denn er sprach beispielsweise äußerst vorsichtig mit seiner Frau und legte die typische Wichtigtuerei vieler Mafiamitglieder an den Tag. Er gab sich als besonders hartgesottener Knochen.

Durch einige am Eingang seiner Parkgarage plazierte Kameras verfolgten wir seinen Kontakt mit bestimmten Personen, nach deren Besuch er stets seine Frau benachrichtigte, dass er nicht zum Abendessen nach Hause kommen werde, weil er noch einiges zu erledigen habe. Seine Art, sich auszudrücken, der Tonfall seiner Worte und das Einverständnis seiner Frau versetzten uns in Alarmbereitschaft.

Deshalb beschlossen wir, ihn genauer zu beschatten. Eines Nachmittags führte der Verdächtige das übliche Telefonat, um seiner Frau mitzuteilen, dass er nicht zum Essen komme. Sie reagierte nicht weiter darauf und verlangte auch keine Erklärungen, sondern fragte lediglich, ob er ungefähr sagen könne, wann er zurück sein werde. Der Ehemann gab ihr nicht nur keine Antwort, sondern schnauzte sie verärgert an: »Am Telefon sollst du doch keine Fragen stellen!«

Das war für uns das Zeichen, dass ein wichtiges Ereignis bevorstand.

Wir postierten unsere Autos und unsere Männer, um ihn auf Schritt und Tritt zu beschatten. Mit seinem alten Alfa Romeo fuhr der Parkgaragenbesitzer durch die Stadt bis zur Autobahn in Richtung Trapani.

An jenem Tag Ende April regnete es, und es blies ein heftiger Wind.

Wir folgten dem Verdächtigen bis Villagrazia di Carini, wo er die Autobahn verließ, auf eine Landstraße einbog und an einer Pizzeria haltmachte.

Wir dachten, er werde dort sicher eine Verabredung haben.

Zwei unserer Kollegen, ein Mann und eine Frau, betraten kurz nach dem Verdächtigen die Pizzeria und setzten sich in einiger Entfernung an einen Tisch, während wir anderen draußen warteten.

Gegen 23 Uhr verließ der Verdächtige die Pizzeria, nachdem er eine Pizza gegessen und ein Bier getrunken hatte, ohne mit jemandem zu sprechen. Wir erwarteten, dass jetzt der entscheidende Moment gekommen sei und er uns zum Versteck von Guastella oder einem seiner Vertrauten führen würde.

Deshalb folgten wir ihm weiter. Es hatte aufgehört zu regnen, aber es herrschte eine ungewöhnliche Kälte.

Über die Autobahn fuhr der Verdächtige zurück nach Palermo und zu unserer großen Enttäuschung direkt nach Hause.

Im Büro versuchten wir die Lage zu analysieren, und Sanfilippo begann eine Art Verhör: »Seid ihr sicher, dass er niemanden getroffen hat?«

Darauf antworteten wir im Chor: »Ganz sicher, niemanden.«

Weil wir davon überzeugt waren, dass der Garagenbesitzer an diesem Abend eine Verabredung gehabt hatte, gingen wir davon aus, dass irgendetwas dazwischengekommen war.

Am nächsten Tag fanden wir dank der in seinem Büro installierten Wanzen die Wahrheit heraus und waren wie versteinert.

Gleich morgens rief der Verdächtige seine Frau an. Sie fragte ihn beiläufig, wann er am Abend zuvor heimgekommen sei, denn sie sei sehr müde gewesen und habe deshalb nicht auf ihn gewartet.

Er erzählte ganz unbefangen, als spräche er von einem Fußballspiel, er habe sich mit Freunden getroffen, um Geschäftliches zu bereden, und habe ihn dann, weil er ein verdächtiges Auto bemerkt hatte, mit einigen Freunden ein Stück begleitet, bevor er selbst nach Hause fuhr.

Wen um Himmels willen hatten wir dann am Abend zuvor beschattet? Wir überlegten, ob wir uns in der Person geirrt haben könnten? Wir kamen dann aber zu dem Ergebnis, dass die beiden Kollegen, die ihm in die Pizzeria gefolgt waren, unseren Mann eindeutig erkannt hatten. Wenn also ein anderer seinen Wagen benutzt hätte, wären wir sicher darauf aufmerksam geworden. Was also war passiert?

Wir fanden bald heraus, dass wir uns auf eine falsche Fährte hatten locken lassen. Wir hatten es mit einem Aufschneider zu tun, der seiner Frau vorspielte, in Mafiakreisen zu verkehren, und die leichtgläubige Person dachte, einen neuen Vito Corleone geheiratet zu haben. Stattdessen hatte sie es mit einem lächerlichen Angeber zu tun.

Wir allerdings mussten wieder ganz von vorne anfangen.

Der Fluch der Goldfische

Während der Fahndung nach Pino Guastella mussten wir aus anderen Gründen einige sehr merkwürdige Personen, die an Geister und an den bösen Blick glaubten, beobachten.

Eines Abends hatte es einer unserer Kollegen satt, die Gespräche dieser Leute über ihre magischen Rituale anzuhören, und beschloss – was vielleicht nicht wirklich professionell war –, ihnen einen Telefonstreich zu spielen. Er rief einen aus diesem Kreis an und redete unzusammenhängendes Zeug in einer nach Latein klingenden Sprache. Dann legte er unvermittelt den Hörer auf.

Wenn er mir einen solchen Streich gespielt hätte, hätte ich höchstens ein bisschen geflucht, weil ich vom Sofa hätte aufstehen müssen, um abzunehmen. Aber diese abergläubischen Menschen versetzte mein Kollege in helle Aufregung.

Das Opfer rief alle anderen Sektierer seines kleinen Kreises an, um über den Vorfall zu berichten. Seine Gesprächspartner kamen auf die absurdesten Erklärungen für dieses als äußerst bedeutsam erachtete Phänomen. Sie hielten es für die Botschaft eines bösen Geistes, für einen Fluch übelwollender Personen gegen die Familie, für einen bösen Blick, um eine der Frauen daran zu hindern, schwanger zu werden, und ähnliche Fantastereien mehr.

Die einzige einigermaßen vernünftige Erklärung, an die ich mich erinnere, war die, dass sich ein Besessener in der Nummer oder der Person geirrt hatte, die er verfluchen wollte.

Keiner dieser Sektierer kam auf die Idee, dass sie die eigentlich Verrückten waren, und dafür musste ein Goldfischpärchen bezahlen, das von dem Guru, der das Rätsel lösen sollte, als die Bösewichte ausgemacht und erbarmungslos zum Tode verurteilt wurde. Die armen Fischlein wurden beschuldigt, den telefonisch übertragenen bösen Blick angezogen und auf ihren Besitzer gelenkt zu haben.

Leider gab es keinen Verteidiger, der hätte beweisen können, dass der »Fluch der Goldfische« jeglicher Grundlage entbehrte.

Geliebte Yamaha Intruder 800 Custom

Die Fahndung nach Giuseppe Guastella gewann an Fahrt, seit wir uns mit den Brüdern Salsiera beschäftigten, zwei

Ehrenmännern, besonders aber mit dem Schwager von einem der beiden, namens Domenico Sansone.

Auf den Spuren Sansones wurden wir auf ein Mehrfamilienhaus nahe dem Sitz der palermitanischen Gemeindepolizei aufmerksam.

Obwohl ich an diesem Tag eigentlich dienstfrei hatte, klingelte mein Handy, und ich sah auf dem Display die Nummer des Büros. Es war früher Morgen, und ich lag noch gemütlich im Bett. Vito Vitale war vor kaum einem Monat festgenommen worden, und obwohl ich bereits der Gruppe zugeteilt war, die nach Guastella fahndete, war ich noch nicht voll eingestiegen.

Aber wenn sich das Büro meldete, musste ich den Anruf wohl oder übel annehmen. Nach kurzem Zögern drückte ich also missmutig auf die grüne Taste meines damals noch unhandlichen Mobiltelefons.

Am Apparat war Jek, einer meiner besten Freunde:
»Los, komm schnell«, sagte er nur, »Domenico Sansone hat mehrere Croissants dabei und geht gerade in seine Wohnung.«

Er fügte noch hinzu, dass unser Abteilungsleiter den Einsatzbefehl gegeben hatte.

Jek hatte seinen Satz noch nicht beendet, da zog ich mich schon an, schnallte das Holster mit der Pistole um, die ich gesichert hatte (was ich bis heute tue), und schwang mich auf meine geliebte Yamaha Intruder 800 Custom, die einige Zeit später leider unserer neuen Wohnzimmereinrichtung zum Opfer fallen sollte (wie es die eheliche Pflicht verlangt …).

Ich erreichte das Polizeipräsidium, als alle anderen Kollegen bereits in den Autos und Lieferwagen saßen. Weil keine Zeit zu verlieren war, stieg ich gar nicht vom Motorrad ab, sondern reihte mich direkt in die Kolonne ein.

Ich hatte zwar das übliche Briefing vor dem Einsatz versäumt, aber das war kein Problem: Wie aus dem Lehrbuch kamen die Kollegen, die das Wohnhaus umstellen sollten, aus dem ersten Wagen. Aus dem Mannschaftswagen stiegen die acht Männer, die in den Haupteingang eindrangen, während eine andere Gruppe über das Vordach durch die Fenster im ersten Stock vorstieß.

Ich behielt den Helm auf, ließ die Pistole im Holster und stoppte den Verkehr, um ihn vom Ort des Geschehens wegzuleiten.

In einer der Wohnungen des Hauses stand Guastella in Unterhemd und Unterhose im Bad und rasierte sich. Außerdem befand sich ein fünfzehnjähriges Mädchen in der Wohnung, wahrscheinlich eine Verwandte von Sansone, der ebenfalls verhaftet wurde.

Der Einsatz klappte perfekt bis ins letzte Detail. Ungewöhnlich war nur, dass die Straße nicht von einem Polizeimotorrad abgesperrt wurde, sondern von meiner knallbunten Yamaha Intruder 800 Custom. Das entsprach vielleicht nicht den Vorschriften, funktionierte aber bestens.

Ein Deutscher verdirbt uns das Grillfest

1998 war wie gesagt ein wirklich außergewöhnliches Jahr für die Catturandi. Wir arbeiteten ständig auf Hochtouren und ganz nebenbei schnappten wir sogar einen rüstigen älteren Deutschen, der sich auf der Flucht vor der deutschen Polizei in das angenehme Klima Siziliens abgesetzt hatte.

Am 30. April, also am Vorabend des Maifeiertags, rief eine Polizeidienststelle aus Rom an, und bat uns, den deutschen

Kollegen zu helfen, einen Kriminellen zu fassen, der mit mehreren Millionen Mark geflüchtet war, nachdem er zahlreiche Menschen betrogen hatte.

Die deutsche Polizei, die seine Ehefrau beschattete, hatte herausgefunden, dass der Mann namens Hans Peter Ruf sich wahrscheinlich in Sizilien aufhielt und ausgerechnet in Palermo seine Frau treffen wollte. Die Frau war tatsächlich nach Rom geflogen und hatte sich an jenem Tag mit einem Mietwagen auf der Fähre von Civitavecchia nach Palermo eingeschifft.

Sie sollte zwischen sieben und acht Uhr am nächsten Tag, dem Tag der Arbeit, eintreffen.

Ich weiß nicht, wie es im Rest Italiens ist, aber in Sizilien wird der 1. Mai mit Ausflügen und ausgiebigen Picknicks gefeiert, bei denen man vor allem große Mengen Fleisch und Fisch grillt. Vom frühen Morgen an werden an allen Ecken der Stadt von fliegenden Händlern Holzkohle und Grillgeräte feilgeboten. Metzger und Fischhändler arbeiten am 30. April bis spät am Abend – und manche öffnen ihre Geschäfte sogar am nächsten Morgen –, damit auch die Letzten noch die Lieblingsspeisen der Palermitaner für diesen Tag einkaufen können: Spareribs, *stigghiola* (Kalbsinnereien), Schweinswürste mit Artischocken und Kartoffeln sind die klassischen Zutaten für ein Grillfest im Freien. Auch Fische – vor allem Makrelen, Doraden oder ein schönes Filet vom Zackenbarsch – sind sehr geschätzt.

Während sich alle bereits auf die Köstlichkeiten des Feiertags freuten, berief der legendäre Polizeihauptmeister Peppino mit einem boshaften Lächeln für den nächsten Tag eine Besprechung in seinem Büro ein.

Jeder kann sich ausmalen, wie groß unsere Begeisterung war … Allen stand die Frage auf die Stirn geschrieben: *Was zum Teufel geht mich ein flüchtiger Deutscher an?* Und außerdem waren unsere Familien sicher nicht gerade erfreut, wenn wir schon wieder nicht bei einem wichtigen Tag dabei waren.

Aber die Catturandi ist die Catturandi: Wenn der Deutsche beschlossen hatte, sich ausgerechnet bei uns zu verstecken, dann musste er sich auf uns gefasst machen. Keiner von uns versuchte, sich dem Einsatz zu entziehen. Die deutsche Dame sollte nach allen Regeln der Kunst überwacht und beschattet werden.

Peppino ruinierte auch für andere Kollegen den Feiertag, denn er rief einen Freund und Kollegen der Grenzpolizei im Hafen an und forderte ihn – ganz bewusst, ohne zu erwähnen, dass es sich um einen Feiertag handelte – auf, am nächsten Morgen alle Passagiere der Fähre von Civitavecchia zu überprüfen.

Peppino gab keinerlei Erklärung für diese Forderung, und sein Freund fragte trotz seiner verständlichen Verärgerung auch nicht weiter nach. Wenn ein Polizeihauptmeister einen befreundeten Kollegen um etwas bittet, ist es ein ungeschriebenes Gesetz, dass man nicht lange nachfragt und alles im Rahmen der Legalität Mögliche dafür tut. Schluss aus. Nur die Vorgesetzten müssen informiert werden.

Durch die Kontrolle der Grenzpolizei konnten wir die Frau von Hans Peter Ruf identifizieren und feststellen, mit welchem Wagen sie sich eingeschifft hatte. Wir wollten das durch die Kontrolle an Bord entstehende Durcheinander nutzen, um ein GPS-Gerät im Auto der Deutschen zu plazieren. An jenem Morgen war Peppino selbst unser Einsatzleiter, unterstützt von dem ebenso erfahrenen Polizeihauptmeister Michele. Ich und drei weitere Kollegen sollten in Zivilfahrzeugen am Hafen warten. Die Fähre aus Civitavecchia legte pünktlich wie nie um sieben Uhr morgens in Palermo an.

Das Bordpersonal informierte die wenigen Passagiere, dass die Polizei eine Personenkontrolle durchführen werde und sie sich deshalb in Zweierreihen mit ihren Papieren zum Ausgang begeben sollten.

Zuerst wurden alle Passagiere ohne Auto kontrolliert. Frau Ruf fuhr einen Fiat Punto und wurde deshalb erst bei der Ausfahrt identifiziert.

Wir hatten kein Peilgerät in den Wagen schmuggeln können, so dass unsere beiden Wagen abwechselnd die Verfolgung durch den nicht weiter dramatischen Feiertagsverkehr aufnehmen mussten.

Die Frau fuhr zunächst in Richtung Monte Pellegrino und bog dann links ab auf die Ringstraße.

Die Beschattung war nicht besonders schwierig, obwohl wir wegen des geringen Verkehrsaufkommens um diese frühe Stunde Gefahr liefen, bemerkt zu werden. Wir mussten darauf vertrauen, dass Frau Ruf unbedarfter war als die Leute, mit denen wir es gewöhnlich zu tun hatten, und das traf glücklicherweise zu. Trotz der angenehmen Temperaturen dieses sonnigen Tages wurde uns eiskalt, als die Signora auf die Autobahn Richtung Trapani fuhr.

Was um Himmels willen sollten wir tun? Der Signora über die Provinzgrenze hinaus folgen? Das Polizeipräsidium in Trapani benachrichtigen? Sie einfach weiterfahren lassen und hinterher sagen, sie habe unseren Zuständigkeitsbereich verlassen, so dass wir abbrechen mussten? Die Kollegen in Rom hatten ja lediglich verlangt, in Palermo einzugreifen …

Peppino beriet sich mit Michele, dann über Funk mit uns und rief schließlich Claudio Sanfilippo an, um zu fragen, ob wir weitermachen sollten. Wer Sanfilippo kennt, weiß, dass er nie überflüssige Fragen stellt und schon gar nicht vor bürokratischen und administrativen Hürden haltmacht. Deshalb gab er uns grünes Licht für die weitere Verfolgung und sagte, dass wir nur im Notfall die zuständigen Kollegen einschalten sollten.

Wir verfolgten die Signora weiter bis Castellammare del Golfo und wollten dort eingreifen, als sie vor einer Bar anhielt. Weil sie aber vielleicht doch nicht so unbedarft war, wie wir gedacht hatten, blieb sie im Auto sitzen, und wir hatten den Eindruck, sie kontrolliere die Autos, die ihr folgten. Glücklicherweise konnten wir unauffällig vorbeifahren und plazierten unsere Wagen in beide möglichen Fahrtrichtungen: nach Castellammare hinein und an der Straße direkt am Meer.

Auch wenn Frau Ruf umgekehrt wäre, hätten wir ihr folgen können, wären dann aber wohl endgültig aufgefallen. Glücklicherweise fuhr die Signora einige Minuten später am Meer entlang in Richtung des Badeortes Scopello. Sie folgte aber hinter der Abzweigung nicht der Straße an den Strand, sondern bog auf die Landstraße nach San Vito Lo Capo-Trapani ein.

Damit wurde die Situation heikel, denn auf dieser Straße fuhren nur unsere drei Autos. Michele entschloss sich, den Punto der Signora zu überholen und nach San Vito Lo Capo weiterzufahren. In dem anderen Wagen nahmen Peppino, ich und eine Kollegin die Verfolgung auf, hielten uns aber in ziemlicher Entfernung.

Der lange erwartete Augenblick kam gegen zwei Uhr nachmittags hinter Purgatorio und Castelluzzo, zwei Dörfer vor San Vito Lo Capo, als Frau Ruf nach links zu einem bekannten Campingplatz einbog. Dort hielt sie vor einem auf der rechten Straßenseite parkenden Campingbus an. Ohne sich auch nur umzublicken, stieg sie aus und ging auf den Bus zu.

Auf ihr Klopfen hin streckte ein älterer, braungebrannter

Herr mit wenig Haaren und einem blonden Schnurrbart seinen Kopf aus dem Bus: Da war er endlich, der Herr Hans Peter Ruf, der gesuchte Verbrecher aus Deutschland und unverzeihliche Saboteur unseres Grillvergnügens.

Der Pate gratuliert

Die Liste der Erfolge, die das Jahr 1998 der Catturandi bescherte, endete mit der Festnahme des Paten von Tommaso Natale, Mariano Tullio Troia.

Diesmal hatten die Kollegen von der Fahndungsabteilung des Kommissariats San Lorenzo unter ihrem damaligen Leiter, dem wirklichen Kommissar Montalbano, den richtigen Riecher gehabt. Die Fahnder hatten herausgefunden, dass ein gewisser Calogero Miceli jemanden versteckte.

Deshalb baten sie um unsere Unterstützung: Wie üblich wurden überall dort Kameras installiert, wo der Mann jemanden unterbringen konnte, unter anderem in einer Wohnung, die Miceli gehörte. Und natürlich wurden seine Telefone abgehört.

Die Wende aber brachte eine Kamera, die direkt vor Micelis Haus installiert war: Am Fenster war ein weißhaariger Mann zu sehen, der zwar anders als der Mariano Tullio Troia, den wir von Fotos kannten, ziemlich dick wirkte, aber doch eindeutig als dieser zu identifizieren war.

Die Festnahme ging rasch über die Bühne. Der Boss ergab sich widerstandslos und gratulierte sogar den Kollegen, die ihn gefunden hatten.

»Bravo!«, sagte er erstaunlicherweise. »Nicht schießen. Ich bin Mariano Tullio Troia.«

Mit einigen Kollegen musste ich dann die Häuser und

Grundstücke von Calogero Miceli durchsuchen, wo wir in einer Art Stall zwischen Schafen und landwirtschaftlichem Gerät eine einsatzbereite alte deutsche Mauser mit vollem Magazin fanden.

Deshalb wurde auch der Stallknecht angeklagt, der diesen Ort eifersüchtig und stillschweigend bewacht hatte.

Mit dieser Festnahme ging das Jahr 1998 zu Ende, das nicht nur wegen der großen Zahl und der Bedeutung der verhafteten Bosse wie Vito Vitale und Giuseppe Guastella so erfolgreich gewesen war. Wir hatten in diesem Jahr bewiesen, dass unsere Fahndungsmethode, die sich in vielen völlig unterschiedlichen Situationen bewährt hatte, hervorragende Ergebnisse brachte. Das ist keine Prahlerei, sondern berechtigter Stolz auf die Arbeit der Catturandi, für die ich viele Nächte geopfert und viel Mühe auf mich genommen habe.

Dass die Catturandi in so kurzer Zeit so große Erfolge erzielte, konnte auch in der Hauptabteilung für öffentliche Sicherheit des Innenministeriums in Rom nicht unbemerkt bleiben, und dort kam man zu dem Schluss, dass es an der Zeit war, die Messlatte höher zu legen.

Die Catturandi war erfahren genug, sie konnte und musste nun die Nummer eins ins Visier nehmen, den Paten der Paten, das Phantom von Corleone: Bernardo Provenzano.

Kapitel 4

Neun Jahre
für die Ermittlungen des Jahrhunderts

Wie alles anfing

An einem trägen sonnigen Nachmittag im September 1998 rief uns der neue Chef der Abteilung und Nachfolger von Claudio Sanfilippo (der seinerseits zum stellvertretenden Leiter der Kripo befördert worden war) zu einer Besprechung in den ersten Stock.

Er brachte von der Staatsanwaltschaft eine aufsehenerregende Nachricht mit: Nach der Festnahmen von Vito Vitale in Borgetto und von Giuseppe Guastella in Passo di Rigano wurden wir auf den Boss der Bosse, auf Bernardo Provenzano, der bisher nie zu fassen gewesen war, angesetzt.

Zuerst machten wir betretene Gesichter, denn wir wussten, dass Provenzano von der Zentralstelle für Operative Einsätze in Rom gesucht wurde, der der Boss in der letzten Zeit anscheinend mehrmals durch die Lappen gegangen war. Erst allmählich begriffen wir, dass jetzt wir an der Reihe waren, und dann brach allgemeiner Jubel aus.

Aufgeregt stellte einer unzählige Fragen, ein anderer forderte neue Autos und Motorräder, andere wiederum fielen sich in die Arme. Wir waren, so würde ich sagen, vom Jagdfieber gepackt.

Tommaso und Ciccio – das sind die Spitznamen zweier unserer besten Fahnder – nahmen schließlich die Situation in die Hand und ermahnten uns, wir sollten uns wieder hinsetzen, damit wir die Aufgabe ruhig in Angriff nehmen konnten.

Endlich stellte jemand die erste richtige Frage: »Wo fangen wir an?«

Cortese antwortete ohne Zögern: »Bei Pino Lipari, dem *Ingenieur.*«

Lipari gehörte zum Clan von Partinico, war Vermessungstechniker bei der ANAS, dem Straßenbauamt, und trug den Titel »Ingenieur« nur als Spitznamen. Im Laufe der Jahre hatte er erstaunlich hohe Investitionen getätigt und von Ende der sechziger Jahre bis Anfang der achtziger Jahre für etliche Milliarden Lire Immobilien erworben.

Er galt als Dreh- und Angelpunkt eines komplizierten Geflechts von Unternehmen, die den Corleonesen und insbesondere Provenzano gehörten. Mehrere Kronzeugen hatten Lipari als »geheimen« Boss bezeichnet, d.h. als ein Clanmitglied, das nur ganz wenigen Vertretern der Cosa Nostra als solches bekannt ist. Er widmete sich ausschließlich den Interessen der Organisation im Bereich der öffentlichen Bauvorhaben.

Wegen dieser kriminellen Aktivitäten saß Pino Lipari zum damaligen Zeitpunkt in Palermo im Pagliarelli-Gefängnis.

Unsere erste Aufgabe war es deshalb, seine Gespräche mit Verwandten mitzuhören, um herauszufinden, ob er wirklich als Manager für die mafiösen Bauaufträge tätig war, wie es die Kronzeugen ihm unterstellten.

Renato Cortese, der sich offensichtlich mit der Staatsanwaltschaft abgesprochen hatte, hatte die Erlaubnis zum

Abhören der Gespräche bereits in der Hand, so dass wir sofort anfangen konnten.

So begann die Fahndung des Jahrhunderts, wie sie später genannt wurde, ganz ohne Glamour an einem schläfrigen sonnigen Nachmittag im September 1998.

Noch wusste niemand, wie sehr dieser neue »Jagdausflug« das Leben, zumindest das Berufsleben, für viele von uns verändern sollte.

Die Spur des Krankenpflegers

Bei der Fahndung nach Provenzano gingen wir wie üblich von den bereits vorhandenen Akten aus, die sich im Laufe der Zeit angesammelt hatten. Weil es um *zio Binnu* (»Onkel Binnu«), wie er landläufig genannt wurde, ging, übernahmen wir das Material von der 1998 aufgelösten Criminalpol und auch die letzten Ergebnisse der Zentralstelle für Operative Einsätze in Rom, der die Criminalpol unterstellt gewesen war.

Die Akten füllten die Regale eines ganzen, achtzehn Quadratmeter großen Raumes, und einige Dokumente gingen bis auf die sechziger Jahre zurück.

Ich sah zum ersten Mal so viel Material, das über einen einzigen Menschen gesammelt worden war. Die kriminelle Karriere des zweiten Mannes der Corleonesen (nach Totò Riina, *u curtu*) hatte ja schon früh begonnen, und davon zeugten so viele Protokolle erfolgloser Fahndungen, Polizeiberichte, Kontrollbögen und vieles mehr, dass einem schwindlig werden konnte.

Deshalb mussten wir zuerst einen Katalog anlegen über das, was für die weitere Arbeit nützlich sein konnte und was nicht. In den Akten gab es nämlich Dubletten und eine ganze Reihe für uns völlig wertloser Protokolle.

Gleichzeitig überwachten wir die Telefone der engsten Verwandten Provenzanos und seiner Lebensgefährtin Saveria. Um den Kreis der Abgehörten »vollständig zu schließen«, wie wir sagen, wurde auch die Familie des Landvermessers Lipari überwacht, und wir hörten dessen Gespräche im Gefängnis mit.

Die Tage vergingen träge und monoton: Weder aus den Papieren noch aus den abgehörten Gesprächen war irgendetwas zu entnehmen, was uns hoffen ließ. Auch der Versuch, aus Pino Lipari etwas herauszubringen, schien erfolglos: Die Gespräche mit seiner Frau und seiner Tochter, einer Rechtsanwältin, enthielten nie merkwürdige Themen oder zweideutige Sätze, einfach nichts, was unsere Aufmerksamkeit erregt hätte.

Ich erinnere mich gut daran, dass Renato Cortese völlig enttäuscht Ende September noch ein letztes Gespräch Liparis im Gefängnis anhören und dann den Abhörantrag widerrufen wollte, um eine neue Spur zu suchen. Bei den flüchtigen Bossen kann man nur nach dem Prinzip *trial and error* vorgehen.

Doch dieser 25. September 1998 war kein Glückstag für die Mafia.

An diesem Tag bekam Lipari Besuch von seinem Sohn Arturo, einem Architekten um die dreißig. Diesen gebildeten jungen Mann mit seinen guten Manieren konnte man sich in gutbürgerlichen Kreisen kaum in Gesellschaft von Bauern und Mafiosi vorstellen.

Doch das Gespräch zwischen Vater und Sohn brachte unseren Ermittlungen eine plötzliche Wende. Nach den anfänglichen Höflichkeitsfloskeln berichtete der Sohn nämlich darüber, dass er sich mit verschiedenen Leuten getroffen,

Geld von einer Person an eine andere übermittelt und zehn Millionen Lire für seine Hochzeit geschenkt bekommen habe. Ein ordentliches Sümmchen, selbst für einen Sohn aus gutem Hause, dachte ich mir und schloss daraus, dass die Hochzeitsgäste recht wohlhabend sein mussten. Nicht jeder bekommt von einem Gast, der nicht zum engsten Familien- und Freundeskreis gehört, so viel Geld geschenkt.

Außerdem erwähnte Arturo, dass man statt des alten nun einen »neuen Weg« einschlagen müsse, und zwar den »Weg des Krankenpflegers«.

Pino schien über diese Veränderung nicht glücklich zu sein, konnte aber nichts dagegen tun. Arturo teilte ihm auch mit, dass man noch bis Mitte Oktober warten müsse, denn der »Krankenpfleger« habe gerade erst geheiratet und sei auf Hochzeitsreise.

Für uns gab es keinen Zweifel: Die zehn Millionen Lire waren ein Geschenk der Mafia und kamen wahrscheinlich von *zio Binnu* persönlich, der außerdem wissen ließ, dass er einen neuen Weg beschreiten wollte, d. h. dass eine andere Person seine Nachrichten, die *pizzini*, überbringen sollte.

Wir mussten nun herausfinden, wer der »Krankenpfleger« war, und dafür mussten wir die Gespräche von Pino Lipari weiter mithören.

Wenn er an jenem 25. September nicht Besuch von seinem Sohn bekommen hätte, wäre die Erlaubnis zu seiner Überwachung wahrscheinlich nicht verlängert worden, die Operation *Grande Mandamento* (Großes Territorium) hätte nie stattgefunden, Benedetto Spera wäre nie festgenommen, die Gruppe Duomo nie gebildet worden und der Einsatz an der Montagna dei Cavalli am 11. April wäre nie zustande gekommen. Doch an jenem Tag war uns das Glück hold.

Die gefüllte Hose

Durch hartnäckige Ermittlungen stellten wir in kürzester Zeit fest, dass ein Neffe Provenzanos namens Vito Krankenpfleger von Beruf war, kürzlich geheiratet hatte und sich auf Hochzeitsreise befand.

Er war der »neue Weg«, den Arturo Lipari erwähnt hatte. Dem alten Pino, der trotz allem immer sehr vorsichtig blieb, erschien es sehr riskant, dass sein Sohn künftig direkt mit einem Blutsverwandten von Bernardo Provenzano kommunizieren sollte. Man musste einen Filter einbauen. Und an wen dachte der alte Fuchs? An seinen Schwiegersohn Lampiasi, einen Pharmavertreter, der mit seiner Tochter Rossana verheiratet und nicht vorbestraft war. Der konnte problemlos in dem Krankenhaus in der Via Ingegneros, in dem Provenzanos Neffe arbeitete, ein und aus gehen, ohne Verdacht zu erregen.

Darüber hinaus gab es auf diese Weise keinerlei nachvollziehbaren Kontakt zwischen Vito und Peppino. Die beiden sollten sich im Aufzug des Krankenhauses treffen und auf dem Weg in den dritten Stock des Gebäudes die *pizzini* austauschen. Vito sollte die von *Binnu* für Pino bestimmten Nachrichten übergeben und umgekehrt die von Lampiasi an den alten Paten gerichteten erhalten. Bei diesem eigentlich perfekten System hatte man nur eines nicht bedacht: Wir hatten es durchschaut und plazierten deshalb Wanzen und eine Kamera im Aufzug. Außerdem gelang es uns, die eingehenden und ausgehenden Kassiber abzufangen.

Im Übrigen hatte sich *Ingenieur* Lipari nicht gescheut, alle Familienmitglieder für seine kriminellen Ziele einzusetzen. Seine Tochter Cinzia, die Rechtsanwältin, überbrachte dem Vater die Botschaften der befreundeten Unternehmer und anderer Unterstützer, sie berichtete ihm über die Geschäfte der Familie und war nicht nur seine Verteidigerin, sondern auch seine Beraterin.

Pino Liparis Frau Marianna war ständig damit beschäftigt, den Saum seiner Hosenbeine zu vernähen und wieder aufzutrennen. Nicht etwa, weil ihr Mann gewachsen oder kleiner geworden wäre, sondern einfach deshalb, weil sie dazu dienten, die Kassiber zu verstecken.

Als Pino diese Methode zum ersten Mal anwandte, handelte es sich um eine unverfängliche Nachricht. Aber die Gefängniswärter merkten es und benachrichtigten die Staatsanwaltschaft und die Catturandi, ohne direkt einzugreifen. Deshalb ließen wir Lipari in dem Glauben, dass sein Plan funktionierte. Er schrieb auf diesem Weg an Provenzano und der antwortete ihm auf demselben Weg. Wir lasen mit und sammelten fleißig Informationen.

Saveria punktet

Obwohl wir den Trick mit dem Hosensaum entdeckt und den »Postboten« identifiziert hatten, gestalteten sich die Ermittlungen schwierig.

Binnus Neffe Vito, der uns zu seinem Onkel führen sollte, kannte sich in der Gegend aus, während wir in dem Gebiet zwischen Cinisi, Partinico, Torretta und Montelepre nur schwer zurechtkamen.

Tagelang beschatteten wir zahlreiche Personen, darunter einen gewissen Damiano Mazzola, der sich häufig mit Provenzanos Schwager Paolo Palazzolo traf und sich immer lange mit ihm unterhielt. Es war klar, dass beide etwas mit der Mafia zu tun hatten.

Leider aber konnten wir gegen Mazzola keine stichhaltigen Beweise sammeln. Ich weiß nur, dass er ungefähr zehn Jahre später als Unterstützer der Bosse Salvatore und Sandro Lo Piccolo verhaftet wurde. Offensichtlich konnte diese Katze, auch wenn sie schon ergraut war, das Mausen nicht lassen.

Bei unseren Ermittlungen kamen wir bald zu dem Schluss, dass Paolo Palazzolo als letztes Glied der Kette die *pizzini* bekam, aber er war äußerst gewitzt und verschwiegen, so dass wir nicht herausfanden, wie er sie an seinen Schwager weiterleitete.

Auch Saveria, *zio Binnus* Lebensgefährtin und Schwester von Paolo, entwischte uns verschiedene Male. Eines Tages aber konnten wir einigen Halbsätzen entnehmen, dass Provenzanos Kinder, Angelo und Paolo, die bei einer Tante wohnten, Nachrichten ihres Vaters erwarteten. Wir ließen auch sie nicht mehr aus den Augen. Saveria durfte uns diesmal nicht entkommen.

Als sie eines Tages mit einer Verwandten in Partinico zum Friseur ging, hefteten sich einige unserer Kollegen an ihre Fersen. Saveria hatte am späten Vormittag das Apartment der Friseuse, die bei sich zu Hause arbeitete, betreten und war um halb zwei Uhr immer noch nicht wieder herausgekommen. Das erregte bei meinen Kollegen keinen weiteren Verdacht, denn man weiß ja, dass Frauen, wenn es um ihre Schönheit geht, nicht auf die Uhr schauen.

Erst um vier Uhr nachmittags wurde ihnen mulmig, als die Verwandte, die Saveria begleitet hatte, das Haus verließ, während von *Binnus* Lebensgefährtin weit und breit nichts zu sehen war.

Den Trick erkannten wir erst später: Saveria hatte sich durch eine Hintertür davongeschlichen, die niemand von uns bemerkt hatte. Bei ihrer Rückkehr brachte sie ihren

Kindern die Briefe und liebevollen Botschaften ihres flüchtigen Vaters mit.

Die Provenzanos hatten eine Partie gewonnen, und wir mussten auf eine Gelegenheit zur Revanche warten.

Die Ermittlungen vor Ort waren allerdings nicht ganz erfolglos. Immerhin konnten wir einen Kleinkriminellen namens Salvatore Genovese verhaften, der uns brühwarm erzählte, wie er zahlreiche Diebstähle organisiert hatte. Genovese, Paolo Palazzolo, der Krankenpfleger Vito und andere wurden erst später festgenommen und wegen Mafiazugehörigkeit und damit zusammenhängender Taten vor Gericht gestellt.

Wir und sie: ein seltsames Verhältnis

Mir war bewusst, dass es schwierig werden würde, meine persönliche Erfahrung als Polizist und die Geschichte mit Pino Lipari und seiner Familie im Rahmen der Ermittlungen gegen Provenzano richtig darzustellen. Die Catturandi musste sich damals nämlich zum ersten Mal mit einem derart komplexen und weit verzweigten Fall befassen, der sich von dem, was wir bisher bearbeitet hatten, grundsätzlich unterschied. Vor allem aber war die Familie Lipari, wobei »Familie« hier wirklich im Sinne von Verwandtschaft zu verstehen ist, ausschließlich darauf ausgerichtet, das Familienoberhaupt Pino zufriedenzustellen und seinem Willen zu gehorchen, was konkret bedeutete, Provenzano zu decken und seinen Interessen zu dienen.

Dadurch, dass der Vater, die Mutter und auch die Kinder beteiligt waren, wurden die Ermittlungen schwieriger, denn alle waren paradoxerweise dadurch besonders vorsichtig und achteten darauf, auch nicht den kleinsten Fehler zu begehen. Wenn nämlich nur ein Familienmitglied mit einem untergetauchten Boss in Verbindung steht, benehmen sich die anderen in der Regel irgendwie künstlich und verhalten sich anders als gewohnt. Deshalb begeht meist irgendjemand trotz aller Umsicht schließlich doch einen Fehler, der den abhörenden Sicherheitskräften deutlich macht, dass etwas faul ist.

Dazu gehören auch kleine Ausrutscher, die dem Sprecher ganz unauffällig erscheinen mögen, für den Ermittler aber gewisse Aufschlüsse enthalten.

Wenn man zum Beispiel den Satz hört: *Heute ist Opa früh aufgestanden und aufs Feld gegangen,* so erscheint diese Auskunft banal. Wenn wir beim Abhören aber zugleich durch unsere Kameras sehen, dass der Opa anders als an jedem anderen Morgen eben nicht aufs Feld gegangen ist, dann drängt sich der Verdacht auf, dass etwas anderes gemeint sein könnte, und das versetzt das ganze Team in Alarmbereitschaft.

Wenn aber Vater, Mutter und Kinder gleichermaßen wachsam und gedrillt sind, dann erschwert diese Familiensolidarität unsere Arbeit enorm, und es dauert einfach länger, bis einer von ihnen früher oder später dann doch einen Fehler begeht.

Bei den Ermittlungen gegen Provenzano musste man sich in die Psychologie und die Verhaltensmuster all derer, die ihn deckten, einfühlen. Man musste verstehen lernen, wann sie sich in ihrem Alltag für Pino und seinen Freund und Schützling *Binnu* einsetzten und wann es ihnen um ihre eigenen Geschäfte ging. Hier waren mehr psychologische als polizeiliche Fähigkeiten gefragt, und auf diese Weise entstand in den neun Jahre dauernden Ermittlungen eine seltsame Bindung zwischen Überwachten und Überwachern.

Im Laufe der Jahre sahen wir beispielsweise in den Kindern der Familie Lipari eine neue Generation heranwachsen, und auch wenn es merkwürdig klingen mag, war es ein echter Verlust, sie nach dem Ende der Ermittlungen aus den Augen zu verlieren – als wären es die Kinder guter Freunde gewesen. Von einem Tag auf den anderen sollten wir, die wir sie in einem gewissen Sinn über die Jahre begleitet hatten, nicht mehr wissen, welche Hausaufgaben sie aufhatten, ob sie gesund waren, wie sie sich in der Pubertät veränderten, ob sie Freunde und Freundinnen hatten und so weiter. Die stundenlangen Gespräche, die für die Ermittlungen nichts brachten, die wir aber mit anhören mussten und manchmal sogar gehasst haben, würden uns plötzlich fehlen.

In derartigen Fällen entsteht eine Art Stockholm-Syndrom, bei dem wir als die Guten darüber trauern, dass diejenigen, die wir überwachen sollen und die letztlich die Bösen sind, nicht mehr da sind.

Schließlich ist man dann, wenn der flüchtige Boss verhaftet ist, gezwungen, einige von den Überwachten zu Hause aufzusuchen, um sie festzunehmen. Gezwungen zu sein, heißt in diesem Fall, dass wir das, was wir tun, nicht aus Hass oder Groll tun. Es ist notwendig und manchmal eben auch schmerzhaft. Einem Kind den Vater, die Mutter oder einen Bruder wegzunehmen, ist immer traumatisch und wird, auch wenn man das nicht erwarten würde, mit der Zeit immer schwieriger.

Noch heute sehe ich den verlorenen Blick eines ungefähr siebenjährigen Jungen vor mir und höre die Klagen der Mutter, als wir eines Nachts den Vater verhaften mussten. Selbstverständlich bereue ich nichts vom dem, was ich und meine Kollegen getan haben und weiter tun werden, denn wir sind uns über die Notwendigkeit und über die staatsbürgerlichen, moralischen und juristischen Verpflichtungen unserer Tätigkeit vollkommen im Klaren. Dennoch werde ich den Blick dieses Jungen mein Leben lang nicht vergessen. Und die Verhaftung eines Menschen ist in jeder Hinsicht letztlich eine Niederlage der Gesellschaft.

Auch die Mitläufer und sogar die Untergetauchten selbst werden von diesem Räuber-und-Gendarm-Spiel beeinflusst. Denn nicht selten machen uns die Verhafteten nach ihrer Festnahme sogar Komplimente, ja manchmal ist die Festnahme für den Kriminellen geradezu ein Befreiungsschlag, auf den dann – vor allem in den letzten Jahren – die Zusammenarbeit mit der Justiz folgt.

Sonne, Sand und Meer

Zu den eindrucksvollsten Naturschönheiten Siziliens gehört zweifelsohne San Vito Lo Capo in der Provinz Trapani. Hier findet man kristallklares Wasser, unzählige Buchten und das berühmte Naturschutzgebiet Zingaro, das von Mai bis Ende Oktober Tausende Touristen besuchen. In dieser paradiesischen Umgebung mussten wir wegen *zio Binnu* ermitteln, denn sein treuer Landvermesser Giuseppe Lipari hatte ihm direkt am Meer verschiedene Wohnungen und Apartmenthäuser im Wert von mehreren Millionen Euro verschafft. Diese Immobilien wurden später natürlich beschlagnahmt.

Den Sommer 2000 verbrachte ein Teil unseres Teams immer in einer kleinen Wohnung, die Luftlinie nur wenige Meter von dem Apartment Pino Liparis entfernt lag. So etwas war bis dahin noch nie vorgekommen, und es war deshalb wirklich interessant, aber auch vergnüglich.

Eines Nachts plazierten wir, als die Bewohner nicht zu Hause waren, einige Wanzen im Wohnzimmer Liparis, der inzwischen wieder freigekommen war. Es gelang uns sogar, den Hafenaufseher zu überlisten und eine Wanze in Liparis Boot zu schmuggeln. Man konnte ja nie wissen: Vielleicht kam für uns etwas dabei heraus, wenn er mit einem Freund zum Schwimmen hinausfuhr oder sich auf dem Boot in die Sonne legte.

In dem Apartment hatten wir ein Aufnahmegerät installiert, und während alle übrigen Hausbewohner den Tag am Meer verbrachten, hörten wir in Sechs- bis Acht-Stunden-Schichten die Gespräche mit.

Fern von zu Hause vergeht die Zeit, vor allem wenn man jung ist, schnell, und man hat Spaß dabei. Da wir eine Küche hatten und jeden Tag frischen Fisch kaufen konnten, gab es reichlich Gelegenheit zu denkwürdigen Gelagen, Skat-Turnieren und sonstigem Gaudium.

Weil es August war, beschlossen einige von uns, das Angenehme mit dem Nützlichen zu verbinden, und, angeblich von Frau und Kindern dazu gezwungen, ihre Familie nachzuholen. Die Verheirateten gingen nach der Schicht zu ihren Lieben an den Strand, blieben aber stets in Rufbereitschaft. Wenn Pino Lipari mit dem Boot hinausfuhr, erhielten die Kollegen gelegentlich einen Anruf und brachen dann plötzlich mit ihren nichtsahnenden Ehefrauen zu einer Erkundungsfahrt mit dem Tretboot auf. So prägte sich mein Kollege Rosario beispielsweise, während er fleißig strampelte und mit seinen Kindern im Wasser herumtollte, die Gesichter der Gäste auf Liparis Boot ein, so dass wir später durch den Abgleich mit den aufgenommenen Stimmen die Personen identifizieren konnten, mit denen sich Lipari am Meer und anderswo traf.

Bei einer dieser Gelegenheiten machten wir einen großen Fortschritt in unseren Ermittlungen. Der Unternehmer Santo Schimmenti aus Misilmeri, der Lipari am Meer besuchte, erwähnte beiläufig einen Anruf bei einem gewissen Giuseppe, dem Mann von der Metzgerei. Pino unterbrach ihn sofort, ermahnte ihn zur Vorsicht und empfahl ihm, nie mit Giuseppe zu telefonieren, weil das zu riskant sei.

Dieser Hinweis brachte uns ein gutes Stück weiter. Wir ließen uns die Telefondaten des Unternehmers geben und stellten fest, dass er verschiedentlich mit einer Metzgerei in der Gegend von Villafrati telefoniert hatte. Von da aus war es ein Leichtes, einen Buchhalter namens Giuseppe zu finden, der diesen Anschluss benutzte.

Nun ermittelten wir in eine andere Richtung, verließen das Meer und zogen aufs Land in die Nähe von Mezzojuso und Villafrati. Dieser Buchhalter namens Giuseppe hieß mit Nachnamen Riggi, und sein Schwiegervater war Nicolò La Barbera: Die beiden standen von nun an im Mittelpunkt unserer Fahndung nach Provenzano.

Die Catturandi auf Reisen

Eines Winters – ich glaube, es war 1999 – wurde eine Reise nach Deutschland zu einem der denkwürdigsten Abenteuer der Ermittlungen gegen Provenzano. Wir folgten der Familie Provenzano, weil sie Salvatore, den Bruder des flüchtigen Bosses, besuchen wollten.

Saveria Palazzolo besuchte ihren Schwager nicht zum ersten Mal mit ihren Kindern, aber bei dieser Gelegenheit waren wir alle durch einige abgehörte Sätze alarmiert worden. Es schien fast sicher, dass in einem deutschen Städtchen von ein paar tausend Seelen unser *target* zu finden war.

Wir hatten schon länger vermutet, dass Provenzano Frau und Kinder möglicherweise im Ausland treffen würde oder schon getroffen hatte, aber diesmal deutete ungewöhnlich viel darauf hin. Wir erbaten die Hilfe der Zentralstelle für Operative Einsätze in Rom und schalteten Interpol ein, und dann ging es los.

Unser Expeditionskorps war zwar unbewaffnet, aber hoffnungsfroh, mit Hilfe der deutschen Polizei, die vor Ort die Ermittlungen führte, Fortschritte zu erzielen. Die Gesetzeslage erlaubte es uns damals nämlich nicht, selbst in Deutschland tätig zu werden, so dass wir nur als Berater fungieren konnten. Wir hörten Gespräche ab, beschatteten und beobachteten Personen, offiziell aber führte immer die deutsche Polizei die Operation.

Das war alles andere als einfach. In erster Linie hatten wir Verständigungsschwierigkeiten. Ohne den Verbindungsoffizier ging gar nichts. Außerdem gab es große gesetzliche Unterschiede. Um nur ein Beispiel zu erwähnen: Die deutschen Gesetze erlauben den Einsatz von Überwachungskameras und das Abhören von Telefongesprächen nur in äußerst engem Rahmen, und unser Fall passte natürlich nicht in diesen Rahmen hinein. Diese Regelung führte dazu, dass wir die Handys der Familie Provenzano schließlich weiterhin von Italien aus abhörten.

Das Gleiche gilt für die Überwachungskameras: Da wir keine Erlaubnis bekamen, mussten wir den Verdächtigen so altmodisch wie Derrick persönlich auf den Fersen bleiben.

Provenzano ließ sich jedoch nicht blicken. Und wir wissen bis heute nicht, ob wir die abgehörten Sätze falsch verstanden oder seine Angehörigen uns irgendwie bemerkt und ihn gewarnt hatten, oder ob Provenzano seine Familie aus irgendeinem uns unbekannten Grund nicht treffen wollte oder konnte.

Auch wenn sich diese Frage nicht mehr beantworten lässt, war der Aufenthalt in Deutschland doch ein Abenteuer, denn wir hatten auch mit anderen Problemen zu kämpfen. Schon an einem der ersten Tage stellten uns die deutschen Kollegen einen Lieferwagen zur Verfügung. Da wir bei der Einfahrt in die Polizeikaserne die Anweisungen des Wachpostens nicht verstanden, köpften wir den Lieferwagen aus Versehen und rissen auch noch das Vordach der Kaserne ab. Der wachhabende Polizist hatte uns hinter seiner Panzerglasscheibe Zeichen gemacht, aber unser Fahrer hatte sie falsch interpretiert; er hatte verstanden, der Wagen sei zu breit statt zu hoch für die Durchfahrt. Deshalb bat er den Kollegen auf dem Beifahrersitz, zu schauen, ob wir rechts durchkamen, und als dieser bejahte, fuhr er los, wobei der Lieferwagen oben aufgerissen wurde wie eine Konservendose. Glücklicherweise waren wir versichert.

Ein anderer unserer Kollegen hatte noch mehr Pech. Vielleicht weil er an den chaotischen Verkehr von Palermo gewöhnt war, wurde er beim Überqueren einer Straße außerhalb des Zebrastreifens von einem Linienbus erfasst. Gott sei Dank passierte nichts Schlimmes, aber bis heute erreichen ihn unverständliche Briefe aus Deutschland. Böse Zungen behaupten, der Busfahrer verlange Geld für die zertrümmerte Windschutzscheibe.

Zumindest die Wohnung von Salvatore Provenzano wurde durchsucht, in der Hoffnung, vielleicht einige *pizzini* und darin eine Erklärung zu finden, warum Bernardo nicht gekommen war. Die deutsche Polizei setzt für solche Aufgaben Spezialkommandos ein und erlaubte einigen von uns, daran teilzunehmen. Obwohl sie den Mund nicht aufmachten, erkannten die Provenzanos unsere Leute sofort als Italiener und verlangten eine Erklärung dafür, warum man immer hinter ihnen her sei. Ich erwähne diese Episode, weil sie klarmacht, mit welchen Schwierigkeiten wir bei unserer Tätigkeit zu kämpfen haben. Egal wo.

Die La Barbera plaudern über Spera und Provenzano

Der Schwerpunkt der Fahndung nach Bernardo Provenzano verlagerte sich, wie gesagt, eines Tages ins Umland von Palermo. Aufgrund der Abhörergebnisse des Sommers nahmen wir Giuseppe Riggi ins Visier, der nach den Worten Liparis nicht angerufen werden durfte, weil es zu riskant sei.

Riggi ist der Schwiegersohn des bekannteren Nicolò La Barbera, genannt *Cola,* von dem die Polizei bereits wusste, dass er mit Provenzano in Verbindung stand. Ich glaube, die Carabinieri hatten von einem gewissen Salvatore Ilardo einen Tipp bekommen. Der Informant war jedoch leider von der Mafia ermordet worden, bevor er genauere Angaben machen konnte und ins Zeugenschutzprogramm aufgenommen wurde.

Wir merkten sofort, dass wir hier auf der richtigen Spur waren, besonders als wir durch die akustische Raumüberwachung mithören konnten, wie sich einige Angehörige von *Cola* La Barbera über eine – nie namentlich genannte – Person beklagten, die in der Vergangenheit ihr Gast gewesen sei. Die Tatsache, dass alle den Ungenannten nur als *zio* (»Onkel«) oder *vecchio* (»Alten«) bezeichneten, bestärkte uns in der Annahme, dass es sich nur um Provenzano handeln konnte.

Erst allmählich erkannten wir, dass hier immer zwei wichtige Mafiosi verglichen wurden: Benedetto Spera und Bernardo Provenzano. Den Ersteren ertrug die Familie nur zähneknirschend, weil er als ausgesprochen unhöflich galt. Von Provenzano sprach man dagegen mit größtem Respekt und sogar mit einem gewissen Bedauern.

Binnu verstand es im Gegensatz zu seinem Freund *del Mezzagno* (d. h. Spera, der aus Belmonte Mezzagno im Umland von Palermo stammte), die Zuneigung seiner Umgebung zu gewinnen. Er stellte keine großen Ansprüche ans Essen – denn er lebte sehr frugal: Er liebte Honig und Zichorien, ansonsten begnügte er sich mit Brot und Käse. Und er war im Übrigen sehr freigiebig, was diejenigen, die ihn versorgten, sehr zu schätzen wussten.

Benedetto Spera dagegen hatte diesen Leuten nie ein Geschenk gemacht und stellte außerdem ziemlich herrische Forderungen. Er respektierte nicht einmal die Frauen und wollte, dass sie bei ihm blieben, auch wenn ihre Männer außer Hauses waren. Ein solches Verlangen wird in gewissen Kreisen in Sizilien nach wie vor als außerordentlich unhöflich, wenn nicht gar beleidigend empfunden.

Es war klar, dass *Cola* La Barbera zum damaligen Zeitpunkt niemanden versteckte, aber angesichts seiner Stellung innerhalb der Mafia stets zur Verfügung stehen musste.

Die Gesprächigkeit seiner Familie erweckte große Hoffnungen bei uns, und die Zeit gab uns schließlich recht.

Durch die Gespräche der Frauen stießen wir auf einen unverdächtigen, bereits pensionierten Chefarzt namens Doktor Di Noto, der von La Barbera mehrmals wegen eines Prostataleidens kontaktiert wurde.

Sobald wir festgestellt hatten, dass *Cola* keinerlei derartige Beschwerden hatte, schlossen wir daraus, dass *zio Binnu* mit der Prostata Probleme hatte, und konzentrierten uns auf den Arzt. Durch ihn würden wir sicher zu seinem berühmten Patienten gelangen.

Die Catturandi drückt wieder die Schulbank

Den von La Barbera konsultierten Arzt im Auge zu behalten erwies sich jedoch aufgrund verschiedener unvorhersehbarer Umstände als ziemlich schwierig. Der Mann verhielt sich sehr vorsichtig, stellte seinen Wagen immer in der Garage ab, und wenn er irgendwohin fuhr, ließ er sich stets von seiner Frau begleiten.

Daher war es unmöglich, eine Wanze oder ein GPS in seinem Auto anzubringen. Auch mit der Kamera konnten wir ihn nicht überwachen, denn seine Wohnung lag zwar mitten in der Innenstadt, aber sie war nicht einsehbar. Wir konnten nur den Haupteingang des Hauses beobachten, doch es gab mehrere Nebeneingänge.

So blieb uns nicht anderes übrig, als so wie früher überall in der Straße Polizisten zu postieren.

Als sich am ersten Tag zwei Kollegen in der Nähe der zwei Hauseingänge herumtrieben, bemerkten sie als Erstes, dass ein Wagen des Polizeipräsidiums dem Haupteingang gegenüber geparkt war. Der Fahrer erkannte einen der Unseren, und statt ihn zu ignorieren, stieg er aus und ging ihm entgegen.

Der Kollege, der das Haus beobachten sollte, tat so, als käme er hier ganz zufällig vorüber, wechselte ein paar Worte mit dem Fahrer und ging weiter.

Natürlich durfte man nicht riskieren, bemerkt zu werden. In dem Haus wohnte nämlich auch ein hohes Tier des Polizeipräsidiums, das von unserer Fahndung keine Ahnung hatte, aber seine Fahrer mussten irgendwann den Braten riechen, wenn sie jeden Morgen einen anderen Kollegen antreffen würden.

Einen Ausweg aus dieser misslichen Lage bot eine bekannte Handelsoberschule, die unserem Observierungsobjekt gegenüberlag. Von deren Räumen aus konnte man das Wohnhaus leicht beobachten, ohne selbst gesehen zu werden.

Natürlich wurden für diese Aufgabe zwei sehr junge oder zumindest sehr jung aussehende Kollegen ausgewählt. Giuseppe und Salvo konnten trotz ihrer gut fünfundzwanzig Jahre mit ihrem spärlichen Bartwuchs und ihren wilden Haaren leicht als achtzehnjährige Schüler durchgehen. Mit den bei Jugendlichen beliebten Rucksäcken der Marke *Invicta* über der Schulter und ein paar Büchern unter dem Arm hätte sie jeder für Schüler der Handelsschule gehalten.

Morgens mischten sie sich unter die Jugendlichen, gingen in den zweiten Stock, in dem keine Klassenräume waren, und nahmen dort ihren Beobachtungsposten ein. Dem Direktor hatte man gesagt, dass die beiden Polizisten im Rahmen einer Antidrogenkampagne das Verhalten der Schüler diskret überwachen müssten.

Dem Direktor schien es nichts auszumachen, dass den ganzen Tag zwei Polizisten im Haus waren. Da die Schule wegen der Schülerstreiks immer wieder besetzt wurde, war er vielleicht sogar ganz froh darüber, notfalls Hilfe holen zu können.

Für uns war es sehr hilfreich, dass das Schulgebäude riesig war und unzählige Klassenräume hatte. Giuseppe und Salvo konnten dadurch völlig ungestört arbeiten und den an verschiedenen Stellen postierten Kollegen pünktlich melden, wann der Arzt das Haus verließ.

Big Brother

Trotz aller Bemühungen und der vielen im Freien verbrachten Nächte fanden wir monatelang keinen einzigen Hinweis auf das Versteck Provenzanos.

Eines Tages jedoch traf in einem großen Gut in der Nähe von Mezzojuso ein älterer Herr ein, der von *Cola* La Barbera mit unterwürfigem Respekt empfangen wurde. Die beiden wechselten ein paar Worte, nichts weiter. Als die Streife aus Palermo kam, war der Mann auf unseren Monitoren nicht mehr zu sehen, aber man hörte auch kein Motorengeräusch. Er war wie vom Erdboden verschluckt.

Die Raumüberwacher hörten das kurze Gespräch wieder und wieder ab – *Guten Tag ... es ist mir eine Ehre, gnädiger Herr ... Gott segne Sie.* Sie wurden nicht schlau daraus, klar war nur, dass niemand in der ganzen Abteilung diese Stimme je gehört hatte.

Wir konnten die Stimme auch nicht mit der von *zio Binnu* vergleichen, denn der war seit mehr als drei Jahrzehnten auf der Flucht, und wir hatten nicht mehr in der Hand als ein paar vergilbte Fotos und riesige Aktenberge, angefangen von zerfledderten handgeschriebenen Papieren bis hin zu den säuberlichen Computerausdrucken der letzten Zeit. Aber es gab nicht eine einzige Aufzeichnung seiner Stimme.

Eines brachte die abgehörte Stimme aber doch: Wir kamen zu der Überzeugung, dass wir unserem Opfer ziemlich nahe gekommen waren. Die Verwaltung der stets unterfinanzierten Polizei lehnte es rundweg ab, weiteres Personal dauerhaft in einen Ort außerhalb des Gebiets zu schicken, wo wir bereits tätig waren. Das Unternehmen barg außerdem gewisse Risiken: Ein Hotelier, Restaurantbesitzer oder irgendein aufmerksamer Zeitgenosse hätte vielleicht ganz ohne Hintergedanken herumerzählt, dass sich Fremde in der Gegend aufhielten, und dadurch *Cola* La Barbera und seine Freunde alarmiert.

Dennoch mussten wir eine Lösung finden, auch wenn wir nicht mit dem Wagen dort bleiben konnten. Uns mit unseren Bullengesichtern in Misilmeri, Mezzojuso und Villafrati blicken zu lassen, wäre unmöglich gewesen.

Den Weg zur Lösung unseres Problems bot uns ausgerechnet die Erste Staffel von *Big Brother*. Ein Kollege und Fan dieser Sendung machte einmal den Vorschlag, wir sollten uns in Mezzojuso irgendwo in einem Haus einschließen und einen Monat lang dort zusammen wohnen. Ein solches Experiment würde ziemlich wahrscheinlich mit einer Schießerei enden, meinte er scherzhaft – in diesem Fall wohl zwischen uns Kollegen.

Die Idee, die uns anfangs absurd erschienen war, kam uns dann doch praktikabel vor. Unser Kollege Tommaso, der sich in der Gegend gut auskannte, sagte, es sei nicht schwer, sich dort ein Ferienhaus zu mieten. Es war die Zeit um Weihnachten, und einer seiner Freunde vermietete ein Haus in Tumminia. Das lag zwar ein Stück von unserem Objekt entfernt, aber immerhin nahe genug, dass eine Patrouille das Landgut in fünfzehn Minuten erreichen konnte. Wesentlich besser als die Anfahrt aus der Stadt.

Sobald wir das Haus besichtigt hatten, unterbreiteten wir den Vorschlag unserem Chef, Renato Cortese. Der war nicht sehr begeistert und schob den Vorschlag weiter an seinen Vorgesetzten Guido Marino.

Guido Marino ist einer der besten Ermittler von Palermo und verstand sofort, wie wichtig es war, ein einsatzbereites Team in der Nähe des Gutes zu haben, ohne sich auf der Straße oder in einem Hotel blicken zu lassen.

Wie ich das bei Calabresen immer erlebt habe, fand er eine pragmatische Lösung: Wir konnten das Haus mieten, ohne die Verwaltung davon zu verständigen. Wir mussten uns die Miete teilen, und er kam für die Lebensmittel und die Logistik auf. Wenn wir Resultate vorzeigen konnten, wollte er der römischen Zentrale die Rechnung präsentieren, und wehe, sie würden nicht zahlen.

Wir hatten keinerlei Sicherheiten in der Hand, aber das Versprechen Marinos genügte uns. So schufen wir uns unser eigenes Big-Brother-Haus, mit einem Unterschied zum Fernsehen: Uns durfte niemand sehen. Wir wollten keine Zuschauer und auf keinen Fall neugierige Nachbarn.

Immer zu fünft quartierten wir uns in Tumminia ein und rüsteten uns mit Feldbetten und elektrischen Öfen aus. Weil wir möglichst im Haus bleiben sollten, durften wir höchstens den nicht einsehbaren Innenhof betreten, wo wir unvergessliche Köstlichkeiten auf dem Grill zubereiteten. Wer aus der Ferne den aufsteigenden Rauch sah, würde keinen Verdacht schöpfen, sondern denken, die Hausbesitzer, ein älteres Ehepaar, bereiteten ihr Essen zu.

In der räumlichen Enge dieser kaum hundert Quadratmeter mussten wir uns irgendwie die Zeit bis zum ersehnten Einsatzbefehl vertreiben.

Einige spielten mit solcher Hingabe Karten, dass sie ein Diplom dafür verdient hätten, andere wiederum bereiteten sich tatsächlich auf eine Universitätsprüfung vor. Trotz der starken Belastung durch die Ermittlungen haben nicht wenige von uns einen Hochschulabschluss in Politikwissenschaft oder Jura gemacht und nehmen heute hochrangige Posten bei der Polizei ein (während ein anderer Hobbyschriftsteller geworden ist ...). Die während der langen Dienststunden angestaute Energie und Anspannung muss anscheinend irgendwie umgesetzt werden, und da ist es ganz gut, sich nach einem harten Arbeitstag ein paar Stunden aufs Studium zu konzentrieren.

Es passierten auch ein paar komische Geschichten: Einer wollte eine Kaktusfeige mitsamt ihrer haarigen Haut essen, es gab ein Innereien-Wettessen, und eine Superheld fiel beim Anblick seines eigenen Blutes fast in Ohnmacht, als er sich beim Brotschneiden am Finger verletzte.

Immer wieder aber wurden wir, wenn eine verdächtige Person den Bauernhof betrat, von der Einsatzzentrale in Palermo in Alarmbereitschaft versetzt. Wir machten die im Hof verborgenen Autos und uns selbst startklar: schusssichere Weste, die M12 im Holster umgelegt und los. Wenn das Zeichen kam, mussten wir bereit sein. Es gab mehrmals Alarm, aber die Entscheidung, den Hof zu stürmen, fiel erst am 29. Januar 2001.

Cola La Barbera hatte mit dem Urologen Di Noto für den nächsten Morgen einen Termin vereinbart.

Obwohl am Telefon nicht von medizinischen Problemen die Rede war, sondern ausschließlich von Ricotta und der Renovierung eines Dachbodens, war uns allen klar, dass der Arzt kam, um einen nie beim Namen genannten Patienten zu behandeln. Wir erinnerten uns alle an die Stimme des älteren Mannes, die wir einige Monate zuvor gehört hatten, und an die Hinweise auf gesundheitliche Probleme.

Wir schritten deshalb zur Defence Readiness Condition oder Defcon One, wie die Amerikaner sagen, wenn die Streitkräfte der Vereinigten Staaten in Kampfbereitschaft versetzt werden.

Die Kollegen, die sich in Palermo nach wie vor als Schüler ausgaben und das Haus des Arztes beobachteten, mussten, sobald der Arzt das Haus verließ, das Zeichen geben, damit die anderen die Verfolgung aufnehmen konnten.

Patrouillen mit Motorrad sollten den Arzt bis an die Stadtgrenze begleiten, wo sie von drei Wagen abgelöst wurden, die ihn aus einiger Entfernung im Auge behielten.

Wir wussten zwar, welchen Weg Di Noto einschlagen würde, aber es war nicht auszuschließen, dass ihn ein Codewort zu einem anderen Ziel leitete. Sollte er einen anderen Weg nehmen, musste die Streife die übrigen Kollegen verständigen.

Das Team in Tumminia stand unter Hochspannung und wartete auf das Zeichen aus der Zentrale. Sobald der Arzt seinen Patienten treffen würde, sollten mindestens dreißig Polizisten und Polizistinnen das Landgut umstellen und es besetzen.

Nichts durfte schiefgehen: Der Einsatzverlauf war Dutzende Male überprüft worden, und jeder von uns wusste genau, an welchem Platz er zu stehen und welche Aufgabe er zu erfüllen hatte.

Am 30. Januar 2001 teilten uns die Kollegen, die mit Schulrucksack und Pausenbrot an der Bushaltestelle standen, mit, dass im zweiten Stock des Wohnhauses im Arbeitszimmer von Doktor Di Noto die Rollläden hochgezogen wurden. Die Sache kam in Bewegung.

Um halb neun Uhr läutete die Schulglocke zur ersten Stunde, und die falschen Schüler konnten gerade noch feststellen, dass der Arzt im beigen Mantel und mit einer Ledertasche zum automatischen Tor der Garage des Wohnhauses ging. Deshalb löste die Einsatzzentrale die Aktion aus, die von erfahrenen Polizisten geleitet wurde. Renato Cortese war aus dringenden Gründen unterwegs und kam gerade mit dem Flugzeug nach Palermo zurück. Als er die Nachricht über den Einsatz erhalten hatte, stieß er ebenfalls zu uns.

Im Big-Brother-Haus war auch Guido Marino, den wir als Ehrenmitglied in die Catturandi aufgenommen hatten.

Niemals zuvor, auch nicht während der schwierigsten und wichtigsten Ermittlungen, hatte ein Kriminaldirektor so unmittelbar und intensiv an unserer Arbeit teilgenommen. Nicht selten tauchte er mitten in der Nacht auf, um uns mit Croissants und heißem Espresso zu stärken, oder er schlich sich morgens, wenn wir alle in der Bar frühstückten, an die Kasse und verbot dem Kellner unter Androhung des Todes durch Erhängen an der Espressomaschine, Geld von uns anzunehmen.

Die Patrouillen folgten dem Arzt bis an die Stadtgrenze. Dort wurden sie von anderen Autos auf der Landstraße nach Agrigent und bis Mezzojuso abgelöst.

Wir waren bereit, die Autos standen startklar in einer Reihe hintereinander. Der erste Wagen, ein Jeep, sollte uns den Weg freimachen und notfalls das Tor niederwalzen, falls es geschlossen war. Die schwierigste Aufgabe aber hatten die Insassen des zweiten und dritten Autos: Sie mussten auf der Landstraße aussteigen, während der Rest der Kolonne die dreihundert Meter auf dem Feldweg bis zu dem Bauernhaus weiterfahren sollte. Die Polizisten mussten das Gelände von allen Seiten zu Fuß umstellen. Dafür waren die am besten trainierten Männer abgestellt, denn sie mussten mit der Last der Waffen den Hang hinter dem Hof hinaufrennen.

Schon tauchte ein Auto hinter der letzten Kurve auf, fuhr durch das Eingangstor und die dreihundert Meter lange unbefestigte Straße bis zum Haus. Ein uns unbekannter älterer Herr stieg aus, während der Fahrer mit dem Wagen weiterfuhr. *Cola* begrüßte den Mann sehr höflich. Die Stimme hörte sich an wie die, die wir schon einmal aufgenommen hatten. Aus der Einsatzzentrale bekamen wir die Nachricht, wir sollten nur so lange warten, bis der Arzt eintraf, und dann angreifen.

Kurz darauf kam auch der Arzt auf den Vorplatz des Hauses. In Palermo sahen unsere Kollegen, wie *zio Cola* ihn begrüßte und ins Haus begleitete. Zu hören war, wie der Arzt auch den Mann begrüßte, der zuvor angekommen war, und dass es sich um eine ärztliche Visite handelte.

Dann hieß es für uns: »Ok! Los, los geht's! Los, los!«

Unser erster Wagen erreichte sein Ziel dreizehn Minuten später.

Dann kam der vierte und fünfte mit den Männern, die das Haus stürmten. Alles verlief nach Plan. Die Männer des zweiten und dritten Autos hatten sich durch das schwierige Gelände gekämpft und den Hof umstellt, und es war ihnen zu verdanken, dass der Einsatz nicht scheiterte. Der Alte, der sich ärztlich untersuchen lassen wollte, überrumpelte uns nämlich alle, denn er flüchtete, sobald er das erste Motorengeräusch gehört hatte, wieselschnell durch einen Hinterausgang.

Unser Kollege Pinta, der unter allergrößter Anstrengung und völlig verschwitzt den Abhang hinaufgeklettert war, forderte den Alten keuchend auf, stehen zu bleiben. Der Mann rannte weiter, wurde aber schon nach wenigen Metern zu Fall gebracht und sah eine Pistole auf sich gerichtet. In der Zwischenzeit waren zwei andere Polizisten namens Panda und *Bracco* zu Hilfe gekommen.

Da Pinta den Mann nicht erkannte, brüllte er ihn an: »Wer bist du? Sag! Wer bist du?«

Vor ihm lag Benedetto Spera, die Nummer zwei auf der Liste der seit vielen Jahren untergetauchten Bosse. Er gab sich selbst zu erkennen und gratulierte Pinta zu seinem Fang.

Da dieser aber leider einen anderen Namen erwartet hatte, überschüttete er den verblüfften Spera mit lauten Verwünschungen und übergab ihn an *Bracco*, einen der Jüngsten in unserem Team.

146

Aus lauter Aufregung über seine erste Festnahme sagte *Bracco* feierlich, als spiele er in einem Western mit: »Benedetto Spera, im Namen des Gesetzes erkläre ich dich für verhaftet!«

Wenn wir uns heute an diese Geschehnisse erinnern, lächeln wir und ziehen uns gegenseitig auf. Pinta leugnet bis heute, Spera liegen gelassen und an *Bracco* übergeben zu haben, während *Bracco* behauptet, den Satz nur zum Scherz gesagt zu haben.

Aber im Grunde empfanden wir den 30. Januar 2001 als Niederlage. Vor allem deshalb, weil wir einige Tage später durch ein abgehörtes Gespräch erfuhren, dass zu dem Treffen auch *Binnu* hätte hinzustoßen sollen, sich aber dann, als er die Polizeiautos sah, mehr als eine Stunde lang nur wenige hundert Meter von uns in den Feldern versteckt gehalten hatte. Aus sicherer Entfernung erlebte er unseren Einsatz und die Verhaftung seines Statthalters mit.

»Er hatte ordentlich Muffensausen«, hörten wir auf den Tonbändern, und dieser Satz bezog sich sicher auf Bernardo Provenzano, der sich irgendwo bei Mezzojuso im Gebüsch verkrochen hatte.

Wenn Doktor Di Noto damals eine Viertelstunde zu spät gekommen oder vielleicht eines unserer Autos nicht angesprungen wäre und wir auf diese Weise Zeit verloren hätten, wäre alles anders gelaufen. Man stelle sich vor: Spera und Provenzano zusammen verhaftet! *Zio Binnu* hätte dann kein Bündnis mit den Lo Piccolo schließen können, und heute läse sich die Geschichte der Mafia ganz anders.

Objektiv gesehen hatten wir an diesem 30. Januar einen großen Erfolg zu verbuchen. Dabei bekamen wir etwas, was noch heute immer dann in Aktion tritt, wenn wir besonders glücklich sind, d.h. wenn wir einen untergetauchten Boss erwischt haben: Es handelt sich um eine Kuhglocke, die wir in dem Hof von Mezzojuso gefunden hatten und jedes Mal läuten, wenn wir den Namen eines neuen Mafioso zur Liste unserer Festnahmen hinzufügen können.

Hightech und solides Handwerk

Als Benedetto Spera verhaftet war und Nino Giuffrè, der frühere Boss des Territoriums von Caccamo (einem Ort in der Provinz Palermo), sich entschloss, mit der Justiz zusammenzuarbeiten, war das für *Binnu* Provenzano und seine Organisation ein empfindlicher Schlag. Die Verhafteten mussten schnellstens ersetzt werden, um die entstandenen Lücken in der Befehlskette zu schließen.

Aber nicht nur die »Bösen« hatten Probleme, sondern auch wir. Die Polizei musste mit dem Erfolg-Misserfolg der Operation Mezzojuso zurechtkommen. Zwar war die Zentraldirektion für Operative Einsätze in Rom gar nicht begeistert davon, dass sie über unseren Einsatz vorher nicht informiert worden war. Doch zum Glück ging uns dabei zwar nicht die Nummer eins, aber immerhin die Nummer zwei der gesuchten Mafiamitglieder ins Netz. So konnten der Leiter der Kripo und der Chef der Catturandi wenigstens ihren Kopf retten.

Ein paar Probleme gab es auch mit den Carabinieri, aber darüber möchte ich mich hier nicht weiter äußern. Wer weiß, vielleicht schreibe ich darüber eines Tages ein weiteres Buch.

Danach konzentrierten wir uns wieder auf die Fahndung nach Provenzano, was man auch in Rom für vorrangig hielt und entsprechend unterstützte. Nachdem wir alle bisherigen Erkenntnisse sowie die Aussagen der Kronzeugen zusammengetragen hatten, erschien es sinnvoll, die Suche auch auf Nino Episcopo und Angelo Tolentino auszudehnen. Dabei änderte sich das Zielgebiet kaum: Anstatt auf Mezzojuso konzentrierten wir uns jetzt auf Villafrati, ebenfalls in der Provinz Palermo.

Wir nahmen vor allem Angelo Tolentino ins Visier, denn wir wussten, dass er gemeinsam mit seinem Freund Ninuzzo Episcopo für die Korrespondenz von *zio Binnu* zuständig war. Folglich galt es, alle Überbringer ausfindig zu machen, um dann zu sehen, wohin die *pizzini* uns führen würden.

Zur Unterstützung schickte man uns sogar ein amerikanisches Expertenteam vom FBI, und wir dachten, mit ihrer überlegenen Technik würden wir den Boss der Bosse bestimmt aufspüren.

Schade nur, dass ihre technischen Mittel im Grunde dieselben waren, die wir in Italien benutzten. Der einzige Unterschied bestand vielleicht in der Verfügbarkeit: Während wir nur über eine Videokamera verfügten, die wir uns mit anderen Abteilungen teilen mussten, hatte sie gleich mehrere, die man gleichzeitig einsetzen konnte; der Unterschied war also kein qualitativer, sondern nur ein quantitativer. Doch was uns an technischer Ausstattung fehlte, machten wir durch unsere inzwischen brillante Ortskenntnis wett. Also kurz gesagt, wir bedankten uns bei den amerikanischen Freunden, begriffen aber rasch, dass wir ohne ihre Hilfe genauso gut zurechtkamen.

Auch die eigens zu diesem Zweck entwickelten neuen technischen Finessen brachten nicht das gewünschte Ergebnis. So überflog beispielsweise eines Abends eine mit hochsensiblen Wärmemessgeräten ausgestattete C 130 der italienischen Luftwaffe unser Beobachtungsgebiet, um festzustel-

len, ob sich nachts in den Ställen und Schobern jemand aufhielt.

Am nächsten Tag hörten wir, wie zwei Abgehörte sich über
den großen Lärm des Flugzeugs unterhielten, das zu nacht-
schlafender Zeit über ihre Felder geflogen war. Außerdem
hatten sie den Grund für diesen Nachtflug durchschaut,
denn einer sagte: »Das war der Krach von so einem Hubschrauber. Das waren bestimmt die Bullen auf der Suche
nach *a iddu*. Jetzt haben sie sogar schon dieses ganze technische Teufelszeug …«

Als wir dieses Gespräch abhörten, rissen wir wie in einem
Comic vor Schreck Augen und Mund auf und streckten
die Zunge heraus …

Von wegen dumme Bauern: durch Filme, Fernsehberichte
und Reportagen waren selbst Mafiosi und ihre Helfer auf
der Hut. Inzwischen sehen sie überall Polizisten und Carabinieri, auch da, wo gar keine sind. Doch diesmal hatten
sie ins Schwarze getroffen.

Allerdings hatte diese Erfahrung mit Hightech und den
Amerikanern auch ihr Gutes: Die C 130 der Luftwaffe wurde nicht mehr eingesetzt, eine nennenswerte Ausgabener-
sparnis für den Steuerzahler (ein Flug kostet Gott weiß
was), und unsere amerikanischen Freunde schenkten uns
bei der Abreise ein paar ihrer Spielzeuge, so dass wir danach über ein paar hochgerüstete Videokameras, Nachtsichtgeräte und andere nützliche Apparate verfügen konnten. Folglich gebührt ihnen ein herzliches Dankeschön.

Der Durchbruch kam, als Angelo Tolentino und Nino Episcopo anfingen, sich auf freiem Feld zu treffen: Nachdem
sie zuerst viele Umwege gefahren waren, um uns in die Irre
zu führen, erreichten sie schließlich den vereinbarten Treffpunkt. Sie hielten meist an einem Feldweg, der auf offenes
Gelände führte, stiegen aus, gingen noch ein Stück zu Fuß

und ließen sich dann auf ein paar großen Felsbrocken nieder, um sich zu unterhalten; manchmal tauschten sie auch kleine Päckchen aus.

Den genauen Ort ihrer Treffen ausfindig zu machen war nicht einfach. Eigentlich hätte man dazu eine klassische Observierung machen müssen; auf der Staatsstraße kein Problem, aber auf den vielen kleinen Straßen und Sträßchen in der Provinz fast unmöglich. Eines Tages, nach etlichen erfolglosen Versuchen, wäre einer unserer Männer, als er die Verfolgung schon aufgegeben hatte, um nicht entdeckt zu werden, fast mit dem Punto von Episcopo zusammengestoßen, als dieser plötzlich aus einem dieser Ministräßchen herauskam. Bevor mein Kollege davonfuhr, musste er noch die Flüche des anderen über sich ergehen lassen. Als er jedoch im Rückspiegel sah, dass auch Tolentinos Auto aus demselben Sträßchen herauskam, wartete er, bis die beiden Autos weg waren. Dann bog er selbst in das Sträßchen ein, fuhr bis zum Ende und stellte fest, dass es nirgendwohin führte.

Als guter Ermittler sah er sich das Gelände genauer an und fand neben ein paar großen Steinen eine Stelle, wo das Gras niedergetrampelt war und ein gerade ausgetretener Zigarettenstummel lag.

Später, als es bereits dunkel war, fuhren wir mit einem Technikerteam noch einmal zu der Stelle, um zu prüfen, ob man dort ein paar Wanzen anbringen könnte. Dann wurde die Contrada Forche, so hieß das Gelände, nach allen Regeln der Kunst verwanzt. Sogar einer der Felsbrocken wurde präpariert: Totò, einer unserer genialen Techniker, bohrte ein Loch in den Stein und gipste dort eine Wanze ein, die so gut getarnt war, dass die Miniantenne nur aufgefallen wäre, wenn jemand gezielt danach gesucht hätte. Schließlich hängten wir an einem Strommast noch eine

Überwachungskamera auf und deckten so das gesamte Gelände ab.

In den nächsten Monaten erfuhren wir über diese Mikrosender, dass unsere beiden Männer Teil der Briefchen-Kette waren, und erzielten damit bald einen echten Fortschritt: Wir identifizierten Totò Badami, einen weiteren Briefträger. Ohne es zu merken, führte er uns ein paar Wochen später bis nach Villabate, einem Ort in unmittelbarer Nähe von Palermo, wo Bernardo Provenzano Unterschlupf gefunden hatte.

Ein Ufo im Morgengrauen

Es war nicht leicht gewesen, bis zur Contrada Forche vorzudringen, und auch als wir diesen Treffpunkt endlich entdeckt hatten, war die genaue Zuordnung der verschiedenen Beteiligten immer noch ein hartes Stück Arbeit. Es wurden vierundzwanzigstündige Schichten eingeführt. Eigentlich hätte ich das als Gewerkschafter empört zurückweisen müssen, aber da alle Kollegen zustimmten, verzichtete ich auf jeglichen Protest.

Normalerweise wurden im Abhörraum diverse Telefonanschlüsse abgehört: das Festnetz und die Handys der Familie Tolentino, außerdem die Telefone von Episcopo und anderen Mitgliedern des Clans. Der Raum, wo die Mikrofone der akustischen Raumüberwachung abgehört wurden, war also durchgehend besetzt, dort lösten sich die Kollegen gegenseitig ab. Dort hingen auch die Bildschirme der Überwachungskameras. Und schließlich gab es noch die Streifen: Je nach Schicht hatten wir vier bis sechs Mitarbeiter auf der Straße. Tagsüber fuhren sie die Staatsstraße auf und ab, wo sie sich am besten tarnen konnten. Bei Bedarf hängten sie sich an Verdächtige und folgten ihnen so weit wie möglich. Auf diese Art konnten wir nach und nach weitere Personen und Orte identifizieren.

Tag und Nacht wurden so Dutzende von Kilometern heruntergerissen, und hin und wieder kam es auch mal zu Unfällen, zum Glück nur leichten.

Wenn ich an das entsetzte Gesicht denke, das mein Kollege Ciccio machte, als er mit seinem Jeep im Straßengraben auf der Seite landete, muss ich heute noch lachen. Um das Kennzeichen eines Autos aufzunehmen, das von Angelo Tolentinos Anwesen weggefahren war, hatten Ciccio und sein Arbeitskollege eine echte Verfolgungsjagd hingelegt und es schließlich auch geschafft. Doch im Eifer des Gefechts hatten sie den Straßengraben übersehen. Als ein Rad in den Graben geriet, konnte Ciccio nicht mehr gegensteuern, und der Jeep kippte auf die Seite.

Zum Glück wurde niemand verletzt, und auch das Auto hatte nur eine kleine Beule an der Tür. Doch allein der Gedanke an den bevorstehenden Papierkrieg mit der Bürokratie trieb Ciccio, der als Fahrer für den Wagen verantwortlich war, das blanke Entsetzen ins Gesicht. Bei unserer Verwaltung kann einen so eine Lappalie teuer zu stehen kommen.

Ich kann mich noch gut an die Rechnung erinnern, die ein anderer Kollege, Vittorio, bekam, als er sich bei der Verfolgung von Carlo Greco mit einem alten Lancia Y überschlug. Mit dem Geld, das der Rechnungshof anschließend von ihm verlangte – weil man ihm eine waghalsige, den Straßenbedingungen nicht angemessene Fahrweise zur Last legte –, hätte man gut und gerne zwei neue Autos kaufen können.

Nun meine ich, wenn man einen Gesuchten auf der Flucht verfolgt, dann kann es schon mal vorkommen, dass man waghalsig fährt, ohne auf den Straßenbelag zu achten. Zum Glück gibt es Rechtsanwälte, und manchmal ist unsere Verwaltung auch großzügig. Am Ende belief sich die Summe, die Vittorio schließlich bezahlen musste und die man ihm in Raten vom Gehalt abzog, auf ein Drittel der ursprünglichen Forderung. Und wir Kollegen veranstalteten eine Sammlung, damit er nicht alleine für den Schaden aufkommen musste.

Bei Ciccios Jeep-Unfall handelte sich wie gesagt um eine Unaufmerksamkeit, die unmittelbar mit der speziellen Art der Arbeit zu tun hatte, die der Polizist in diesem Augenblick ausführte. Und auch die Geringfügigkeit des Schadens sorgte dafür, dass die Sache ohne große Probleme und ohne nennenswerte Gehaltseinbuße abging.

Doch im Allgemeinen bringt die Arbeit auf Streife noch ganz andere Probleme mit sich. Während die Arbeitszeiten im Büro einerseits oft viel länger dauern, hat man dort zumindest jederzeit die Möglichkeit, einen Kaffee zu trinken, die Klimaanlage anzustellen, eine Pause zu machen, um zur Toilette zu gehen, und sich ablösen zu lassen, wenn man nicht mehr kann. Auf der Straße ist das ganz anders, vor allem nachts und wenn sich die Temperaturen dem Gefrierpunkt nähern.

In der Nacht kann man nicht ohne Pause herumfahren, deshalb postiert man sich dann an relativ abgelegenen Stellen und wartet auf Anweisungen aus dem Büro.

Bei der Überwachung von Angelo Tolentino passierte es beispielsweise einmal, dass er um vier Uhr morgens das Haus verließ und sich dabei äußerst merkwürdig verhielt: Er fuhr mit seinem Jeep in die Berge, und es sah so aus, als wäre er nicht allein, sondern hätte einen alten Mann bei sich. Mein Kollege Nuccio, der mit einem gemieteten Golf unterwegs war, versuchte ihm zu folgen, doch als er ihn

sah, war es schon zu spät, und anstatt hinter ihm her-
zufahren, musste er in die andere Richtung an ihm vorbeifahren. Noch heute ist Nuccio der Meinung, dass der
Mann neben Tolentino durchaus *zio Binnu* gewesen sein
könne. Doch hatte es zu lange gedauert, den Golf zu wenden, so dass Tolentino und sein Mitfahrer genügend Zeit
hatten, um auf einem Feldweg zu entwischen.

Allerdings hätte Nuccio mit dem Golf im Gelände ohnehin keine Chance gehabt, und so war die Sache gestorben.
Doch dafür wurden die Streifen von diesem Tag an perso-
nell aufgestockt, und für jede Schicht stand stets auch ein
Jeep zur Verfügung.

Trotz des milden Klimas auf Sizilien kann es draußen auf
freiem Feld empfindlich kalt werden, vor allem nachts und
in den frühen Morgenstunden. Und in diesem Jahr waren die Monate Februar, März und April besonders kalt.
Deshalb nahmen die Kollegen mit echtem Pfadfindergeist
ihren Schlafsack mit, während den anderen, die an das
Landleben nicht so gewöhnt waren, nichts anderes übrig
blieb, als unter der Hose noch den Pyjama zu tragen.

In einer solchen Nacht wurden einige Kollegen von einer
Gruppe homophober Schwachköpfe, wie ich sie nenne,
überfallen. Während sie vor einem Tor parkten, um auf
Anweisungen zu warten, wurden meine Kollegen Enrico
und Diego plötzlich von einem nahenden Auto geblendet.
Zuerst dachten sie, es sei der Besitzer, der vorbeiwollte, um
auf sein Grundstück zu gelangen. Zwar war die Uhrzeit
ungewöhnlich, immerhin war es zwei Uhr nachts, aber die
Polizisten ließen den Motor an, räumten die Einfahrt und
wollten wegfahren. Doch der andere Wagen blieb mitten
auf der Straße stehen und machte keine Anstalten, zur Seite zu fahren, um sie vorbeizulassen. Als ihnen die Sache
langsam verdächtig vorkam, zogen Enrico und Diego für

alle Fälle die Waffe, um sich gegebenenfalls verteidigen zu können, und warteten ab, was passieren würde.

Es folgten Augenblicke höchster Anspannung: Drei Türen des verdächtigen Autos gingen auf, die beiden Vordertüren und die rechte Hintertür. Suspense. Drei junge Männer mit einer Bierflasche in der Hand stiegen aus, kamen auf die angespannt wartenden Polizisten zu und brüllten: »Na ihr Scheißschwuchteln, seid ihr fertig, jetzt werden wir es euch mal zeigen.«

Einen Augenblick lang waren Enrico und Diego verdutzt, dann fiel der Groschen. Mit äußerster Vorsicht steckten sie die Waffen wieder ein und antworteten den Typen, sie bräuchten nur die Straße zu räumen, dann würden sie sofort friedlich verduften. Doch die Jungs, offensichtlich angeheitert, suchten Streit. Andere Streifen in der Gegend zu verständigen wäre sinnlos gewesen, weil sie zu weit weg waren. Sich auszuweisen wäre vielleicht richtig gewesen, aber damit wäre die gesamte Ermittlung aufgeflogen, denn im Handumdrehen hätte sich in den umliegenden Dörfern herumgesprochen, dass die Bullen hier unterwegs waren.

Es war Diego – er war als jüngster von drei Brüdern in der Altstadt von Palermo aufgewachsen und damals altersmäßig zwar fast noch ein Kind, dafür aber über eins achtzig groß und mit kräftigen Händen –, der schließlich die Initiative ergriff: In wenigen Sekunden ging einer der Angreifer in die Knie, schnappte nach Luft und hielt sich mit schmerzverzerrtem Gesicht das, was Sizilianer als ihre »Familienjuwelen« bezeichnen. Auch Enrico entsann sich der Handgriffe, die er auf der Polizeischule gelernt hatte, packte zu und streckte den zweiten Angreifer zu Boden, der in Sekundenschnelle auf dem Bauch landete, die Handgelenke über dem Kopf blockiert.

Als der Dritte seine beiden Kumpane am Boden liegen sah und langsam begriff, dass die beiden vermeintlichen Schwulen keineswegs so verängstigt reagierten, wie sie geglaubt hatten, kam er noch zwei Schritte auf sie zu, machte dann aber zu seinem Glück auf dem Absatz kehrt und fuhr das Auto zur Seite. Enrico und Diego stiegen in ihren Dienstwagen, notierten das Kennzeichen der drei Angreifer und fuhren davon.

Wenn einer der Jungs heute dieses Buch lesen würde, würde ihm aufgehen, wo er da in jener Nacht hineingeraten war. Jedenfalls wurden die drei später identifiziert: Es handelte sich um junge Männer aus der Gegend, die betrunken waren und irgendwas reißen wollten. Ich hoffe, sie haben aus dieser Erfahrung gelernt, dass es besser ist, wenn man sich im Leben maßvoll und zivilisiert verhält.

In diesen Monaten passierten noch viele andere Dinge, manche lustig, andere weniger. Doch zwei Episoden müssen erzählt werden.

Einmal war mitten in der Nacht auf freiem Feld eine Explosion zu hören. Es hörte sich an wie eine Bombe, nach dem Krach zu urteilen, der wahrscheinlich noch dadurch verstärkt wurde, dass es auf dem unbewohnten Gelände totenstill war. Die drei Streifen in der Gegend wurden alarmiert und erhielten die Anweisung, sofort nach Contrada Forche zu fahren, wo sich die Abhörgeräte befanden. Nach Aussage des diensthabenden Kollegen war das Signal dort ausgefallen und man wusste nicht, wieso.

Der erste Wagen konnte nichts Auffälliges feststellen: Das Feld war verlassen, man sah weder Feuer noch Rauch, und einen Brand hätte man von der Stelle, wo der Streifenwagen stand, auf jeden Fall sehen müssen. Als die beiden anderen Wagen ankamen, stiegen alle Polizisten aus und gingen zu Fuß zu den Felsbrocken, an denen die Abhörgeräte installiert worden waren. Einen Augenblick lang herrschte Verwirrung, weil man die beiden Felsbrocken, die als Orientierung dienten, nicht finden konnte. An der Stelle, wo sich eigentlich der präparierte Felsbrocken befinden sollte, war ein großes Loch, sonst nichts. Irgendwie musste es in den Batterien zu einem Kurzschluss gekommen sein, und vermutlich waren die Wanzen, wie der Krater im Boden nahelegte, einfach explodiert.

Man stelle sich vor, die Explosion hätte sich ereignet, als Angelo Tolentino und Nino Episcopo dort eins ihrer Treffen abhielten: Für uns wäre der Schaden größer gewesen, und außerdem hätten die beiden sich verletzen können. Zum Glück passierte das Missgeschick in der Nacht: So gut es ging schaufelten meine Kollegen mit den bloßen Händen das Loch zu und schleppten zur Tarnung ein paar Felsbrocken aus der Umgebung herbei. Zum Glück war das Grundstück am Morgen teilweise gepflügt worden, so dass die aufgeworfene Erde nicht weiter auffiel. Vielleicht war es auch dem Traktor zu verdanken, dass die Wanzen explodiert waren.

Zu den Abenteuern der besonderen Art, die sich in diesem Zeitraum ereigneten, gehörte auch die Begegnung mit einem Ufo. Das war ein echter Spaß. Normalerweise stellen ja die Carabinieri die besten Witzfiguren, aber diesmal waren wir auch nicht schlecht.

Es war sechs Uhr morgens und noch dunkel, als eine Streife von ihrer Nachtschicht zurückkam und sich schon in der Nähe unseres Büros ganz aufgeregt bei der Zentrale meldete – zur Besatzung gehörte auch Rosario, einer der ältesten Mitarbeiter unserer Einheit.

Am Apparat im Büro war Peppino, Codename *Panda*.

»Peppino! Peppino! Hast du nichts gesehen? Es ist was Ungeheuerliches passiert! Geh schnell ans Fenster, sofort!«

Aufgeschreckt und noch ein bisschen schläfrig von der Nachtschicht, die er am Computer verbracht hatte, dachte Peppino an ein Erdbeben. Unter dem Gelächter der Anwesenden kippte er vor lauter Schreck vom Stuhl, klammerte sich aber weiter an den Hörer und fragte bei Rosario nach.

»Ich habe eine Feuerkugel über das Polizeipräsidium fliegen sehen«, sagte Rosario. »Hast du was davon gehört? Hat es in der Einsatzzentrale vielleicht Alarm gegeben?«

Jeder Polizist muss, noch bevor er in den Dienst eintritt, eine Grundregel lernen: Er darf keine Dinge sehen oder hören, die die anderen nicht sehen oder hören.

Lapidar antwortete Peppino, der schon wegen des Sturzes sauer war: »Du kannst mich mal, Rosario.«

Dann tat er so, als würde er ernsthaft nachdenken, und fügte hinzu: »Weißt du was, jetzt, wo ich so darüber nachdenke, auch wenn über Funk nichts gekommen ist, irgendetwas Merkwürdiges habe ich auch gesehen ...«

Um sicherzugehen, rief Rosario – durch diese Neuigkeit ermuntert und nicht ahnend, dass Peppino später kichernd alles abstreiten würde – den Notruf 113 an und fragte, ob man von einer Feuerkugel über der Stadt gehört habe.

Verblüfft, aber professionell bat der Beamte Rosario, seinen vollen Namen zu nennen, und teilte ihm dann in ernstem Ton mit, dass in der Zentrale keinerlei alarmierende Meldung eingegangen sei.

Am nächsten Morgen, als sie wie immer in der Bar gemeinsam einen Espresso tranken und über dies und jenes redeten, fragte der Leiter der Kripo Guido Marino seinen Kollegen von der Catturandi: »Sag mal, sind deine Männer noch ganz richtig im Kopf?«

Unser Chef verschluckte sich fast an seinem Espresso: »Wieso? Was ist denn passiert?«

»Heute Morgen hat einer deiner Männer ein Ufo über dem Polizeipräsidium gemeldet. Und der Diensthabende hat das in seinem Bericht notiert, der dann beim Polizeipräsidenten gelandet ist.«

Nachdem er den Bericht gelesen hatte, informierte der Polizeipräsident den Büroleiter, der sich seinerseits beim Leiter der Kripo danach erkundigte, was denn mit seinen Leuten los sei, die würden doch wohl spinnen, ob sie nichts anderes zu tun hätten, als die Notrufzentrale zu nerven, oder ob sie vielleicht reif seien für die Psychiatrie.

Marino amüsierte sich köstlich und schickte auf diese ungewöhnliche Anfrage des Polizeipräsidenten eine formelle Antwort, der er einen Artikel aus dem Giornale di Sicilia vom Tag zuvor beilegte, in dem angekündigt wurde, dass am folgenden Tag ein Komet so dicht an der Erde vorbeifliegen werde, dass man ihn mit bloßem Augen erkennen könne. Seine Männer, die um sechs Uhr morgens bereits voll mit ihren Ermittlungen beschäftigt gewesen seien, hätten das Vorbeifliegen des Himmelkörpers zwangsläufig bemerkt und entsprechend bei der zuständigen Stelle Meldung gemacht …

Später landete diese Story in der Hitparade der am meisten erzählten Geschichten ganz vorne, wurde bei jedem Festgelage erneut zum Besten gegeben und dabei gebührend ausgeschmückt, so dass wir uns jedes Mal aufs Neue vor Lachen kaum halten konnten.

Provenzanos Computer

Um Provenzano endlich aufzuspüren, verschärften wir das Tempo der Ermittlungen noch weiter und fanden schließlich heraus, dass die Mitteilungen aus ganz Sizilien – aus Enna, Agrigent, Messina und Catania – bei Tolentino und Episcopo eingingen und dann an einen anderen Überbringer weitergegeben wurden, der sie an *Binnu* übermittelte. Die beiden waren auch die Sammelstelle für abgehende Nachrichten, das heißt für Mitteilungen, die Provenzano verschicken wollte.

An diesem Punkt galt es, das nächste Glied der Kette auszumachen, um von da aus Schritt für Schritt jeden weiteren Überbringer zu identifizieren und schließlich bis zum Boss vorzudringen.

Bei einem Treffen mit Tolentino konnten wir Salvatore Badami identifizieren, einen Angestellten der Gemeinde Villafrati, der in der Kläranlage beschäftigt war. Badami nahm die handgeschriebenen Briefchen der verschiedenen Mafiosi in Empfang und schrieb sie mit Schreibmaschine oder Computer ab, so dass sie völlig anonymisiert wurden und niemandem mehr zugeordnet werden konnten. In diesen Mitteilungen benutzten Provenzano und seine Leute einen Zahlencode, um alle Namen zu verschlüsseln und so den Schaden zu begrenzen, falls die Zettel in die Hände der Ordnungskräfte fallen sollten.

Die Texte am Computer abzuschreiben war vielleicht riskant, aber dadurch wurde die Handschrift eliminiert, so dass der Verfasser nicht mehr zu erkennen war; außerdem konnte der alte *Binnu* sie leichter lesen, ohne sich mit dem Entziffern abmühen zu müssen.

Diese äußerst delikate Aufgabe erfüllte Badami gewissenhaft und professionell, und er benutzte dazu den Computer und den Drucker der Kläranlage, wo er für die Instandhaltung zuständig war. Seiner Ansicht nach konnte niemand auf die Idee kommen, dass diese Geräte dem Flüchtigen als telematische Schnittstelle dienten.

Wir hingegen verwanzten den Raum, griffen auf den Computer zu, durchsuchten den Speicher und stießen unter den gelöschten Dateien auf einen Teil eines *pizzino*. Den Computer zu hacken, war ein Kinderspiel: Von jeder Mitteilung von oder für *zio Binnu*, die Badami abschrieb, blieb im Rechner eine verborgene Kopie zurück. Wenn er den Raum verließ, gingen wir hinein, schalteten den Computer ein, leerten den Arbeitsspeicher und lasen die Mitteilungen. Für uns war das ein wahres Manna: Während wir uns in die geheime Korrespondenz vertieften, wurde Provenzano für uns immer realer, verlor alles Gespenstische, und ganz allmählich lüftete sich das Geheimnis seiner bis dahin undurchschaubaren Organisation.

Nach der Razzia in Mezzojuso glaubten wir ernsthaft, dass seine Tage als Flüchtiger nun gezählt sein würden.

Haus verlassen, Haus betreten

Ein Nebeneffekt bei der Fahndung nach dem Superboss war die Verhaftung des ebenfalls flüchtigen Mafioso Totuccio Sciarrabba. Nach der Verhaftung von Benedetto Spera stießen wir bei der Verfolgung von Provenzano nämlich zufällig auf Sciarrabba, formal Chef des Clans von Belmonte Mezzagno.

Sciarrabba hatte sich in der Nähe des Landgerichts Palermo in einer Art Hütte verkrochen, direkt neben dem Haus einer Polizeibeamtin. Dieses Versteck war perfekt: Sein

Gesicht war den meisten, vor allem den Ordnungskräften, nicht bekannt, weil er erst seit wenigen Jahren flüchtig war. Außerdem gewährten ihm seine vermutlich gefälschten Papiere eine gewisse Sicherheit. Zugleich stellte sein Aufenthalt neben dem Haus einer Polizeibeamtin, in dem auch andere Polizisten aus- und eingingen, einen gewissen Schutz dar, denn damals hatte er von anderen Mafiaanhängern mehr zu befürchten als von den Staatsbediensteten.

In Absprache mit der Staatsanwaltschaft wurde beschlossen, Sciarrabba zunächst auf freiem Fuß zu lassen und abzuwarten, ob er uns vielleicht zu anderen wichtigen Mafiosi oder vielleicht sogar zu Provenzano selbst führen würde.

Routinemäßig wurden einige Videokameras montiert, um den Eingang seines Häuschens zu überwachen; außerdem wurde ein Stall, den er regelmäßig aufsuchte, verwanzt. Bei der Überwachung des Eigentümers des Stalles, der auch irgendwie zum kriminellen Geflecht von Provenzano und seinen Unterstützern gehörte, stießen wir dann auf Totuccio Sciarrabba. Bei einem abgehörten Telefongespräch zwischen ihm und seiner Frau fragte diese, ob sie außer für ihn auch für den Gast kochen solle. Daraufhin antwortete er ziemlich barsch, es gebe keinen Gast, und sie solle sich gefälligst um ihre eigenen Angelegenheiten kümmern.

Dieser merkwürdige Dialog veranlasste uns, auch den Stall zu verwanzen und die Gespräche zwischen der Signora und ihren beiden Töchtern, die echte Plaudertaschen waren, aufmerksamer zu verfolgen. Von ihnen erfuhren wir schließlich, dass *der da* – so nannten sie ihn – ab und zu zum Essen und bisweilen auch zum Schlafen *da bei den Tieren* auftauchte. Der Name von *dem da* wurde nie genannt, was uns sofort misstrauisch machte.

Wir plazierten eine Überwachungskamera am Stalleingang

und sahen so ein paar Tage später, wie ein Mann Totuccio Sciarrabba in seinem Auto dorthin brachte. Dieser Mann wurde später wegen Begünstigung verhaftet. 2009 wurde er dann in Misilmeri von einem Killerkommando erschossen. Obwohl er bewaffnet war, gelang es ihm nicht, sich zu verteidigen, und er starb zusammen mit einem ebenfalls vorbestraften Freund.

Doch zurück zu Sciarrabba: Etwa einen Monat lang überwachten wir jeden seiner Schritte, doch er ging selten aus. In dem Stall traf er sich regelmäßig mit seinen Freunden, die wir schon kannten, oder er ließ sich bei einem Friseur, den wir auch überwachten, die Haare schneiden. Aber seine Überwachung ergab nichts Brauchbares.

In den Berichten hieß es nur: *Haus verlassen; Stall betreten; Stall verlassen; Haus betreten.* Auch die abgehörten Gespräche ergaben keine nützlichen Hinweise. Es sah also ganz danach aus, als hielte sich Totuccio Sciarrabba auf Distanz.

Doch eines Abends entschlossen wir uns zum Einsatz. Die letzte Beobachtung des Kollegen an der Überwachungskamera lautete dann: *Haus verlassen, in Handschellen.*

Villabate: mehr Bullen als Mafiosi

Außer wertvollen Informationen über die Geschäfte von *zio Binnu* erhielten wir durch Salvatore Badami – das Computergenie aus der Kläranlage – Hinweise auf das nächste Glied in der Kette der Unterstützer, was dazu führte, dass sich unsere Aufmerksamkeit auf das Gebiet zwischen den Orten Villabate, Misilmeri, Ficarazzi und Belmonte Mezzagno östlich von Palermo verlagerte.

Inzwischen war klar, dass Badami die Mitteilungen für Provenzano in die Bar Santa Rosalia in Villabate brachte, wo der Barbetreiber, der zur örtlichen Mafiafamilie gehörte, sie entgegennahm und irgendwie an den Paten weiterleitete.

Uns stellte sich nun folgendes Problem: War Villabate das letzte Glied in der Kette? Kümmerte sich der örtliche Mafiaclan des Avvocato Nino Mandalà direkt um den Flüchtigen? Oder handelte es sich nur um eine weitere Vermittlungsstelle? Das mussten wir so bald wie möglich herausfinden.

Zugleich jedoch durften wir die alte Spur nicht aus den Augen verlieren und mussten Badami, Tolentino und Episcopo weiter beobachten. Es galt also, alte und neue Verdächtige gleichermaßen zu überwachen. Das hieß, wir mussten unsere Anstrengungen verdoppeln.

Doch die Lage in Villabate war verzwickt. Formell wurde der lokale Mafiaclan von Avvocato Mandalà geleitet, faktisch jedoch von seinem Sohn Nicola. Dem Clan der Mandalà war es in jenen Jahren gelungen, die alteingesessenen Paten, die Moltalto, zu entmachten, da diese durch Verhaftungen und vor allem durch die internen Auseinandersetzungen mit der traditionellen Mafiafamilie der Di Peri geschwächt waren.

Da die örtliche Mafia neben der Kontrolle öffentlicher Aufträge vor allem im Drogen- und Waffenhandel tätig war, hatte sie die Aufmerksamkeit der örtlichen Drogenfahndung sowie der Carabinieri auf sich gezogen. Außerdem ermittelte auch ein Team der Abteilung für Organisierte Kriminalität in dieser Gegend, mit einem Wort: In Villabate gab es mehr Bullen als Kriminelle.

So konnte man oft eine Carabinieri-Streife beobachten, die sich an die Fersen von Ezio Fontana, Nicola Mandalàs

Mann vor Ort, heftete, der seinerseits auch von einem Wagen der Drogenfahndung oder der Antimafia verfolgt wurde.

Für uns, die wir normalerweise im Verborgenen arbeiten, war es zum Teil sogar schwierig, überhaupt einen Beobachtungsposten zu finden, der nicht schon von den anderen besetzt war. Doch Badami hatte uns hierher geführt, folglich blieb uns keine andere Wahl, als vor Ort zu bleiben.

Deshalb sprachen wir uns mit den Kollegen der anderen Abteilungen ab und legten fest, dass sich jeder nur im äußersten Notfall in der Gegend blicken ließ. Außerdem sollten alle Informationen, die sich aus Beschattungen ergaben, an die anderen Kollegen weitergeleitet werden, um Überschneidungen und doppelte Arbeit zu vermeiden. Unter uns Polizisten war eine solche Absprache ohne weiteres machbar, nicht jedoch mit den Carabinieri, da hätte man eine Anweisung der Staatsanwaltschaft gebraucht.

Wir verwanzten eine Spedition, weil wir sofort begriffen hatten, dass hier außer Obst und Gemüse auch Drogen und Waffen transportiert wurden. Sogar beim Abhören war das Durchladen von Pistolen zu hören.

Nicola Mandalà war kein klassischer Mafioso: Wir waren an Gespräche von Typen wie Tolentino oder La Barbera aus der Generation der dreißiger und vierziger Jahre gewöhnt, traditionsbewusste Mafiaführer, die an den alten Prinzipien von Respekt und Ehrbarkeit festhielten.

Nicola dagegen lebte, obwohl er verheiratet war, quasi offiziell mit seiner Geliebten zusammen, ging häufig zu Prostituierten, amüsierte sich in aller Öffentlichkeit in Nachtlokalen, frönte dem Glücksspiel (darin war er auch als *Geschäftsmann* tätig) und konsumierte ab und zu eine Linie Kokain. Auch Gewalttätigkeiten waren nichts Ungewöhnliches, und oft musste Nicola Mandalà seine Männer wie Ezio Fontana zurückpfeifen, denn mancher von ihnen liebte es, die Menschen kaltblütig zu verprügeln.

Nicolas Vater Nino war der Einzige, der offenbar die Regeln der Cosa Nostra respektierte und sich über das öffentliche Auftreten seines Sohnes grämte. Über allen stand der alte Pate Ciccio Pastoia, Freund von Provenzano und unumstrittener Herrscher von Belmonte Mezzagno, der sich trotz Verbots mit anderen Vorbestraften traf, gern auf dem Land, um nach Abkühlung zu suchen und über Geschäfte zu sprechen, am liebsten unter einem Olivenbaum.

Anders als vor seinem Vater hatte Nicola vor *zio* Ciccio großen Respekt, der an Verehrung grenzte, und von ihm ließ er sich gerne Ratschläge erteilen.

Aus diesem Grund taten wir alles, um möglichst nah an diese Personen heranzukommen. Und schließlich gelang es uns nach vielen Mühen, den Ort aufzuspüren, an dem sie sich trafen.

Mysterien, Maulwürfe und Schildkröten

Obwohl wir alles versucht hatten, mussten wir bald einsehen, dass es keine Chance gab, unbemerkt nach Villabate zu gelangen, um irgendeinen Verdächtigen vor Ort zu beschatten. Sogar eine Überwachungskamera zu installieren war riskant: Dort kannte jeder jeden, und selbst ein Techniker des Stromversorgers ENEL oder der Telecom wurde sofort gefragt, was er da treibe.

Also mussten wir zu einer List greifen: Wir montierten Minikameras am Ortsausgang, und zwar zumeist nachts, wenn niemand unterwegs war. In einigen Fällen gelang es uns sogar, an den Autos von einigen Freunden von Nicola Mandalà GPS-Sender anzubringen.

Mit Hilfe dieser Sender konnten wir eines Tages ein Gespräch zwischen Nicola und Ezio Fontana mithören, die zu einem Treffen unterwegs waren, an dem auch Ciccio Pastoia teilnehmen sollte.

Sofort schickten wir zwei Autos los, die in größerem Abstand dem verwanzten Smart der beiden Mafiosi folgen sollten. Durch Auswertung der Daten (Breiten- und Längengrad) war es uns möglich, den Punkt auszumachen, an dem das Auto angehalten hatte. Es handelte sich um ein abgelegenes Anwesen mitten auf dem Land, in der Nähe von Misilmeri, vor dem mehrere Autos parkten und wo man, wenn auch aus der Ferne, diverse Personen erkennen konnte. Die Kollegen fuhren nicht näher heran, protokollierten aber alles, was sie sahen.

Auf der Rückfahrt hatten wir Glück: Ganz gegen seine Gewohnheit war Nicola Mandalà diesmal äußerst redselig, erzählte von seinem Treffen mit *zio* Ciccio und erwähnte sogar organisationsinterne Fragen, die man dort besprochen hatte. Er gab auch einige Hinweise auf den Ort, an dem das Treffen stattgefunden hatte, und erwähnte einen großen Olivenbaum, der genau im Zentrum des Gehöfts stand.

Noch in derselben Nacht inspizierten wir zusammen mit einem Technikerteam den Ort und plazierten, nachdem wir festgestellt hatten, dass das Haus unbewohnt war, ein paar Wanzen zwischen den Baumwurzeln. Gefunden hätte sie nur der, der sie montiert hatte, denn für ein normales Auge waren sie nicht zu erkennen.

Unterdessen gingen im Büro die mörderischen 24-Stunden-Schichten weiter, während zugleich das Budget für Überstunden gekürzt wurde. Obwohl sämtliche Abteilungen der Polizei Spitzenleistungen erbrachten, fehlte es an entsprechenden Haushaltsmitteln, so dass die Verwaltung am Monatsende häufig nicht in der Lage war, die aufopfernde Arbeit der Palermitaner Polizeibeamten entsprechend zu honorieren.

Oft genug wurden die Überstunden bei uns in der Catturandi schon gar nicht mehr aufgeschrieben. Was uns motivierte, waren eher Spaß an der Arbeit und Pflichtgefühl als das Gehalt.

Deshalb wurde aber nicht weniger gearbeitet, im Gegenteil, unsere Wut sorgte dafür, dass wir noch verbissener an unserem Ziel festhielten, das heißt an der Verhaftung von *zio Binnu*.

Zehn Tage nachdem wir den Olivenbaum verwanzt hatten, hörten wir endlich ein Gespräch, das uns weiterbrachte. Darin fiel der Name Bernardo Provenzano, es hieß, man müsse einen Auftrag für ihn erledigen und ihm danach berichten.

Die Aufregung stieg, als klar wurde, dass mit den Leuten von Villabate und Ciccio Pastoia das nächste und letzte Verbindungsglied zu Provenzano gefunden war. Aber zugleich kam uns ein Zweifel: War es möglich, dass der Boss, der seit mehr als dreißig Jahren der Polizei entkommen war, der Meister des Untertauchens und Schweigens, sich in die Hände eines absolut unvorsichtigen Mafiaclans begeben hatte, der kriminell hyperaktiv war und dessen Vertreter Nicola Mandalà schon seit einiger Zeit im Fadenkreuz von Polizei und Carabinieri stand? Das wäre doch der pure Leichtsinn.

Es gab auch Kollegen, die zu Recht meinten, das Ganze passe nicht zu Provenzanos Vorgehensweise, vermutlich werde sein Versteck von Pastoia oder einem seiner Leute gemanagt, die von unserer Überwachungszone weiter entfernt seien. Doch egal wie es jetzt weitergehen würde, auf jeden Fall waren wir einen entscheidenden Schritt vorangekommen, denn trotz aller Probleme gewannen wir jetzt durch unsere Abhöraktionen und die abgefangenen *pizzini* Einblick in die Geschäfte eines bedeutenden Teils der Cosa Nostra.

Genau zu dieser Zeit geschah etwas Ungewöhnliches. Ein paar Tage nachdem wir das Gespräch unter dem Olivenbaum mitgeschnitten hatten, wurde der Ort plötzlich gemieden, und auch in dem verwanzten Auto wurden keine Gespräche mehr geführt: Offenbar waren unsere »Freunde« plötzlich wieder auf der Hut.

Irgendetwas war passiert. Zuerst dachten wir, man hätte uns vielleicht beim Anbringen der Wanzen beobachtet und die Zuständigen informiert. Aber die Daten stimmten nicht überein: Wir waren nur ein einziges Mal bei dem Baum gewesen, und eine Woche später hatten sich die Mafiosi dort getroffen. Hätten sie davon gewusst, hätten sie sicher nicht so freimütig geredet. Ob sie vielleicht erst danach davon erfahren hatten? Unwahrscheinlich: Wenn einer der Nachbarn – vorausgesetzt es gab überhaupt welche – etwas von unseren Aktivitäten bemerkt hätte, dann hätte er mit seinem Hinweis nicht eine ganze Woche gewartet.

Bei unseren Überlegungen kamen wir schließlich zu einem niederschmetternden Ergebnis: Genau in dem Zeitraum zwischen dem Anbringen der Wanzen und der ersten Aufnahme hatten wir bei der Staatsanwaltschaft die Abhörgenehmigung beantragt.

Wird ein Antrag auf Abhörmaßnahmen bei der Staatsanwaltschaft eingereicht, so ist es trotz aller Geheimhaltung unvermeidlich, dass eine gewisse Anzahl von Personen damit in Berührung kommt, möglicherweise auch zufällig.

Damit wir uns recht verstehen: Wenn ich persönlich einen Beschluss abhole, so kann es passieren, dass ich aus dem Augenwinkel einen anderen Antrag sehe, der gerade auf dem Tisch liegt. Dass man sich umsieht, ist normal, das macht man instinktiv, zumal, wenn man warten muss.

Obwohl wir in unserer Einheit lebhaft über dieses merkwürdige Schweigen der Wanzen diskutierten, kamen wir zu keinem Ergebnis: Wir verwarfen die Annahme, dass es in der Staatsanwaltschaft einen Spitzel gab, ebenso wie wir nie ernsthaft in Betracht zogen, es könnte unter uns einen Spitzel geben. Wir beschlossen jedoch, noch vorsichtiger zu sein, und baten den zuständigen Staatsanwalt Michele Prestipino, die Zahl der Personen, die über unsere Ermittlungen Bescheid wussten, auf ein Minimum zu reduzieren.

Wie wir später herausfanden, war unser anfänglicher Verdacht doch nicht aus der Luft gegriffen. Es gab in der Tat ein paar undichte Stellen, und so kamen die »Bösen« an ihre Informationen.

Doch wir arbeiteten kontinuierlich weiter, ohne Unterbrechung. In dieser Zeit gab es auch einige Morde, und durch das Abhören von Nicola Mandalà und seinen Männern wussten wir, dass sie dafür verantwortlich waren.

Dabei erinnerten wir uns an einige abgehörte Sätze: »Erst machen wir es, und dann sagen wir es dem Onkel.«

Vielleicht ging es dabei um einen Mord.

Die Lage wurde immer komplizierter. Zweifellos hielt sich Provenzano in dem Gebiet versteckt, das wir identifiziert hatten. Auch Mafiosi aus Bagheria und Monreale machten in Villabate Station: *Binnu* musste dort sein.

Dann teilte uns die Staatsanwaltschaft mit, man könne nicht mehr länger warten: Die Beweise gegen die Familie Mandalà seien so erdrückend, dass man die Verhaftung nicht mehr hinausschieben könne. Jetzt war auch die Mordkommission beteiligt, und die Sache wurde immer verzwickter.

In der Zwischenzeit hatten wir ein Gespräch abgehört, bei dem davon die Rede war, jemand müsse aus Ficarazzi »verlegt« werden.

Ausgerechnet in Ficarazzi wohnte einer der engsten Freunde von Nicola Mandalà. Später stellte sich heraus, dass der Vater dieses Freundes Provenzano seinen Personalausweis geliehen hatte, damit dieser nach Frankreich reisen konnte, um sich dort operieren zu lassen.

Wir stellten eine Mega-Überwachung auf die Beine: Ich weiß noch, dass mein Kollege und ich uns als Verkehrspolizisten verkleideten, um die Piazza zu überwachen. Ja, ganz genau: In einem Zivilfahrzeug wären wir sofort aufgefallen, aber als Verkehrspolizisten nahmen die »Freunde der Freunde« keine Notiz von uns, alle fühlten sich sicher und gingen ihren Geschäften nach wie jeden Tag.

Unsere ganze Einheit war auf der Straße, sogar unser Chef Renato Cortese und der Chef der Kripo, Guido Marini.

Wir blieben den ganzen Vormittag auf den Posten. Der Einsatz sollte zwischen elf und zwölf erfolgen, aber irgendetwas ging schief. Vielleicht hatte einer der Ganoven den Braten gerochen. Also schlug jemand Alarm, und der geplante »Transport« fiel aus: Das »Päckchen« wurde nicht befördert.

Anstatt wie geplant Provenzano zu verhaften, sahen mein Kollege und ich uns an diesem Tag mit ganz anderen Aufgaben konfrontiert. Da wir in Uniform und mit einem Wagen der Verkehrspolizei unterwegs waren, kam ein Bürger mit einer verletzten Schildkröte zu uns, die wahrscheinlich angefahren worden war. Obwohl ich ihm erklärte, dass die Verkehrspolizei nicht für verletzte Tiere zuständig sei und er sich an den WWF wenden solle, ließ er sich nicht abwimmeln und verlangte, dass wir uns um das verletzte Reptil kümmerten. Es war Sonntag, und er wollte nicht den ganzen Tag mit der Suche nach einer Organisation zubringen, die geöffnet hätte. Er war stur, sagte, es sei unsere Pflicht, das Tier zu retten, und ließ uns schließlich mit der Schildkröte in der Hand stehen. Dann fuhr er von dannen wie ein vorbildlicher Autofahrer: Sicherheitsgurt angeschnallt, Blinker gesetzt und so weiter.

Die Schildkröte landete bei der Lega Italiana Protezione Uccelli – ich wusste, dass man sich dort eigentlich nur um Vögel kümmert, aber in diesem Fall machten sie eine Ausnahme –, wir fuhren ins Büro zurück und bereiteten uns auf die Nacht vor. Wir mussten einen Haftbefehl für Mandalà und die Seinen beantragen.

Aber auch diesmal erlebten wir wieder eine böse Überraschung: Es war offensichtlich, dass Mandalà von seiner bevorstehenden Verhaftung erfahren hatte. Außerdem stellte sich heraus, dass Provenzano, wegen der vielen Bullen unruhig geworden, beschlossen hatte, die Gegend zu wechseln. Er verließ sein Versteck in Ficarazzi und verschwand. Danach brach er alle Brücken ab, und auch die Verbindung zu Badami wurde auf Eis gelegt.

Folglich mussten wir wieder einmal von vorne anfangen, konnten aber diesmal wenigstens eine große Zahl von Mafiosi hinter Gitter bringen, darunter auch Tolentino und Episcopo.

Provenzano als Hausmeister?

Der Vollständigkeit halber will ich hier noch kurz von einem Zwischenfall berichten, der sich ein paar Wochen nach den Vorkommnissen in Villabate ereignet hat.

Nachdem klar war, dass Provenzano erneut abgetaucht war, versuchten wir, aus unseren alten Zielpersonen, darunter die Mafiafamilien aus Villafrati und Mezzojuso, noch irgendetwas herauszuholen.

Eines Tages, ich weiß nicht mehr wieso, wurde vermutet, dass einer von ihnen nach Palermo fahren würde, um irgendetwas zu erledigen, was, wussten wir allerdings nicht. Wir beschlossen, den Mann zu beschatten, und es begann eine Verfolgung nach Art des Commissario Montalbano (malerische Landschaft, Haltstelle in einem pittoresken Ort, laut hupender Bus und typischer, nussbrauner Fiat Panda, mit zwei supersizilianischen Bullengesichtern darin).

Als die Kollegen sahen, dass der Mann in den Linienbus einstieg, fuhren sie hinter dem Bus her und hielten brav an allen Haltestellen zwischen Villabate und Palermo. Am Hauptbahnhof angekommen, ging der Beschattete, sich misstrauisch umschauend, zur U-Bahn, gefolgt von den beiden Polizisten, die mittlerweile auch zu Fuß unterwegs waren.

Um den Mann auf keinen Fall zu verlieren, kam über Funk die Anweisung, sich aufzuteilen. Einer der Verfolger stieg mit in die U-Bahn ein, der andere ging zum Wagen zurück und hielt über Handy mit seinem Kollegen Kontakt. Die anderen Kollegen aus dem Büro fuhren sofort los und gingen an den jeweiligen U-Bahn-Stationen in Stellung. Sobald eine Haltestelle abgehakt war, wurden die Posten an den anderen verstärkt. Wenn ich daran denke, kommt es mir noch heute vor wie eine Szene aus einem amerikanischen Actionfilm (bis auf die Tatsache, dass es in Palermo höchsten zehn U-Bahn-Stationen gibt).

Schließlich stieg der ältere Herr an der Station Notarbartolo aus und eilte auf den Ausgang zu, wo er bereits von zwei Polizeiwagen erwartet wurde.

An diesem Punkt wurde die Sache kompliziert, denn der Polizist in der U-Bahn meinte gesehen zu haben, wie unser Mann mit einem Entgegenkommenden eine Nachricht austauschte. Dabei war sein Blickfeld teilweise durch eine Säule verdeckt, doch er war überzeugt, der alte Mann habe mit einem mutmaßlichen Komplizen gesprochen oder ihm sogar eine schriftliche Mitteilung zugesteckt.

Daraufhin löste der Polizist Alarm aus, forderte Verstärkung an und verfolgte den Komplizen. Aus der ganzen Stadt wurden Leute unserer Einheit hinzugezogen. Auch ich machte mich zusammen mit einem älteren Kollegen auf, nahm das letzte Auto in der Garage, einen alten Panda mit dem Logo einer öffentlichen Einrichtung, und fuhr zur U-Bahn-Station.

Inzwischen ging unsere erste Zielperson zu einem Haus in der Nähe des Bahnhofs, während der andere – der, das soll nun gesagt sein, mit Provenzano verwechselt wurde – es nun mit der Angst zu tun bekam, weil er sich von drei Bösewichten verfolgt fühlte. Er verließ die U-Bahn-Station und lief auf eine oberirdische Haltestelle zu, als er sich umdrehte und die drei Männer auf sich zustürmen sah.

Vor lauter Schreck fing er an zu rennen, bis ihm ein Polizeiauto den Weg abschnitt und vier Polizisten in Zivil heraussprangen und ihn stoppten. Er begriff nicht, was los war, und versuchte zu reagieren, aber gegen vier bewaffnete junge Polizisten hatte er keine Chance: Er wurde ins

Auto verfrachtet und mit großer Geschwindigkeit ans andere Ende der Stadt gebracht.

Als der Kollege und ich am Bahnhof ankamen, war schon alles vorbei.

In der Zwischenzeit kam über Funk das entscheidende Wort: »positiv!« – was in unserem Jargon heißt: »festgenommen!«

Provenzano festgenommen.

Die Hölle brach los: Noch bevor der Verdächtige in der Dienststelle ankam, verbreitete sich die Nachricht in Windeseile über Funk. Schließlich war es kein Geheimnis, dass wir hinter Provenzano her waren, und als die gesamte Besatzung ausrückte und dann mit einem älteren Mann zurückkam, konnte das nur eins bedeuten: Wir hatten *zio Binnu* geschnappt.

Der Festgenommene wurde verhört, doch auf die Frage, wer er sei, gab er keine Antwort. Man nahm ihm die Fingerabdrücke ab. Nach und nach ergaben sich immer mehr Abweichungen von Bernardo Provenzanos biometrischen Daten, die im Archiv gespeichert waren.

Als der ältere Herr, der zunächst unter Schock gestanden hatte, allmählich begriff, worum es ging, brach er endlich sein Schweigen und begann zu reden: Er gab seinen Namen und seine Adresse an und erklärte, er arbeite als Hausmeister in einem Wohnhaus. Um seine Aussage zu beweisen, fügt er hinzu, dass der stellvertretende Polizeipräsident in seinem Haus wohne, den er seit Jahren kenne.

Während uns in der Einheit allmählich dämmerte, dass wir einen Superflop gelandet hatten, trafen unten vor dem Gebäude langsam die ersten Journalisten ein. Zwar wurde ihnen sofort mitgeteilt, dass es sich um eine Verwechslung handelte, aber nun war das Kind schon in den Brunnen gefallen.

Als wir den fälschlicherweise Festgenommenen fragten, was er denn am Bahnhof gemacht habe, verstand er gar nicht, was wir von ihm wollten. Gar nichts hatte er dort gemacht: Er war nur dort ausgestiegen, um seine Tochter abzuholen, die bei einer Klassenkameradin war. Getroffen habe er auch niemanden. Dann, auf drängendes Nachfragen hin, fiel ihm wieder ein, dass er einen Mann aus seinem Heimatort gegrüßt hatte, fast im Vorbeigehen, ein kurzer Handschlag, eine Sache von Sekunden.

Einer aus seinem Heimatort? Woher denn? Die Antwort ließ uns erstarren: Rein zufällig stammten der unschuldige Hausmeister, der seit fünfundzwanzig Jahren in Palermo lebte, und sein Freund, dem er am Bahnhof begegnet war, beide aus Villafrati. Deswegen hatten sie sich gegrüßt!

Man brachte dem Mann eine Stärkung, er durfte seine Angehörigen anrufen, die sich aufgrund seines Verschwindens schon Sorgen gemacht hatten, und alle entschuldigten sich formell bei ihm.

Dann wurde er nach Hause gefahren, wo er schon von einer Horde Journalisten erwartet wurde, die ihm einen Tag Berühmtheit und einen Platz in der Geschichte als Doppelgänger von Bernardo Provenzano bescherten, auch wenn ich mir sicher bin, dass er darauf liebend gern verzichtet hätte. Und wir noch lieber.

Bei den weiteren Ermittlungen ergab sich noch eine Überraschung: Der Typ, mit dem alles angefangen hatte und den wir ursprünglich in Verdacht hatten, hatte tatsächlich etwas zu verbergen. Zwar war er nicht wegen irgendwelcher Mafiageschäfte nach Palermo gefahren, sondern um ins Bordell zu gehen. Deshalb hatte er sich so auffällig benommen und alles getan, damit seine Familie nichts davon erfuhr.

Wirklich eine unvergessliche Geschichte.

Kapitel 5

Die Lo Piccolos und all die anderen

Die Catturandi wird geteilt:
Es entsteht die Gruppe Duomo

Nach den Ereignissen von Villabate und der Verhaftung von Pino Lipari und seiner kriminellen Genossenschaft im Rahmen der Operation Grande Mandamento waren wir alle bereit, dort weiterzumachen, wo wir aufgehört hatten. Aber es kam alles anders als erwartet. Der Chef der Kripo, Guido Marino, wurde befördert und ins Polizeipräsidium versetzt, während Renato Cortese zur Zentraldirektion für Operative Einsätze in Rom wechselte und unsere Abteilung nun von Cono Incognito geleitet wurde, der seit einigen Monaten Corteses Vize gewesen war. Einen Chef wie Marino zu verlieren, wäre allein schon ein schwerer Schlag für uns gewesen, aber dann auch noch Cortese, das war wirklich zu viel.

Wir verstanden nicht, was das sollte: Bernardo Provenzano war noch immer in Freiheit, sieben Jahre unseres Lebens hatten wir darauf verwendet, ihn zu jagen, und jetzt, wo es uns gelungen war, sein Umfeld zu zerstören, sollte plötzlich alles vorbei sein. In Wirklichkeit hatte die Verwaltung ganz andere Pläne, und das sollten wir schon bald merken.

Renato Cortese und Cono Incognito setzten eine Versammlung im Büro des Chefs an, der auch als Besprechungsraum diente, um uns die große Neuigkeit mitzuteilen: Die Zentraldirektion für Operative Einsätze in Rom hatte beschlossen, eine Sonderkommission speziell zur Ergreifung von *zio Binnu* zu bilden, und diese Kommission sollte aus einigen Männern unserer Einheit und zusätzlichem Personal aus Rom bestehen.

Das war schweres Geschütz, noch heute höre ich den Knall. Die Reaktionen waren vollkommen unterschiedlich: Wut, Empörung und Resignation mischten sich mit Hoffnung, Optimismus und Bewunderung.

Die einen sahen in dieser eindeutig politischen Entscheidung den Versuch, eine Abteilung zu zerstören, die in zehn Jahren die wichtigsten Mafiabosse hinter Schloss und Riegel gebracht hatte; die anderen, die ich heute vielleicht als weitsichtig bezeichnen würde, begriffen schnell, worauf es ankam und was zu tun sein würde, um ein gutes Team zu bilden.

In Rom hatte sich die Erkenntnis durchgesetzt, dass man bei der Jagd nach Provenzano auf unsere Erfahrung als Ortskundige nicht verzichten konnte. Deshalb entschloss man sich trotz unserer widersprüchlichen Gefühle zu einer mutigen Maßnahme: Unser erfolgreiches Team wurde aufgeteilt. Ein Teil kam zur sogenannten Duomo-Gruppe, benannt nach ihrem Sitz in den Räumen des alten Kommissariats Duomo-Palazzo Reale, während der andere Teil, d. h. die alte Catturandi, an den übrigen Fällen flüchtiger Mafiosi weiterarbeiten sollte.

Wie Cortese und Incognito ihre Teams zusammenstellten, das erinnerte ein bisschen daran, wie es früher zuging, wenn wir als Kinder beim Fußball zwei Mannschaft bildeten: Natürlich wollte jeder eine gute Mannschaft und ver-

179

suchte deshalb, sich für alle Positionen – Spitzenleute, Stürmer, Verteidiger, Außenstürmer und so weiter – die Besten zu sichern.

Die Duomo-Gruppe bekam ihre Abhör-, Auswertungs- und Beschattungsexperten. Dazu kamen die Kollegen aus Rom, insgesamt etwa zwanzig Personen.

In unserer Dienststelle verblieben weniger als vierzig Leute, darunter auch ich. Der neue Kripo-Chef Peppino Gualtieri schärfte uns ein, dass wir nun keineswegs Polizisten zweiter Klasse seien, forderte uns auf, unser Bestes zu geben, und versprach uns wichtige Fälle.

Namen nannte er keine, aber für uns war klar, dass es um Salvatore Lo Piccolo oder seinen Sohn Sandro ging oder um beide. Diese Aussicht war ein echter Vertrauensbeweis, so dass wir nun zuversichtlich in die Zukunft sahen, während unsere Kollegen, die versetzt wurden, ein bisschen verlegen und melancholisch das Büro verließen, in dem wir so lange erfolgreich zusammengearbeitet hatten.

Incognito, die unbekannte Größe

Für uns war es nicht leicht, uns an den neuen Zuschnitt der Abteilung und an den neuen Chef Cono Incognito zu gewöhnen. Wir waren an den Führungsstil von Renato Cortese gewöhnt, dessen Maxime hieß: sich abrackern, schwitzen, keine Pause. Also ununterbrochen arbeiten. Incognito – allein dieser Nachname sprach Bände, denn er wirkte wie eine Anspielung auf all unsere Ängste vor dem Sprung ins Ungewisse.

Aber er trat eher zurückhaltend auf, fast wie auf Zehenspitzen. Obwohl er schon seit geraumer Zeit bei uns arbeitete, hatte er doch immer im Schatten unseres älteren Chefs gestanden, und eigentlich wussten wir noch gar nicht so recht, was wir von ihm halten sollten.

Im Gegensatz zu Renato Cortese lautete sein Motto eher: Ruhe und Gelassenheit. Eine Ruhe und Gelassenheit, deren Bedeutung uns jedoch erst nach und nach aufgehen sollte. Mit Trägheit hatte das gar nichts zu tun, im Gegenteil. Vielmehr mit geduldigem Abwarten, unermüdlicher Arbeit, großer Fähigkeit zum Analysieren. Kurz gesagt war unser neuer Chef, wie wir bald heraufanden, als Mensch und Polizist zwar ein ganz anderer Typ als sein Vorgänger, aber absolut gleichwertig.

Auf intelligente Weise schaffte er es, die Lücken zu schließen, die durch den Weggang der Kollegen entstanden waren: Im Laufe der Jahre hatte sich jeder von uns auf eine bestimmte Aufgabe spezialisiert und sich darin zum anerkannten Experten entwickelt. Jetzt galt es, die Verbliebenen wieder zu einer schlagkräftigen Truppe zusammenzuschweißen, die einen stärker zu fordern und andere, die immer unter Strom standen, zu bremsen. Incognito setzte alles daran, das neue Team zu konsolidieren, was ihm, im Lichte der nachfolgenden Erfolge, auch tatsächlich gelang.

Im Übrigen hatte Incognito das Metier von der Pike auf gelernt und reichhaltige Erfahrungen gesammelt: als Leiter des großen Kommissariats in Termini Imerese, als Sonderkommissar einer Gemeinde, deren Bürgermeister wegen Mafianähe abgesetzt worden war. Bevor er zur Catturandi kam, leitete er das Kommissariat Oreto, hatte also die besten Referenzen, die seinen Fähigkeiten absolut entsprachen.

Noch heute muss ich lachen, wenn ich an den Tag denke, als er bei uns anfing. An diesem Tag ging ein Kollege, der wegen seiner unverblümten, manchmal fast unverschämten Art bei mir nur »der Klotz« heißt, ins Sekretariat und fragte den Diensthabenden, wie der neue Chef nun wirklich heiße.

Dieser antwortet: »Incognito«.

Vollkommen ernst sah der Klotz ihn an und brüllte: »Schluss jetzt! Wir sind hier eine Familie. Was soll das mit dem ›Incognito‹. Wenn er hier bleiben will, muss er uns seinen richtigen Namen sagen. Kapiert?«

Und ohne weitere Erklärungen abzuwarten, verließ er den Raum, wobei er den armen Kollegen noch mal schief anguckte, weil dieser Blödmann seines Erachtens das Geheimnis unbedingt für sich behalten wollte, und knallte die Tür hinter sich zu.

Es ist wohl überflüssig zu sagen – aber vielleicht auch nicht, denn ein Fremder könnte noch daran zweifeln –, dass unser Chef wirklich Cono Incognito heißt, das ist kein Deckname. Außerdem gibt es bei der Polizei keine Abteilungsleiter, die unter Pseudonym arbeiten.

Das ist noch eine von den Geschichten, die immer wieder unter lautem Gelächter erzählt und – für mündliche Überlieferung typisch – immer weiter ausgeschmückt werden, wenn wir uns mal in unserer Freizeit treffen, um ein paar Gläser zu heben.

Doch zurück zur Einsetzung von Incognito. Nachdem er formal den Posten übernommen hatte und die Kollegen von der Duomo-Gruppe weg waren, rief er uns am gewohnten Ort zusammen und hielt seine erste Rede als neuer Chef.

Dabei zählte er unsere früheren Erfolge auf, betonte, dass wir allen Grund hätten, stolz auf unsere Arbeit zu sein, immerhin hätten wir den Ruf der Polizei wesentlich verbessert. Dann nahm er eine Art Erinnerungsalbum zur

Hand: Zeitungsartikel, lobende Briefe, Beförderungen aufgrund außerordentlicher Verdienste, die Gratulation der höchsten staatlichen Amtsträger und Anerkennungsschreiben ausländischer Behörden. Das war unsere Einheit, und unsere Einheit, das waren wir. Doch die Arbeit gehe weiter, wir müssten jetzt am Ball bleiben, dürften den Kopf nicht hängen lassen, sollten vielmehr immer daran denken, dass unsere Kollegen ja nicht aus der Welt seien. Sobald sie ihre Aufgabe erfüllt hätten, würde jeder Einzelne von ihnen in die Abteilung zurückkehren, dort wieder seinen Platz einnehmen und alles würde wieder so wie früher.

Eine kluge, ausgewogene Rede, doch die Trennung tat immer noch weh. Trotzdem fügten wir uns in das Unvermeidliche. Was hätten wir auch sonst tun sollen?

Auf echte Begeisterung stieß hingegen die folgende Ankündigung. Cono Incognito nahm den Ordner, der vor ihm auf dem Schreibtisch lag, und eröffnete uns, dass sich der neue Polizeipräsident, Giuseppe Caruso, und die Distriktleitung der Antimafia dazu entschlossen hätten, uns mit dem Fall Salvatore und Sandro Lo Piccolo zu betrauen. Das war eine richtige Überraschung, denn anfänglich sollten wir uns nur um einen ebenfalls flüchtigen, kleineren Boss kümmern.

Nun standen wir vor einer Riesenaufgabe, vor allem im Hinblick auf die geringe Zahl der verbliebenen Mitarbeiter. Doch unsere Vorgesetzten, einschließlich des neuen Kripo-Chefs Gualtieri, hatten sich dafür stark gemacht, dass man uns diesen Fall zuteilte, folglich konnten wir schlecht nein sagen. Jetzt arbeiteten wir zwar in zwei kleineren Gruppen, das stimmte, doch wir hatten es immer noch mit den drei wichtigsten Mafiosi der Provinz Palermo zu tun: Bernardo Provenzano und die beiden Lo Piccolos. Wirklich ein titanisches Unterfangen.

Mit vereinten Kräften

So wie unsere Kollegen von der Duomo-Gruppe bei ihrer Suche nach Provenzano setzten auch wir bei den Lo Piccolos bei den Angehörigen an.

Als Erstes wurden die Telefonanschlüsse von Salvatores Ehefrau und die seines Sohnes Claudio überwacht, der als einziger der drei Sprösslinge noch in Freiheit war. Sandro, der jüngste, wurde gesucht, und Calogero, der zweitälteste, saß damals im Gefängnis. Blieb also nur Claudio, der Älteste, der bis zu diesem Zeitpunkt offenbar nicht in die »Geschäfte« der Familie eingebunden war. Er betrieb eine Autowaschanlage in Cardillo, war verheiratet und hatte eine erst wenige Monate alte Tochter.

Außer den Familienangehörigen überwachten wir noch einige Personen, die nach unseren Erkenntnissen für die Cosa Nostra tätig waren. Dazu gehörte Maurizio Sparato, der heute mit der Justiz zusammenarbeitet, damals jedoch zu Giovanni Bonanno gehörte, dem Boss von Resuttana, der einige Zeit später auf Anweisung von Vater Lo Piccolo ermordet wurde. Außerdem behielten wir eine Mafiagruppe aus Carini im Auge, darunter Gaspare Pulizzi, damals noch ein junger Handlanger (und noch nicht flüchtiger Boss) im Dienst von Antonino Pipitone, der zu der Zeit in jenem Gebiet das Sagen hatte. Und schließlich die Familie Gallina, deren aufstrebender Sprössling jener Freddi (Ferdinando) war, der später wie Pulizzi untertauchte und ein paar Tage nach der Operation Giardinello gemeinsam mit einem unverdächtigen Paar, das ihn versteckt hatte, gefasst wurde.

Eine Riesenaufgabe, die von 2002 bis 2007 neben der Verhaftung aller Gesuchten auch zur Identifizierung und Verhaftung Dutzender Mafiosi führte, zur Beschlagnahmung von Gütern im Wert von mehreren Millionen Euro und zur Aufdeckung zahlloser schwerer Straftaten wie Mord, Raub, Erpressung, Wucher usw.

Außerdem gelang es mit Hilfe einer geradezu unglaublichen Zahl von neuen Kronzeugen, in mehr als zwei Mafiabezirken, darunter neben Palermo auch viele Orte der Provinz, Jahre illegaler Aktivitäten der Mafiaclans aufzuklären.

Der Schaden für die Cosa Nostra war so groß, dass sich Unternehmer und Unternehmerverbände zum ersten Mal in der Geschichte nicht nur zu öffentlichen Antimafia-Erklärungen bereitfanden, sondern auch als Nebenkläger auftraten und in ihre Statuten neue Regeln aufnahmen, wonach jeder, der Schutzgeld bezahlt und keine Anzeige erstattet, aus dem Unternehmerverband ausgeschlossen werden kann.

Von da an formierte sich auch in der Zivilgesellschaft der Widerstand, zahlreiche Initiativen wurden ins Leben gerufen, und ich glaube, dass eine Bewegung wie Addiopizzo ohne die hart erkämpften Erfolge der Polizeiarbeit nicht solchen Zulauf gehabt hätte. Ermöglicht wurden diese Erfolge, das sei hier der Ehrlichkeit halber erwähnt, nur dadurch, dass alle Polizeieinheiten ihren Beitrag lieferten, in erster Linie die Antimafia-Abteilung der Kriminalpolizei, für die ja jetzt zwei Gruppen arbeiteten, aber auch die Carabinieri und die Finanzpolizei. Mit vereinten Kräften schufteten alle für ein gemeinsames Ziel.

So arbeiteten wir beispielsweise speziell im Fall Lo Piccolo eng mit einem Superteam der Finanzpolizei zusammen. Diese Kollegen waren wirklich spitze, standen der legendären Catturandi in nichts nach, waren wie wir stets bereit, alles zu geben und sich von tausenderlei Schwierigkeit nicht abschrecken zu lassen. Noch heute liefert ihre Arbeit speziell im Bereich Geldwäsche zahlreiche Ansatzpunkte für neue komplexe Ermittlungen.

Dank ihrer hochprofessionellen Herangehensweise gelang es, den Buchhalter der Mafia, Avvocato Marcello Trapani, zur Zusammenarbeit mit der Justiz zu bewegen. Er war eine Schlüsselfigur, weil er in alle kriminellen Machenschaften der Lo Piccolos eingeweiht war. Es würde mich gar nicht wundern, wenn sich daraus in Zukunft noch weitere, interessante Erkenntnisse ergäben.

Die Herrschaft der Mafia beruht nicht nur auf Gewalt

Bei unseren Ermittlungen im Fall Lo Piccolo wurde mir zum ersten Mal klar, was es eigentlich bedeutet, ein Gebiet zu kontrollieren.

Ganze Viertel werden von jungen Mafiamitgliedern überwacht, die den lieben langen Tag auf der Straße zubringen, um alles genauestens zu beobachten und jedes noch so kleine, eventuell verdächtige Vorkommnis sofort ihrem Chef zu melden, der dann persönlich entscheidet, was zu tun ist. Wenn beispielsweise ein Mitarbeiter der Telefongesellschaft auf einen Leitungsmast steigt, um dort irgendwelche Arbeiten auszuführen, dann eilt sofort jemand herbei und verlangt einen Ausweis; und falls die Antwort nicht zufriedenstellend ausfällt, geben die Herren der Mafia Anweisung, den Mann zu entfernen.

Ich weiß noch, wie einem Mafiamitglied aus Cardillo, einem Stadtteil von Palermo, eines Tages aufgefallen war, dass neben dem normalen Telefonkabel ein weiteres Kabel verlief. Als wäre es das Normalste von der Welt, begab sich der Mann daraufhin in das zuständige Büro der Telefongesellschaft und schleppte den Verantwortlichen mit, um sich vor Ort erklären zu lassen, was es mit dem verdächtigen Kabel auf sich hatte. In gutem Glauben versicherte der Zweigstellenleiter, dass es sich vermutlich um das Kabel einer anderen Firma handle, mit Videoüberwachung (danach hatte sich der Mafiamann erkundigt) habe das aber bestimmt nichts zu tun.

Als der Büroleiter später von uns befragt wurde, erklärte er, solche Nachfragen seien durchaus keine Seltenheit, auch Drohungen habe es schon gegeben, immer wenn sie einen Schaltkasten oder ein Kabel neu montierten, komme sofort jemand angerannt, um sich genauestens danach zu erkundigen. Deshalb habe er seit einiger Zeit auch Anweisung, bei derartigen Nachfragen stets anzugeben, dass es sich um Material der Telefongesellschaft oder anderer Betreiber handele. Doch inzwischen hatten sich seine Vorgesetzten an das Polizeipräsidium gewandt, um von dort Verhaltensmaßregeln zu erbitten.

In anderen Fällen war es dagegen schlechter gelaufen.

Einmal wurden zwei unserer Leute, die sich beim Montieren einer Videokamera in Cruillas, einem anderer Stadtteil von Palermo, als ENEL-Mitarbeiter verkleidet hatten, von zwei Typen attackiert und zum Aufhören gedrängt. Als die Angreifer sahen, dass sich die vermeintlichen Arbeiter nicht von ihrer Arbeit abbringen ließen, griffen sie zu härteren Mitteln, schlugen die Rückspiegel des Lieferwagens ein und gaben zu verstehen, dass als Nächstes die Arbeiter selbst an der Reihe seien.

Zunächst ließen sich unsere Männer im Monteuranzug nicht aus der Ruhe bringen, schließlich stand zu ihrer Deckung eins unserer Fahrzeuge bereit, beschlossen dann aber doch, die Sache lieber abzubrechen, zumal es unter diesen

Umständen ohnehin unmöglich war, die Installation abzuschließen. Wenig später wurden die aufdringlichen jungen Leute von ein paar *zufällig* vorbeifahrenden Streifenwagen kontrolliert. Dabei stellte sich heraus, dass es sich um lokale Kleinkriminelle handelte, die bereits wegen Drogenhandel und Raub vorbestraft waren: Die üblichen Wachposten, die angesichts des ENEL-Lieferwagens Verdacht geschöpft und einfach auf eigene Faust gehandelt hatten.

Ich könnte noch Dutzende solcher Geschichten erzählen, aber ich glaube, diese allein reicht schon aus, um deutlich zu machen, mit welchen Schwierigkeiten wir in unserer Arbeit täglich zu kämpfen haben.

Zu dieser Art ständiger Kontrolle des Territoriums durch die Handlanger der Mafia kommt noch eine ziemlich perverse hinzu, die sich aus der niederträchtigen Übereinkunft von Erpresser und Opfer ergibt. Denn tatsächlich kommt es oft vor, dass derjenige, der erpresst wird – ein Geschäftsmann beispielsweise –, selbst den Wachposten spielt und seinen Erpresser telefonisch informiert, wenn einer unserer Streifenwagen in der Nähe ist.

Dieses Phänomen scheint unglaublich, beweist aber ohne jeden Zweifel, worauf Justiz und Soziologie immer wieder hinweisen, dass nämlich der Erpresste durch die Zahlung von Schutzgeld nicht nur Schutz für sich und seine Geschäftstätigkeit kauft, sondern in Wahrheit mit dem Erpresser gemeinsame Sache macht, zum Vorteil beider.

Ganz zu schweigen von der stillschweigenden Komplizenschaft der Banken und öffentlichen Einrichtungen: Bei unseren Ermittlungen wurden zahllose Fälle von manipulierter Auftragsvergabe, getürkten Ausschreibungen, Absprachen zwischen Politik und Mafia, illegalen Investitionen und Geldwäsche, Verstößen gegen die gesetzlichen Vorschriften über Bankkredite und Girokonten und vieles andere aufgedeckt. Daher ist es auch kein Zufall, dass diverse Gemeinden unter staatliche Zwangsverwaltung gestellt wurden, viele Gemeinderäte auf der Anklagebank endeten und manche auch verurteilt wurden.

Wenn von Mafia die Rede ist, denke ich auch und vor allem an solche Verhältnisse, nicht nur an die Gesichter von Bernardo Provenzano und Totò Riina.

Ein gutes Beispiel hierfür ist der Fall von Claudio Lo Piccolo und seiner Autowaschanlage, die er nach einem kritischen Bericht der Rai-Tre-Sendung *Report* Hals über Kopf schließen musste. Dieser Umstand änderte jedoch nichts daran, dass er anschließend aus unerklärlichen Gründen von der Stadtreinigung Amia den Auftrag erhielt, die gesamte Wagenflotte der Amia zu reinigen. Wie kann es sein, dass dieser Auftrag ausgerechnet an den Sohn eines flüchtigen Mafioso vergeben wird? Gibt es in ganz Palermo keine andere geeignete Waschanlage?

Oder ein anderer Fall: Als einmal in ganz Palermo der Strom ausfiel, rief Claudio Lo Piccolo ungeniert einen Freund bei der ENEL an, damit dieser ihm ein Team schickte, um den Strom in seinem Ferienhaus wieder anzuschalten. Ganz Palermo saß im Dunkeln, nur Lo Piccolo nicht, er hatte es gemütlich in seinem Haus am Meer, mit Licht und allem Komfort.

Die Macht der Mafia beruht also nicht nur auf Gewalt, sondern vor allem auf der Kontrolle ihres Territoriums und dem stillschweigenden Einverständnis vieler Mitbürger.

Deshalb ist es meines Erachtens im Kampf gegen die Mafia am wichtigsten, sie an der Kontrolle über ganze Gebiete zu hindern.

Auf welcher Seite stehen die Banken?

Um deutlich zu machen, wie sich mafiöse Strukturen und die entsprechende Subkultur im Alltagsleben auswirken, möchte ich an dieser Stelle von einem ganz persönlichen Erlebnis berichten.

Wenn man als Alleinverdiener eine Familie zu versorgen hat, wird es am Monatsende – und das Problem kennt meines Erachtens jeder – bisweilen finanziell etwas eng. Dann kann eine unvorhergesehene Ausgabe leicht dazu führen, dass man seinen Dispokredit bei der Bank überziehen muss, wenn auch nur um ein paar Euro. Jetzt werden Sie sich sicher fragen, was das mit der Mafia zu tun hat. Ich komme sofort auf den Punkt.

Eines Morgens bekam ich einen Anruf vom Filialleiter meiner Bank, der mich ziemlich undiplomatisch aufforderte, umgehend zwanzig Euro einzuzahlen, weil mein Girokonto um diesen Betrag im Minus war. Ich wandte ein, es sei doch gerade Monatsende, und in ein paar Tagen würde ohnehin mein Gehalt überwiesen. Doch der Filialleiter blieb unnachgiebig und erklärte mir, er könne die Überziehung nicht dulden. Wenn ich nicht sofort eine Einzahlung vornehme, müsse er mein Girokonto sperren, und damit sei dann auch die Gutschrift meines Gehaltes blockiert.

Also blieb mir, obwohl es mir sehr peinlich war, nichts anderes übrig, als von meinem Vater Geld zu leihen, und ich trug dann noch am selben Morgen pflichtschuldig zwanzig der fünfzig geliehenen Euro zur Bank. Wie der Zufall so spielt, traf ich dort einen Mann an, der wegen Unterstützung eines Flüchtigen verdächtigt und von unserer Einheit observiert wurde.

Die Sache machte mich neugierig, weil der Verdächtige nach unseren Ermittlungen bei diesem Geldinstitut gar kein Konto unterhielt. Doch sein freundschaftlicher und vertrauter Umgang mit dem Filialleiter ließ keinerlei Zweifel daran, dass die beiden sich gut kannten.

Der mutmaßliche Unterstützter unterschrieb ein Formular, das der Filialeiter dann auf seinen Schreibtisch legte, stand auf, verabschiedete sich und ging. Aus dem Augenwinkel verfolgte ich ihn, doch eigentlich interessierte mich das Blatt auf dem Schreibtisch wesentlich mehr. Ich gab mir einen Ruck und beschloss, obwohl ich von Natur aus nicht streitsüchtig bin, an diesem Tag eine Auseinandersetzung vom Zaun zu brechen. Nachdem ich das Geld an der Kasse eingezahlt hatte, klopfte ich mit der Quittung in der Hand laut an die halbgeschlossene Tür des Filialleiters.

Er hob den Blick, sah mich ein wenig verwirrt an und fragte nach meinem Anliegen. Dabei muss ich betonen, dass er mich nicht kannte. Wie auch, ich habe ja kein dickes Konto, weder bei seiner noch bei irgendeiner anderen Bank, also war klar, dass er mich nicht kannte.

Ich trat ein und stellte mich vor: Ich erklärte ihm, dass ich derjenige sei, den er heute Morgen wegen einer Überziehung von zwanzig Euro angerufen habe. Vielleicht weil er an Streit gewöhnt war oder aus Resignation forderte er mich mit einer Handbewegung auf, Platz zu nehmen. Dann leierte er die übliche Litanei herunter, sprach von der Verantwortung, die er nicht übernehmen könne, und so weiter und so fort. Ich hielt dagegen, hob die Stimme und sagte ihm unumwunden, das sei doch lächerlich. Während ich so ein bisschen Theater spielte, konnte ich einen Blick auf das Formular erhaschen, das vor ihm lag, und prägte mir Namen und Vornamen des Verdächtigen ein. Es handelte sich um einen Einzahlungsbeleg über 2 500 Euro, und der feine Herr hatte es offenbar nicht nötig, sich deshalb wie ich und jeder Normalsterbliche an der Kasse anzustellen.

Nachdem der Filialleiter und ich wie gute Palermitaner bei einem Espresso Frieden geschlossen hatten, gaben wir uns die Hand, und ich eilte sofort ins Büro, um den Namen zu überprüfen.

Ich forderte von der Zentrale der Bank alle einschlägigen Unterlagen an und stellte mit großem Interesse fest, dass Signor X in dieser Filiale unter falschem Namen ein Konto mit einem Überziehungskredit in Höhe von 250 000 Euro unterhielt. Weiterhin von Interesse war der Umstand, dass besagtes Konto auf den Namen eines nichtsahnenden, arbeitslosen Mitbürgers lief.

Nun frage ich mich: Wie kann ein Filialleiter, der bei einem Staatsangestellten, dessen Gehalt regelmäßig aufs Konto überwiesen wird, nicht mal ein Minus von zwanzig Euro auf seine Kappe nehmen kann, einem anderen Kontoinhaber, der gar kein Einkommen hat, einen solchen Überziehungskredit einräumen?

Aufgrund der folgenden Ermittlungen wurde der Filialleiter der Bank angezeigt, vom Dienst suspendiert und später entlassen. Wie in solchen Fällen üblich wurde das Guthaben von den Justizbehörden zunächst eingefroren, und später, als geklärt war, woher das Geld stammte, konfisziert.

Obwohl der Verantwortliche ausgetauscht wurde, entschloss ich mich, die Bank zu wechseln, und heute passe ich besser auf und rechne alles vorsorglich bis auf den Cent genau nach. Noch eine derartige Unregelmäßigkeit würde mein Vertrauen in das Bankensystem erschüttern, und das wäre doch wirklich zu deprimierend.

Späte Revanche

Vor langer Zeit, im März 1973, wandte sich ein 32-jähriger Mann – er war noch jung, obwohl er mit seiner zotteligen Frisur und dem irren Blick älter wirkte – an den Wachposten des Einsatzkommandos der Kriminalpolizei von Palermo und verlangte, den damaligen Chefermittler Bruno Contrada zu sprechen.

Obwohl er den Mann für einen dahergelaufenen Spinner hielt, meldete der Wachposten ihn im Sekretariat an, und kurz darauf wurde er von einem Mitarbeiter der Abteilung abgeholt und in den ersten Stock zu Contrada gebracht.

Der mutmaßlich Verwirrte hieß Leonardo Vitale, Spitzname Joe Valachi aus Altarello di Baida, ein richtiger Ehrenmann, der in einem Anfall von echten Gewissensbissen sich selbst und die »Freunde der Freunde«, darunter Bernardo Provenzano, Michele Greco, Totò Riina und den damals noch jungen Vito Ciancimino anzeigen wollte.

Obwohl er sämtliche Straftaten der Cosa Nostra verriet, bekam Vitale keine neue Identität und wurde nicht in ein Schutzprogramm aufgenommen. Im Gegenteil. Man brachte ihn in die Irrenanstalt in Barcellona Pozzo in Gotto, in der Provinz Messina, und hielt ihn zehn Jahre lang dort fest. Zwei Monate nach seiner Entlassung wurde er dann beim Verlassen der Kirche vor den Augen seiner Angehörigen erschossen.

Diese Geschichte aus den siebziger Jahren erwähne ich deshalb, weil eine andere Geschichte im Jahre 2005 ganz ähnlich anfing: Ein junger Mann, Angelo La Manna, meldete sich beim Einsatzkommando genauso wie dreißig Jahre zuvor Leonardo Vitale. Auch er wollte den Chef sprechen, diesmal Cono Incognito.

Zwar war Angelo La Manna selbst kein Mafiamitglied

wie Vitale, außerdem war er wesentlich jünger und kannte weder Totò Riina noch Provenzano, aber er war aufgeweckt und vor allem arbeitete er als Fahrer für Nino Pipitone, den unumschränkten Boss von Carini.

Auch bei La Manna hatte der Posten den Eindruck, er habe es mit einem Spinner zu tun, und wollte ihn schon wegschicken. Doch während La Manna noch herumbrüllte, er müsse unbedingt mit jemandem von der Catturandi sprechen, kam zum Glück gerade Michele vorbei, einer unserer ältesten und erfahrensten Kollegen, der die Situation sofort erfasste, den Mann beruhigte und zu uns brachte.

Die Aussage von Angelo La Manna war wirklich aufschlussreich: Schon lange waren wir der Überzeugung, dass wir mit unseren Ermittlungen auf der richtigen Spur waren, und seine Aussage bestätigte unseren Verdacht.

Zusammen mit anderen Ehrenmännern, darunter Gaspare Pulizzi, stand Nino Pipitone direkt unter dem Befehl der Lo Piccolos. La Manna hatte die Lo Piccolos zwar nie getroffen, aber das war normal, da er offiziell nicht zu deren Clan gehörte. Er machte die Drecksarbeit für den Carini-Clan, im Auftrag von Pipitone. Wenn ein Geschäftsmann kein Schutzgeld bezahlen wollte, wurde Angelo zu ihm geschickt, um ihm »Bescheid zu sagen«. Wenn der Unglückliche immer noch nicht verstand, zerstach man ihm die Reifen seines Wagens oder fackelte die Rollgitter seines Geschäftes ab.

Als er kurz davor stand, in die Organisation aufgenommen zu werden, bekam Angelo La Manna plötzlich Skrupel, denn er wusste, dass er nun die Feuertaufe bestehen und einen Mord begehen musste. Dabei war das Opfer, so La Mannas Aussage, stets in Begleitung seines kleinen Sohnes, und Angelo, der selbst Vater war, weigerte sich entschieden, das Todesurteil zu vollstrecken, zumal er befürchtete, dabei das Kind zu treffen.

Doch wer bei der Cosa Nostra einen Befehl verweigert, wird im Handumdrehen vom Henker zum Opfer. Für La Manna war die Sache gelaufen: Er hatte das Vertrauen seiner Gönner missbraucht und wusste außerdem viel zu viel über ihre Geschäfte.

In seiner Verzweiflung erinnerte sich Angelo an die Worte seines Vaters, die dieser ihm bei einem Besuch im Gefängnis mitgegeben hatte: Die Einzigen, denen man vertrauen kann, sind die Leute von der Catturandi. Als ihm diese Worte plötzlich wieder einfielen, war das für den gescheiterten Killer wie eine Erleuchtung. Mit der größten Selbstverständlichkeit kam er daraufhin einfach zu uns, machte seine Aussage und berichtete von den schlimmsten Untaten der Bande, zu der er bis vor kurzem noch selbst gehört hatte.

Um geheim zu halten, dass Angelo nun mit der Justiz zusammenarbeitete, ging Michele mit Angelo zu dessen Mutter und erzählte ihr, er sei Maurer, habe in Norditalien Arbeit auf dem Bau gefunden und werde Angelo als Hilfsarbeiter mitnehmen; deshalb müssten sie sofort abreisen. Hochzufrieden küsste die Frau ihren Sohn und auch den vermeintlichen Onkel und erklärte, wie froh sie sei, dass Angelo endlich zur Vernunft gekommen sei und arbeiten wolle. Sie verabschiedete sich auch von der Schwiegertochter und der Enkelin, die mit nach Norditalien gehen würden, und ermahnte alle, sich zu melden, sobald sie sich im Norden eingerichtet hätten.

Dank der Aussagen von Angelo La Manna konnten zahllose Mafiamitglieder verhaftet und verurteilt werden. Außerdem wurden Vermögenswerte in Millionenhöhe aus dem Besitz von Nino Pipitone und seiner Strohmänner beschlagnahmt.

Ich stelle mir Angelo La Manna gerne als Reinkarnation des sizilianischen Joe Valachi, alias Leonardo Vitale, vor, dem es schließlich dreißig Jahre später doch noch gelang, sich an Cosa Nostra und seinen Paten zu rächen.

Charlie, der Amerikaner

Bei hochkomplexen Ermittlungen wie im Fall der Lo Piccolos kommt es häufig vor, dass anfänglich vielversprechende Spuren in einem späteren Stadium wieder aufgegeben werden, entweder weil sie nicht zu dem Gesuchten führen oder weil sie, auch wenn sie dort hinführen, zu komplex sind und die Arbeit unmöglich machen.

In manchen Fällen bringt es nichts, bestimmte Mafiamitglieder weiter zu verfolgen, wenn abzusehen ist, dass sie, obwohl sie zum Dunstkreis gehören, den Gesuchten vermutlich niemals treffen werden oder, falls doch, so vorsichtig sind, dass es aussichtslos ist, ihn zu fassen. Sich auf solche Spuren zu versteifen, ist Verschwendung von Zeit und Kapazitäten.

Auf der Suche nach Salvatore und Sandro Lo Piccolo beschränkten wir uns deshalb auf zwei Ansätze: die Blutsfamilien der beiden Gesuchten und ein paar Mafiaclans aus ihrem Herrschaftsbereich, darunter die aus Torretta, Carini und Cinisi. Dabei kristallisierten sich einige höchst interessante Personen heraus, darunter auch solche, die zwar keinen direkten, dafür aber indirekten Kontakt zu den Familienangehörigen unterhielten. Für die Fortsetzung unserer Arbeit spielte die Aufdeckung dieses Beziehungsnetzes eine entscheidende Rolle.

Eine Person fiel von Anfang an aus dem Rahmen. Dabei

handelte es sich um Charlie, den Amerikaner, alias Calogero Mannino aus Torretta, von Beruf Saisonarbeiter bei der
Forstbehörde. Nachdem Calogero viele Jahre in den USA
gelebt hatte, war er irgendwann geschäftlich nach Itali-
en zurückgekehrt, dann dort hängengeblieben und hatte
Kontakte zu den lokalen Mafiaclans aufgenommen. Da er
formell zum Clan von Torretta gehörte, hatte Charlie Verbindungen zu Gaspare Pulizzi und Nino Pipitone.
Bei der Observierung und dem Abhören seiner Gespräche
wurde mir rasch klar, dass Charlie eine Person von be-
sonderem Kaliber war: Saisonarbeiter bei der Forstbehörde, erfahrener Immobilienmakler, Freund von Bürgermeis-
tern und lokalen Verwaltungsbeamten; vor allem in dem
Zeitraum, als die Gemeinde Torretta unter Zwangsverwaltung stand, war er der Einzige, der Genehmigungen für die
Parzellierung von Bauland erhielt. Ein echter Glückspilz
eben …
Obwohl Charlie weder schön noch jung war, verkörperte
er eine witzige Mischung aus amerikanischer Angeberei
und sizilianischer Weisheit. Sogar ich musste manchmal
laut lachen, wenn er seinen Freunden am Telefon einen
Witz erzählte.
Eines Tages, als er sich mit anderen Mafiosi traf, stieß ich
sogar mit ihm zusammen und hätte ihn beinah zu Boden
gestoßen.
Aus abgehörten Telefongesprächen wussten wir, dass Charlie sich mit einigen Unternehmern treffen sollte, wegen irgendwelcher Schäden, wenn ich mich recht erinnere. Das
Treffen sollte in einer Bar zwischen Capaci und Isola delle
Femmine stattfinden, und natürlich waren auch wir mit
einigen Autos vor Ort.
Wir beobachteten, wie Charlie und seine Freunde ganz
entspannt unter einer Pergola vor der Bar Platz nahmen.

Um ihre Autokennzeichen erkennen zu können, mussten wir näher heran; deshalb beschlossen ein Kollege und ich, in der Bar einen Kaffee zu trinken und uns dabei die Zahlen einzuprägen.

Als wir auf dem Weg zum Eingang an den Tischen vorbeikamen, an denen das Treffen stattfand, hörten wir, wie Charlie, der sich offensichtlich in Sicherheit fühlte, lautstark mit den anderen diskutierte: »Mit meinem Brot macht man keine Scherze.« Damit meinte er, die Gelder aus seinem Zuständigkeitsbereich stünden ihm zu.

Ohne den entsprechenden Kontext können derartige Sätze vollkommen nichtssagend sein, aber in diesem Fall war mir klar, dass es um Schutzgelderpressungen ging.

Ich ließ meinen Kollegen an der Bar stehen und ging zur Toilette, um mir die Hände zu waschen, und vor allem, um mir die Kennzeichen der vor der Bar stehenden Autos zu notieren. Ich war so mit meinen Notizen beschäftigt, dass ich gar nicht merkte, wie die Zeit verging. Als ich schließlich aus der Toilette kam, geschah das Unvorhergesehene: Charlie stand vor der Toilette und stieß die Tür nach innen, während ich gerade dabei war, sie nach außen zu stoßen. Es war so eine verdammte Schwingtür, Typ Saloon. Offensichtlich hatte ich, ohne es zu merken, der Tür einen so kräftigen Stoß versetzt, dass der davorstehende Charlie zu Boden geschleudert wurde. Entgeistert starrte ich ihn an, ich war einfach sprachlos. Doch dann riss ich mich zusammen, reichte Charlie die Hand, um ihm beim Aufstehen zu helfen, was er dankbar annahm. Wir mussten beide lachen, und er, so herzlich wie wir ihn kannten, fragte, ob er mir einen Kaffee ausgeben dürfe. Ich antwortete höflich, ich hätte gerade einen getrunken, verabschiedete mich und verließ das Lokal mit meinem Kollegen, der sich ein Lachen nicht verkneifen konnte.

Ein paar Monate später fiel mir (und das war kein Zufall) die Aufgabe zu, Charlie zu verhaften.

Bei der anschließenden Durchsuchung der Räume fand ich einen in Zeitungspapier eingewickelten Sender, dessen Spur wir vor einiger Zeit verloren hatten. Lachend sagte Charlie, eines Tages habe er zufällig einen Hund überfahren, und bei der Reparatur in der Werkstatt habe man das »Dings« unter dem hinteren Kotflügel entdeckt. Anstatt es ins Meer zu werfen, habe er es bei sich zu Hause für uns aufbewahrt. Als ich nach dem Grund dafür fragte, gab er mir zu Antwort: »Da sich jemand die Mühe gemacht hat, einen Sender in meinem Auto zu plazieren, schien es mir unhöflich, ihn einfach wegzuwerfen.«

Das war typisch Charlie: seelenruhig, unglaublich verschlagen und immer einen flotten Spruch auf den Lippen. Doch seine Sprüche brachten uns nicht weiter. Viel ergiebiger war dagegen seine Observierung, denn dadurch kamen wir den Männern aus Cardillo immer näher, also denjenigen, die den Kontakt mit Mimmo Serio und Antonino Nuccio hielten. Damit waren wir sozusagen auf dem direkten Weg zu den Lo Piccolos.

Provenzano geschnappt, Ricotta verspeist

Den Arbeitsalltag der Duomo-Gruppe zu schildern, auch wenn ich nicht in der Abteilung war, fällt nicht schwer, denn im Grunde hatte sich nichts geändert: endlose, nicht angemessen bezahlte Arbeitszeiten, unter zahllosen Schwierigkeiten und immer an vorderster Front.

Doch Ende März 2006 kam Bewegung in die Sache: Irgendetwas ging in Corleone vor, und die Duomo-Gruppe war am Ball. Auch wir, die wir am Fall Lo Piccolo dran waren, spürten, dass irgendetwas in der Luft lag. Schon seit geraumer Zeit hatten wir von unseren Kollegen nichts mehr gehört und nichts mehr gesehen, und das konnte nur eins bedeuten: Die Spürhunde hatten Witterung aufgenommen, sich vor ihren Videokameras oder in den Bergen verschanzt.

Die Bestätigung für unser Gefühl kam in der zweiten Aprilwoche, als Cono Incognito zum Leiter des Einsatzkommandos bestellt wurde, der ihm, ohne weiter ins Detail zu gehen, die Anweisung gab, unsere Einheit in Alarmbereitschaft zu versetzen. So führten wir unsere eigenen Ermittlungen weiter, waren aber rund um die Uhr in Bereitschaft, denn der Einsatz konnte jederzeit, Tag oder Nacht, beginnen.

Am 11. April war ich zu Hause und hütete meine kleine Tochter, als gegen neun Uhr mein Handy klingelte. Ich hatte gerade noch Zeit, das Kind meinem Vater zuzuwerfen (und das ist kein Euphemismus), und acht Minuten später war ich beim Einsatzkommando.

Die Mannschaft von Renato Cortese war bereits vollständig versammelt und sollte in Kürze mit der Verhaftung von Bernardo Provenzano in Montagna dei Cavalli, nur einen Steinwurf von uns entfernt, Geschichte schreiben.

Zu unserer großen Enttäuschung, das will ich nicht verhehlen, wurde unsere Gruppe dazu eingeteilt, den Ort zu umstellen. Mit einem Wort, wir würden aus hundert Meter Entfernung zusehen müssen, wie die anderen in Aktion traten. Dennoch fühlte ich mich von dem Geschehen zutiefst ergriffen: Immerhin, wenn *zio Binnu* sich zum Schluss praktisch vor unserer Haustür verstecken musste, dann war das auch und vor allem ein Verdienst der Catturandi, die ihn sieben Jahre lang gejagt und sein Umfeld mit der Strategie der verbrannten Erde zerstört hatte.

Als über Funk das erlösende »positiv!« kam, rannte ich so schnell ich konnte zu den Kollegen. Es war ein unvergessliches Erlebnis: Umarmungen, Tränen, Schulterklopfen. Endlich hatten wir es geschafft. Der Mann, der mehr als vierzig Jahre lang die Polizei der halben Welt in Schach gehalten hatte, war dingfest gemacht, und zwar von einem Trupp junger Leute: achtzehn Männer der Gruppe Duomo sowie wir anderen als Deckung hatten das Gespenst von Corleone zur Strecke gebracht.

Es war ein erhebendes Gefühl, den Unterschlupf zu betreten, mit eigenen Augen diesen Mann zu sehen, einen Greis mit himmelblauen Augen, der schweigend in Handschellen dasaß und mit zusammengekniffenem Mund vor sich hinstarrte.

Als ich ihn ansah, hatte ich den Eindruck, er wollte uns etwas mitteilen. Vielleicht dachte er: »Was für Dummköpfe. Sie lachen, weinen, feiern ... Was haben sie nur von meiner Verhaftung? Geld vielleicht? Die wissen doch gar nicht, was sie tun.«

Tatsächlich war der Satz »Ihr wisst nicht, was ihr tut« das Einzige, was *zio Binnu* zu Renato Cortese sagte, als dieser ihn festnahm, nachdem er sich beim Aufbrechen an der Glastür die Hand verletzt hatte.

Doch wir wussten ganz genau, was wir da taten: Es war der Augenblick gekommen, einen hinter Gitter zu bringen, der jahrelang die Straßen unserer Insel mit Blut besudelt, das Land verunstaltet und Tausende von Menschen in Armut gestürzt hatte, indem er ihnen nicht nur ihre materiellen Güter gestohlen, sondern ihnen vor allem ihre Würde als Männer und Frauen geraubt hatte.

Und wer versuchte, seine Würde zu bewahren, hatte dafür mit dem Leben bezahlt. Richter, Staatsanwälte, Polizisten, Carabinieri, Ärzte, Unternehmer und ganz normale

Menschen, die sich nicht dem Willen einer Handvoll Krimineller beugen wollten und durch ihr Beispiel alle anderen ermutigt hatten, an einem Leben in Würde festzuhalten. Aber das konnte Provenzano natürlich nicht verstehen.

Doch unsere Feier war noch nicht zu Ende. Zur Mittagszeit waren wir immer noch vor Ort, weil wir darauf warten mussten, dass die Spurensicherung mit ihrer Arbeit fertig wurde. Inzwischen war die Duomo-Gruppe schon nach Palermo zurückgefahren und hatte den Gefangenen mitgenommen. Zu diesem Zeitpunkt waren sie bereits in den Büros der Kripo, und draußen hatte sich eine Menschenmenge versammelt, die begeistert applaudierte. Und auch das konnte Provenzano sicher nicht verstehen.

Und während wir so warteten, schlug mein Kollege Pinta vor, wir könnten doch zur Feier des Tages den frischen Ricotta kosten, den wir in großen Mengen in dem Unterschlupf gefunden hatten. Warum sollten wir diesen wunderbaren Frischkäse, der uns anlachte, verkommen lassen?

Ungerührt zog Pinta seine EC-Karte aus dem Portemonnaie. Ich dachte noch: Jetzt spinnt er. Was will er mit der Karte? Mitten auf freiem Feld Geld abheben? Bestimmt nicht …

Doch Pinta hatte mit der Karte anderes im Sinn: Er setzte sie als Spachtel ein, schabte damit den Ricotta aus der Form und schob sich Riesenbrocken in den Mund. Vielleicht eher aus Begeisterung für diese Esstechnik als aus Hunger zogen nach und nach auch die anderen Kollegen, mich eingeschlossen, irgendeine Plastikkarte heraus und beteiligten sich an dem Bankett.

Und so wurde der Ricottaberg von gefräßigen Polizisten beim Warten auf die Spurensicherung weggespachtelt.

Dieses Gelage weckte in mir auch ein Interesse, das ich als

sozio-ökonomisch bezeichnen würde, denn das improvisierte Besteck verriet auch etwas über den sozialen Status der Beteiligten: Pinta benutzte eine schnöde EC-Karte, der Kollege Regis – der Aristokrat der Einheit – eine Platin-Karte von American Express und ich armes Würstchen hatte nur eine Karte des Kreditinstituts Aura. Was soll's. Der einzige gemeinsame Nenner blieb der Verzehr des frischen Ricotta in Montagna dei Cavalli, auf das Wohl – oder Wehe? – von *zio Binnu*.

Die Duomo-Gruppe kommt nach Hause

Als die Duomo-Gruppe ein paar Monate nach Provenzanos Festnahme aufgelöst wurde und die meisten Jungs an ihren alten Arbeitsplatz zurückkehrten, gab es bei uns in der Catturandi neben freudiger Begrüßung auch Unmut.
Vielen von uns hatte die Art, wie die Operation vom 11. April durchgeführt wurde, gar nicht gefallen. Dass man uns nur am Rande eingesetzt hatte, war eine folgenreiche Entscheidung, die für Cono Incognito etliche Probleme mit sich brachte. Wer dafür verantwortlich war, ob der Kripo-Chef, der Polizeipräsident oder jemand in Rom, blieb im Dunkeln.
Natürlich war das nicht die Schuld der nun zurückgekehrten Kollegen, aber sie hatten davon profitiert, Anerkennung und Beförderungen eingeheimst, während für uns, die Zurückgebliebenen, die genauso hart gearbeitet hatten, bis auf ein paar Euro für Überstunden so gut wie nichts dabei heraussprang.
Glücklicherweise half uns die Arbeit bald über allen Frust und Unmut hinweg. Denn nur wenige Tage nach dem Ein-

treffen der Verstärkung gelang es uns, ein Gespräch zwischen Mimmo Serio und Antonino Nuccio mitzuhören, bei dem sie sich vor einer Bar über Mafiageschäfte unterhielten und vor allem eine Person erwähnten, bei der es sich nur um einen Flüchtigen handeln konnte.

Jetzt hatten wir endlich den Beweis, dass die Männer aus Cardillo, mit denen die Mafiosi aus Carini Kontakte hatten, einen Flüchtigen betreuten. Weil manches darauf hindeutete, dass Serio und Nuccio uns vielleicht direkt zu Sandro Lo Piccolo führen könnten, gab es plötzlich wieder eine Menge Arbeit, vor allem Nachtschichten.

Da es undenkbar war, tagsüber nach Tommaso Natale oder Cardillo zu fahren, um Videokameras oder Abhörgeräte zu plazieren, entwickelten wir uns fast zu Nachtwächtern und strapazierten unsere Phantasie, um alle Abwehrmaßnahmen zu unterlaufen, die die »Bösen« ins Werk setzten.

Eigentlich war es schier unmöglich, die Angehörigen von Serio, Nuccio oder der Lo Piccolos zu beschatten, denn sobald ein fremdes Auto vorbeifuhr, gaben feste oder mobile Posten der Gegenseite Pfeifsignale.

Eines Tages fuhr ich Cono Incognito zum Flughafen Punta Raisi und nahm auf dem Rückweg wegen des dichten Verkehrs die Ausfahrt Sferracavallo-Tommaso Natale. Ich war so mit meinen eigenen Gedanken beschäftigt, dass ich fast automatisch aus der Via Tommaso Natale in die Via Cardillo fuhr, als ich bemerkte, dass ich von einem Mopedfahrer verfolgt wurde, der mir bis zur Viale Strasburgo, einem Wohngebiet von Palermo, hinterherfuhr.

Vielleicht war mein dunkelroter Alfa 147 aufgefallen und hatte Alarm ausgelöst. Tatsächlich hatte man im Büro ein paar Wortfetzen aus einem Gespräch aufgeschnappt, in denen es um ein paar Bullen ging, die zur Mittagszeit in einem Alfa 147 gesichtet wurden und angeblich auf Streife waren.

Zweifellos handelte es sich bei den Bullen nur um einen, und zwar mich, der zu diesem Zeitpunkt an alles möglich dachte, nur nicht an die Lo Piccolos und ihre Bande. Doch das macht die Probleme deutlich, mit denen wir in dieser Schachpartie aus Zügen und Gegenzügen jeden Tag zu kämpfen hatten.

Die Mafiosi machten ein Treffen aus, und wir mussten herausfinden, wo es stattfand, um sie abzuhören. Wenn wir es schafften, gut, wenn nicht, mussten wir die nächste Gelegenheit abwarten, denn zu den eisernen Spielregeln der Cosa Nostra gehörte es, mindesten alle zwei bis drei Wochen den Treffpunkt zu ändern.

Beim Abhören der Telefongespräche interessierten wir uns nicht in erster Linie für die Inhalte, sondern versuchten vor allem herauszufinden, wo sie hingingen und wen sie trafen. Wenn ein Mafioso das Handy zu Hause ließ oder abschaltete, dann wussten wir, dass er jetzt losfahren würde, und auf diese Art gelang es uns Schritt für Schritt, ihre Organisationsstruktur zu rekonstruieren.

Da wir aus der Telefonüberwachung wussten, dass Nino Nuccio, genannt *Pizza*, der für die Zustellung der *pizzini* zuständig war, mehrfach verschwunden war, konzentrierten wir unsere Arbeit bald auf ihn. Und durch ihn gelangten wir in weniger als einem Jahr zu Franco Franzese, der uns schließlich nach Giardinello führte, wo uns dann am 5. November 2007 Salvatore und Sandro Lo Piccolo ins Netz gingen.

Ein Spiel mit verteilten Rollen

Nicht selten ist es mir beim Erzählen unserer beruflichen Abenteuer passiert, dass ich unsere Ermittlungen mit einem Spiel, sei es nun Schach oder Fußball, verglich. Und dafür gibt es mehrere Gründe. Zum einen war die Arbeit nicht nur anstrengend, sondern auch unterhaltsam und anregend, sonst hätte diese monate- und jahrelange Beschäftigung mit denselben Personen, das Abhören der immer gleichen Gespräche, sicher zu einer Verrohung geführt.

Themen wie Drogen, Erpressung, Wucher, Prostitution, Morde, Verzweiflung bestimmen das Leben eines Mafioso, und folglich notgedrungen auch desjenigen, der sich mit ihm beschäftigt. Wenn wir keinen psychologischen Filter hätten, würden wir langsam aber sicher verrückt werden. Außerdem hat die Fahndung nach einem Flüchtigen tatsächlich große Ähnlichkeit mit einem Rollenspiel. Auf der einen Seite steht der Flüchtige mit seinen Helfern und Helfershelfern, die ihm Dienstleistungen und Schutz gewähren; auf der anderen Seite stehen wir mit unseren Ermittlungen und technischen Hilfsmitteln, durch die wir möglichst schnell an unsere Zielperson herankommen wollen. Dabei gehen wir Zug um Zug, Schlacht um Schlacht voran, und oft genug müssen wir dabei Federn lassen, doch am Ende zählt, wie Ciccio, einer unserer älteren Kollegen immer sagt, nur das Ganze, der Krieg, und bis jetzt haben wir immer gewonnen. Natürlich machen wir auch Fehler: in unserem Metier wimmelt es von falschen Spuren, die ins Leere führen. Doch alles hängt davon ab, dass man den richtigen Weg einschlägt, die Spielregeln versteht, nach denen der Gegner vorgeht, und geduldig auf den Fehler wartet, den er früher oder später unweigerlich machen wird.

Und dann fällt das Tor, mit dem wir die Partie für uns entscheiden.

So warteten wir eines Tages vor einer Villa im Bonagia auf unseren Einsatz, als ein Auto mit Eskorte vorfuhr. Daran erkannten wir, dass es sich zweifellos um ein bedeutendes Gipfeltreffen handelte. Alessandro Capizzi, Sohn des legendären Bosses Benedetto, der die Cupola wieder einführen wollte, fuhr systematisch die umliegenden Straßen ab, um das Territorium zu kontrollieren. Auch weitere bedeutende Mafiosi trafen ein, darunter war, glaube ich, auch Andrea Bonaccorso, ein Vertrauter von Lo Piccolo, der später mit der Justiz zusammenarbeitete.

Wir waren vor Ort und warteten auf den Einsatzbefehl. Von einem höher gelegenen Punkt, wo einige von uns Posten bezogen hatten, versuchten wir festzustellen, ob unter den aussteigenden Männern auch Lo Piccolo war.

Ich war davon überzeugt, dass sich in diesem Haus auch Andrea Adamo aufhielt, der flüchtige Boss des Bezirks Brancaccio und gleichzeitig Freund von Salvatore Lo Piccolo. Ein Auto mit zwei Eskorten, eine vorne und eine dahinter, das konnte nichts anderes bedeuten. Ein paar Jahre zuvor hatte sich die Antimafia schon einmal eine derartige Gelegenheit entgehen lassen. Damals war der Modus Operandi derselbe gewesen, doch genau wie damals wurde die Aktion auch diesmal abgebrochen, zum Missfallen der beteiligten Kollegen.

Wenn das passiert, ist der Grund immer derselbe: Man weiß nicht mit Sicherheit, ob sich der Gesuchte im Haus befindet. Man notiert die Kennzeichen der Autos, nimmt alle einschlägigen Überprüfungen vor und wartet auf die nächste Gelegenheit.

Außerdem gab es in dem geschilderten Fall noch andere Gründe, nicht einzugreifen: Es war dunkel, wir kannten weder das umliegende Terrain, noch wussten wir mit Sicherheit, wer oder was uns in der Villa erwartete. Außerdem war das Risiko, mit einem Zugriff zu scheitern, allgemein ziemlich hoch.

Die ganze Aktion wurde abgeblasen; spät in der Nacht verließen alle unbehelligt das Haus, und wir mussten tatenlos zusehen, um bestimmte Teilnehmer, die wir identifiziert hatten, nicht zu warnen.

Einige Zeit später, nach der Verhaftung der Lo Piccolos, brachten die Aussagen von verschiedenen Mitarbeitern der beiden Bosse Licht in diese Episode: In dem Haus, das einem gewissen, später ebenfalls verhafteten Di Piazza gehörte, hatte tatsächlich ein Gipfeltreffen der Mafia stattgefunden, und unter den Anwesenden war auf jeden Fall Andrea Adamo, vielleicht sogar Salvatore Lo Piccolo gewesen.

An diesem Tag erzielten die Bösen einen Zwischensieg, aber schon ein paar Monate später konnten wir die Partie siegreich beenden, als wir Adamo, die Lo Piccolos, Gaspare Pulizzi und die gesamte Organisation festnahmen. Denn alles ist nur eine Frage der Zeit.

Wer ist Franco Franzese?

Der Durchbruch kam ohne Zweifel mit der Verhaftung von Franco Franzese. Im Vergleich zu seinen anderen Kollegen aus dem Bezirk der Lo Piccolos war der Boss von Partanna jedoch ein Sonderfall.

Franzese stammte aus einer gutbürgerlichen Palermitaner Familie, sein Vater hatte Politik studiert, nie etwas mit der Mafia zu tun gehabt, und auch seine Mutter pflegte keinerlei kompromittierenden Umgang. Franco Franzese war der Erste in seiner Familie, der auf die schiefe Bahn geriet und schon als Junge unter den schlechten Einfluss der Cosa Nostra kam.

Auf ihn passt die Redensart: *Wer mit Hinkenden Umgang pflegt, lernt selbst hinken.* Seine Karriere begann mit Raubüberfällen und Diebstählen, die er zusammen mit anderen Kleinkriminellen aus seinem Stadtteil beging. Da ihm die nötige Erfahrung fehlte, wurde er jedoch sofort erwischt und eingesperrt, erwarb sich allerdings das Vertrauen der »Freunde«, weil er vor Gericht seine Komplizen nicht verriet, obwohl der Richter ihm dafür eine mildere Strafe versprach.

Im Gefolge der anhaltenden Polizeimaßnahmen und auch aufgrund gewisser interner Korrekturen stieg der junge Franzese in der kriminellen Hierarchie allmählich nach oben. Und schließlich gewann er durch seine Verschwiegenheit das Vertrauen von Sandro Lo Piccolo, der ihn seinem Vater vorstellte und dafür sorgte, dass er zum Boss von Partanna wurde.

Er wurde 2006 in Messina wegen Mitgliedschaft in einer kriminellen Vereinigung und auch wegen Mordes vor Gericht gestellt (und dann in höherer Instanz freigesprochen), doch ehrlich gesagt hatten weder ich noch meine Kollegen von der Catturandi ihn besonders ernst genommen.

Zum ersten Mal hörte ich seinen Namen, als Nino Nucci sich in einem abgehörten Telefongespräch furchtbar über einen Zeitungsartikel aufregte, in dem von einem Flüchtigen namens Franco Franzese die Rede war. Dabei gebärdete sich Nucci ziemlich seltsam, las seinen Freunden den Artikel vor und ließ dann einen Typen aus Partanna kommen, mit dem er sich eingehend unterhielt.

Da dachte ich noch, na, dieser Nuccio ist wegen diesem Kerl ganz schön aus dem Häuschen, warum wohl?

Damals fing ich an, mich über Franzese zu informieren, und las auch den Artikel, über den Nino *Pizza* sich so aufgeregt hatte. Darin ging es um den Einsatz der Carabinieri auf einer Baustelle, auf der Franzese angeblich als Gewerkschaftler tätig war. Das war ja was ganz Neues, das hatte uns gerade noch gefehlt: ein Arbeiter in der Mafia und dazu noch Gewerkschaftler!

Eigentlich hätten wir damals schon merken müssen, dass da irgendetwas nicht stimmte. Tatsächlich hatte Daniele, unser Experte für Raumüberwachung, bereits damals bei einer Besprechung zu unserem Vorgesetzten gesagt: »Dottore, meines Erachtens ist Nuccio nicht unser Mann, der betreut nicht Sandro Lo Piccolo, sondern einen anderen, vielleicht Franco Franzese.«

Darauf folgte eine erregte Diskussion, denn außer Daniele hielten alle anderen das für ausgeschlossen. Wenn Nuccio schon so eine Aufwand trieb, umfangreiche Vorkehrungen traf und dauernd sein Moped wechselte, dazu noch die Eskorten, dann bestimmt nicht, um einen zweitklassigen Flüchtigen zu treffen, für den wir den Boss von Partanna damals fälschlicherweise hielten.

Doch Daniele hatte ins Schwarze getroffen und aus dem, was wir wussten, genau die richtigen Schlüsse gezogen. Vor allem hielt er es für ausgeschlossen, dass Nino Nuccio so häufig einen Gesuchten vom Kaliber eines Sandro Lo Piccolo aufsuchen würde. Das war doch viel zu riskant.

In seiner Eigenschaft als Leiter der Auswertung der Raumüberwachung war es Daniele gelungen, eine Reihe von Mittelsmännern aus einem Drogenhändlerring zu identifizieren, der seines Erachtens nicht von der Person kontrolliert wurde, die Nuccio so häufig besuchte, sondern von einem weit wichtigeren Clanmitglied. Davon war er überzeugt, doch aufgrund unserer Einwände ließ er schließlich von weiteren Spekulationen – wie wir das zu Unrecht nannten – ab.

Als wir dann am 2. August 2007 ein Haus in der Via Salerno in Cruillas stürmten, weil wir dort Sandro Lo Piccolo vermuteten, aber stattdessen Franco Franzese antrafen, war die Enttäuschung auch bei Daniele groß. Immerhin hatte er die Genugtuung, dass er mit seiner Einschätzung von Anfang an richtig gelegen hatte.

Trotz der Enttäuschung entschuldigten wir uns, machten ihm Komplimente und versprachen, nie wieder an seiner Intuition als Ermittler zu zweifeln.

Im Übrigen war Franzese nicht, wie wir bald entdecken sollten, das Ende eines geplatzten Traums, sondern der Beginn einer neuen Ära.

Auf Fischfang in der Kanalisation

Dass Franco Franzese all unsere Probleme auf einen Schlag lösen würde, begriffen wir nicht sofort, unter anderem auch deshalb nicht, weil der Prozess, in dessen Verlauf er dann zum Kronzeugen wurde, noch eine Weile auf sich warten ließ.

Sicher, erste Hinweise darauf, dass er vielleicht die Fronten wechseln könnte, zeichneten sich schon beim ersten Verhör im Cono Incognitos Büro ab. Schließlich hatte er die besten Voraussetzungen zum klassischen Kronzeugen: Juristisch war seine Lage nicht hoffnungslos, denn er hatte keine rechtskräftigen Vorstrafen; außerdem war er frustriert, weil die Lo Piccolos durch ihr totalitäres Gebaren seinen Aufstieg in der Organisation verhindert hatten; er stammte aus einer Familie, die der Cosa Nostra fernstand, und er hatte eine Frau und kleine Kinder, die dauernd unter Stress standen. All diese Voraussetzungen machte sich T9 – unser Kollege, der ihn zusammen mit Cono Incognito festgenommen hatte – geschickt zunutze, um Franzese entsprechend unter Druck zu setzen.

Nachdem er ihn etwa eine Stunde allein verhört hatte, kam T9 mit ein paar Namen und einer Ortsangabe aus dem Verhörraum: Jetzt mussten wir in Cinisi ermitteln, und unsere Zielperson war ein nicht vorbestrafter Angestellter der palermitanischen Stadtwerke Gesip, der sein Haus für ein Treffen von Franzese mit den Lo Piccolos zur Verfügung gestellt hatte.

Auf diese Informationen sprangen wir an wie eine Staffel Spürhunde auf das durchgeschwitzte Hemd eines Flüchtigen. Die gesamte Catturandi stürzte sich umgehend in die Arbeit, alle vierzig Mitarbeiter, jeder in seinem Spezialgebiet. Diejenigen, die für Überprüfungen zuständig waren, beschäftigten sich mit den Angehörigen des Verdächtigen: Wer waren sie, was machten sie, wo wohnten sie, was besaßen sie. Nichts sollte dem Zufall überlassen werden. Man nahm Kontakt zu den Telefongesellschaften auf, und alle wurden aufgefordert, ihre Archive nach den jeweiligen Steuernummern zu durchforsten, die wir in der Zwischenzeit herausgefunden hatten.

Es war ein Wettlauf mit der Zeit: Dass Franzese sich als Kronzeuge zur Verfügung stellen wollte, wurde streng geheim gehalten, eingeweiht war nur der leitende Staatsanwalt Alfredo Morvillo, der Bruder von Giovanni Falcones Frau Francesca, die mit ihm bei dem Attentat von Capaci 1992 ums Leben gekommen war. Um Franzese abzuschirmen, blieb den Staatsanwälten nichts anderes übrig, als ihn in ein Hochsicherheitsgefängnis zu verlegen, was nicht nur unerfreulich, sondern auch gefährlich war. Wir hofften, dass niemand auf die Idee käme, dass er auspacken würde. Auch seinen Angehörigen mussten mit äußerster Diskretion überwacht werden, so dass wir seine Frau und seine Schwiegereltern rund um die Uhr mit wechselnden Teams aus der Ferne beobachteten. Eigentlich war das nicht unsere Aufgabe, doch da die Sache unbedingt geheim gehalten werden musste, übernahmen wir die Überwachung.

Inzwischen führten andere die laufenden Ermittlungen weiter. In dem Haus in der Via Salerno, dem Versteck der gerade Gefassten, wurden interessante Hinweise gefunden. Im Bad lagen noch ein paar *pizzini,* die Franzese in Wasser aufzulösen versucht hatte. Es hatte aber nicht geklappt, weil sie mit Klebestreifen versiegelt waren. Dabei handelte es sich um Nachrichten von Franzese an Sandro Lo Piccolo, Antworten auf frühere Fragen: Darin erwähnte Franzese bestimmte Vorhaben; eine Person, um die er sich kümmern müsse; diverse »Freunde«, die er deshalb ansprechen wolle, und so weiter.

Aber irgendetwas stimmte nicht. Das Haus wurde Zentimeter für Zentimeter durchsucht, weil wir hofften, dann auch Sandros Briefchen zu finden, nicht nur die von Franco. Schon merkwürdig, dass Franzese aus den bitteren Erfahrungen im Fall Bernardo Provenzano, bei dem zahllose *pizzini* gefunden worden waren, keine Lehren gezogen hatte. Hätte er die Anweisungen seiner Chefs gelesen und sie dann sofort verbrannt, wäre niemand kompromittiert worden. Und hätten die Lo Piccolos mit seinen Briefchen das Gleiche getan, dann wäre niemand das Risiko eingegangen, wie Provenzano mit einem Archiv voller Namen und Ziffern entdeckt zu werden.

Bei der aufmerksamen Lektüre von Francos *pizzini* wurde bald deutlich, dass er sie kurz vor seiner Verhaftung geschrieben hatte. Es ging um die Vergabe von Aufträgen, er nannte kodierte Namen und ging auf relativ komplizierte Fragen ein. Aber wieso waren die *pizzini,* auf die er antwortete, nicht mehr da? Sollte er sie wirklich vernichtet haben? Gefunden wurden die Briefchen im Badezimmer, wo man Franzese auch die Handschellen angelegt hatte. Das konnte doch nur heißen …

Ein paar Tage später hatte mein Kollege Totò, der von allen nur »der Blonde aus Mondello« genannt wird, weil er blond ist und aus dem Kommissariat Mondello kommt, plötzlich einen Geistesblitz. Er sah sich den Verlauf der Abflussrohre an und stellte fest, dass sie sehr wahrscheinlich zu einer Falltür führten. Dann erkundigte er sich bei den Nachbarn, ob das Abwasser dort in die Kanalisation oder in eine sogenannte Imhoff-Grube geleitet wird. Wie zu erwarten, waren die Häuser dort nicht an die Kanalisation angeschlossen. Daraufhin nahm Totò Spitzhacke und Schaufel und machte sich mit ein paar Kollegen daran, die Falltür aufzubrechen. Als ihnen der Gestank in die Nase stach, zogen sich einige instinktiv das verschwitzte T-Shirt vors Gesicht und machten sich angeekelt davon.

Doch der Blonde ließ sich nicht abschrecken. Er benutzte ein Plastikkörbchen für Wäscheklammern als Kescher und fischte damit nach festen Gegenständen in diesem Meer aus … Kacke.

Zwei Tage nach der Aktion rechnete niemand mehr damit, die Briefchen von Lo Piccolo zu finden, doch Intuition und Opferbereitschaft zahlten sich aus. Als der Kescher mehrere Papierkügelchen zu Tage förderte, war schnell klar, dass Franzese kurz vor seiner Verhaftung keine Zeit mehr gehabt hatte, die Zettel zu zerreißen, und sie deshalb zusammengeknüllt ins Klo geworfen hatte.

Den Rest besorgte die Kriminaltechnik, die sechzig Prozent der Nachrichten von Sandro Lo Piccolo an seine Getreuen wiederherstellen konnte. Diese Briefe enthielten zahllose Details über Personen, die wir bereits im Visier hatten, und ein paar grundlegende Hinweise zu Fällen, in denen wir schon länger ermittelten. So trug der wundersame Fischzug in der Sickergrube dank der Hartnäckigkeit des Blonden aus Mondello dazu bei, dass die Ermittlungen ein gutes Stück vorankamen.

Mit den so gewonnenen Informationen konfrontiert, gab sich Franco Franzese endgültig geschlagen und entschloss sich zu einer umfassenden Zusammenarbeit mit der Justiz. Er erzählte alles, was er über seine früheren Kumpane und Paten wusste, und gab die entscheidenden Hinweise, die uns schließlich zu Vito Palazzolo führten, der die Lo Piccolos mit Lebensmitteln versorgte.

Jahre später frage ich mich immer noch, wie Salvatore Lo Piccolo und sein Sohn Sandro damals nach der Verhaftung von Franzese so unvorsichtig sein konnten, in demselben Gebiet zu bleiben. Vermutlich war es ihr Größenwahn, der ihnen das Gehirn vernebelt hat. Eine andere plausible Erklärung fällt mir nicht ein.

Sommer, Sonne, schöne Frauen

An diesem Punkt der Geschichte kamen die Frauen unserer Abteilung ins Spiel, darunter die berühmte Katzenfrau (den Namen gab ihr ein Journalist wegen ihren herrlich grünen, wie bei einer Raubkatze funkelnden Augen), die bei diesem Einsatz all ihren Charme und ihre Sinnlichkeit einsetzen mussten.

Die Aufgabe von F. und A. bestand darin, eine Strandvilla, die die Lo Piccolos unter dem Namen eines Strohmanns gemietet hatten, so lange zu beobachten, bis es uns gelingen würde, irgendwo eine Videokamera zu montieren. Um dabei möglichst wenig aufzufallen, verbrachten sie abwechselnd den ganzen Tag am Strand mit Funkgerät und Pistole in der Handtasche, manchmal in Gesellschaft des ein oder anderen Kollegen, der sich freiwillig dazugesellte.

Morgens waren sie die Ersten an dem herrlichen Strand von Magaggiari, der zur Gemeinde Cinisi gehört, und abends, wenn es schon dämmerte, die Letzten. Zum Glück gab es dort eine Strandbar, die abends lange aufhatte, so dass die Frauen dann abgelöst werden konnten. Häufig jedoch blieben unsere Wachposten, nachdem sie den ganzen Tag in der Sonne verbracht hatten und nur selten im Wasser gewesen waren, auch abends noch da, um die Kollegen der Spätschicht zu unterstützen, denn mit ihrer Anwesenheit wirkte das Ganze weniger verdächtig: Ein junges Paar, das bis tief in die Nacht zusammensitzt und plaudert, fällt weniger auf als ein Mann und eine Frau, die schweigend auf ein Gartentor starren.

Jedes Mal wenn sich das Tor der Villa öffnete, gaben die Kollegen Alarm, denn jede Bewegung konnte den Umzug von Salvatore und Sandro bedeuten. Doch leider vergingen die Tage ergebnislos, und die Riesenvilla betrat nur der offizielle Mieter Gerardo in Begleitung seiner Frau oder irgendeines Freundes.

Nach zahllosen Ortsbegehungen wurde dann endlich ein geeigneter Platz für eine Überwachungskamera gefunden. Zwischen den Wellenbrechern an der Mole fand man einen Spalt, von dem aus die Kamera mit Teleobjektiv einen Blick auf das Tor der Villa freigab.

Die Montage war schwierig, denn die Stelle war nur vom Meer aus zu erreichen. Außerdem musste die Kamera so plaziert werden, dass sie weder vom Land aus zu sehen war, noch ins Wasser fallen konnte. Doch schließlich waren unsere Techniker erfolgreich, und unsere Kolleginnen mussten mit leichtem Bedauern ihre Rolle als Badenixen aufgeben und zu ihrer gewohnten Arbeit zurückkehren.

Die Ermittlungen zogen sich wochenlang hin, aber am Ende kam man zu dem Schluss, dass die Lo Piccolos vermutlich auf einen Umzug in die Villa verzichtet hatten. Offenbar verdächtigten sie Franzese nicht, trotzdem hielten sie es für angebracht, nicht zu leichtsinnig zu werden, obwohl die Villa bereits ein ganzes Jahr im Voraus bezahlt war.

Im Übrigen dürften 80 000 Euro Miete für sie keine große Sache gewesen sein, bei den Geldmengen, die sie täglich anhäuften: zwei Millionen Euro im Monat, meine ich irgendwo gelesen zu haben.

Da das Geld reichlich sprudelte, konnten sich die beiden im Untergrund allen erdenklichen Luxus leisten: Sommerurlaub in diversen Strandvillen, die bei Bedarf jederzeit auch zum eigenen Vergnügen bereitstanden. In ihrer vorübergehenden Bleibe in Giardinello fanden wir dann auch einige Fotos, auf denen die beiden völlig entspannt im Kreise ihrer Lieben zu sehen waren, wie jede normale Familie im Urlaub. Nach ihrer Festnahme gingen dann im Polizeipräsidium Dutzende von Anzeigen ein, die deutlich machten, mit welcher Seelenruhe Vater und Sohn an der gesamten Küste nach Villen und Wohnungen zur Miete gesucht und diese auch gefunden hatten.

Offensichtlich war vielen Vermietern nicht bekannt, mit wem sie es bei diesen beiden Gentlemen, die sich nach bestimmten Immobilien erkundigten, zu tun hatten; mit Ausnahme der Targias vielleicht, beziehungsweise denjenigen, die den beiden Lo Piccolos in ihrem eigenen Haus Unterschlupf boten.

Obwohl die Targias zu ihrer Verteidigung vorbrachten, sie hätten die wahre Identität ihrer Mieter nicht gekannt, zeigt die Tatsache, dass sie ebenso wie der offizielle Mieter Damiano Mazzola von einem Gericht verurteilt wurden, wie sehr sie in die Sache verstrickt waren.

In einem Gebiet wie Cinisi zu ermitteln, stellte uns wirklich vor fast unlösbare Probleme, denn dort machte uns nicht nur die intensive Kontrolle des Gebiets durch die Cosa Nostra zu schaffen, sondern auch die Aktivitäten der lokalen Polizeikräfte.

So erfuhren wir beispielsweise aus einem abgehörten Telefongespräch, dass sich irgendjemand – wer, wurde nie herausgefunden – Modelle und Kennzeichen aller fremden Autos notierte, die vor dem Rathaus parkten und Polizeibeamten gehörten. Diese Information verbreitete sich wie ein Lauffeuer, und im Handumdrehen waren diese Autos im Ort bestens bekannt. Wenn sie durch den Ort fuhren, wurde sofort darüber geredet, und so wurden – auch ohne böse Absicht – die Wachposten der Lo Piccolos alarmiert.

Durch dieses System wurde Cinisi für uns zu einer uneinnehmbaren Festung. Uns blieb nichts anderes übrig, als dem Ort fern zu bleiben und darauf zu hoffen, dass sich unsere Gegner zu einer Unvorsichtigkeit hinreißen ließen.

Wir suchen ein Bed & Breakfast

In der Zwischenzeit arbeiteten wir weiter daran, Vito Palazzolo zu identifizieren und aufzuspüren, der uns dann zu dem gesuchten Gehöft in Giardinello und damit zu den Lo Piccolos führen sollte.

In diesem Zusammenhang gab uns Franco Franzese, der inzwischen heimlich mit uns zusammenarbeitete, weitere Informationen über die Person, die nach seiner Aussage seit Jahren für das leibliche Wohl der Lo Piccolos sorgte.

Zwar wusste Franzese nicht, wie Vito mit Nachnamen hieß, doch gab er uns andere wertvolle Hinweise: Vito besaß ein schwarzes Moped der Marke Aprilia T-Max, das bisweilen auch von Sandro Lo Piccolo benutzt wurde; sein Bruder arbeitete am Flughafen, und seine Familie betrieb ein Bed & Breakfast bei Terrasini.

Außerdem fügte er ein Detail hinzu, das damals nicht von Bedeutung schien: Vito war verlobt und wollte bald heiraten.

Wir machten uns sofort an die Arbeit. Zuerst überprüften wir alle Pensionsbetreiber in Cinisi und Terrasini. Das war nicht einfach, denn nicht alle stehen auf der Liste der Handelskammer. Doch dann half uns das Internet, und in wenigen Stunden konnten wir den Kreis auf wenige Objekte eingrenzen. Vor allem war uns sofort das B & B in Mulinazzo aufgefallen. Es passte genau zu der Beschreibung unseres Zeugen, der sich dort einmal mit den Lo Piccolos aufgehalten hatte. Genau wie er gesagt hatte, gab es dort einige Räume, die umgebaut wurden. Außerdem erschien uns die Tatsache, dass alle umliegenden Straßen nach Märtyrern des Antimafia-Kampfes benannt waren, wie ein Fingerzeig des Himmels: Piersanti Mattarella, Pio la Torre, Giovanni Falcone, Peppino Impastato, alle waren sie da, als wollten sie bezeugen, dass wir am richtigen Ort waren.

Wir überprüften die Eigentumsverhältnisse und – Heureka: Betrieben wurde das B & B von den Brüdern Palazzolo und deren Mutter. Zwar waren alle drei nicht vorbestraft, aber der Vater war vor Jahren spurlos verschwunden, eine klassische Mafiamethode, sich unliebsame Mitwisser vom Hals zu schaffen. Der ältere Sohn arbeitete als Angestellter bei der Gesap, der Betreibergesellschaft des Flughafens *Falcone e Borsellino*, während Vito seit kurzem als Bauunternehmer tätig war.

Kein Zweifel, das mussten sie sein. Schon beim ersten Telefongespräch, das wir mithörten, stellte sich heraus, dass Vito mit einer Frau aus seinem Dorf verlobt war und im kommenden Winter heiraten wollte. Außerdem wurde festgestellt, dass auf Vito Palazzolo tatsächlich eine T-Max zugelassen war, auch wenn wir sie nie zu Gesicht bekamen.

Da wir uns aus besagten Gründen nicht in Cinisi aufhalten konnten, montierten wir zwei Überwachungskameras, eine in der Via Falcone, die andere in der Via La Torre.

Auf diese Art konnten wir Vito von der Zentrale aus überwachen. Sobald er das Haus verließ, teilten wir unseren Kollegen mit, welche Richtung er einschlug, und wenn er das Stadtgebiet verließ, konnten sie ihm in gebührendem Abstand folgen.

Bald lag auf der Hand, dass er die gesuchte Zielperson war und uns früher oder später direkt ans Ziel bringen würde.

Dabei war Vito äußerst vorsichtig, wechselte dauernd die Autos und vermied so, von einem Sender aufgespürt zu werden. Wenn er einen Freund traf, lieh er sich dessen Auto und gab ihm dafür seinen Lieferwagen. Auf dem Land sind die Beziehungen enger als in der Stadt, und deshalb wunderte sich niemand darüber. Doch immer wenn er eine gefährliche Fahrt vorhatte, verließ er sich nicht auf seine Freunde, sondern fuhr lieber zum Flughafen, um sich dort ein Auto zu leihen. Und dann fuhr er mit demselben Autotyp herum, den auch wir für unsere Beschattungen benutzten. Dadurch glaubte er, weniger aufzufallen, und außerdem lieh er die Autos nie unter seinem eigenen Namen, sondern benutzte dafür irgendwelche Strohmänner.

Auf einer seiner Erkundungsfahrten führte er uns schließlich zu *Piffero*, den Besitzer des Hauses in Giardinello, wo dann später die Lo Piccolos verhaftet wurden.

Eines Abends, als er schon ein Dutzend Mal hin- und hergefahren war, um zu überprüfen, ob er verfolgt wurde, machte Vito für ein paar Minuten an diesem Haus halt. Daraufhin schöpften wir sofort Verdacht und ließen das Haus von da an überwachen.

Von September bis November taten wir nichts anderes, als die Bewegungen von Palazzolo und seinen Freunden zu verfolgen.

Ja, Vito war nicht allein. Er ließ sich von ein paar jungen Männern helfen, darunter ein gewisser Rocco. In dessen Haus fassten die Carabinieri, die uns nach der Verhaftung der Lo Piccolos zuvorkamen, Freddy Gallina, der auch flüchtig war und zusammen mit Gaspare Pulizzi die Mafiazelle von Carini führte.

In diesen zwei Monaten fanden wir heraus, was Vito Palazzolo eigentlich für ein Typ war: Vordergründig spielte er den anständigen jungen Mann, was ihn jedoch nicht daran hinderte, seine Freunde und sogar seine Verlobte zu hintergehen und mit den schlimmsten Bossen und Killern, die die Mafia je hervorgebracht hat, gemeinsame Sache zu machen.

Bald konnten wir uns aus dem, was im Ort so geredet wurde, und dem, was sich seine Freunde am Telefon erzählten, ein Bild davon machen, mit welcher Art Mafioso wir es hier zu tun hatten. Es stellte sich heraus, dass er sich charakterlich stark verändert und in der Cosa Nostra eine Blitzkarriere hingelegt hatte.

Außerdem wusste einer zu berichten, dass Vito erst kürzlich herumgeprahlt und tierisch angegeben hätte, was in bestimmten Milieus nur bedeuten kann, dass man zur ehrenwerten Gesellschaft gehört oder ihr zumindest nahesteht. Und auch der Umstand, dass er plötzlich jede Menge öffentliche Aufträge bekam, sprach in dieser Hinsicht allein schon Bände. Auch die Tatsache, dass er sich in der Öffentlichkeit mit den Sprösslingen bekannter einheimischer Mafiaclans, wie den Di Maggios, zeigte, war ein deutliches Zeichen dafür, dass er vermutlich für die Cosa Nostra arbeitete. In Cinisi hatte das jeder begriffen und sogar wir, die wir aus der Hauptstadt kamen.

Die Mafia macht sich nicht durch Worte, sondern durch Gesten und Taten verständlich, und in einem Gebiet wie Cinisi, wo einem bestimmte Mechanismen von Kind auf vertraut sind, konnten diese Veränderungen in Bezug auf den Lebenswandel und die Geschäfte von Palazzolo nicht unbemerkt bleiben.

Aus diesem Grund dehnten wir unsere Abhörmaßnahmen auf einige Nebenfiguren aus, die womöglich mit der Organisation nichts zu tun hatten, aber Vito nahestanden, wodurch wir Aufschluss erhielten über die Familienverhältnisse, den Freundes- und Bekanntenkreis sowie die Milieus, in denen er sich bewegte.

In diesem Zusammenhang kann ich nur dringend vor allen Bestrebungen warnen, die die Abhörmöglichkeiten einschränken oder sogar abschaffen wollen.

Denn die gerade geschilderten Verhältnisse machen nur allzu deutlich, welchen Stellenwert diesem Instrumentarium zukommt. Im Lauf der jahrelangen Ermittlungen wurden Tausende von Personen abgehört und mehr als zehntausend Telefonanschlüsse überwacht. Durch diesen Analyse- und Rechercheaufwand erhielten wir wertvolle

Informationen über Milieus, Gebiete, Sitten und Gebräuche, Familienangelegenheiten und schmutzige Geschäfte der gesuchten Mafiosi, und dabei wurden nie, und damit meine ich wirklich nie, Namen oder Umstände enthüllt, die nichts mit kriminellen Machenschaften zu tun hatten. Bei der Kriminalpolizei werden nur Daten gespeichert, die straffällige Personen betreffen, alles andere wird gelöscht. Deshalb braucht auch niemand zu befürchten, es könnten Informationen verbreitet werden, die nicht zu den Ermittlungen gehören.

Selbst hier in meiner Eigenschaft als Erzähler werde ich nur von Umständen und Personen berichten, die wegen Mafiazugehörigkeit oder entsprechender Straftaten vor Gericht gestellt wurden. Alles andere kann ich hier schon allein aus rechtlichen Gründen nicht publizieren, und ich will es auch gar nicht, weil das meinen moralischen Prinzipien widerspräche.

Wenn also Fälle von Missbrauch vorgekommen sind, wenn Abschriften oder Aufzeichnungen von Verhören, die nicht für die Öffentlichkeit bestimmt waren, trotzdem im Fernsehen oder in der Presse publik gemacht wurden, dann ist das kein Grund, die Abhörmöglichkeiten einzuschränken oder abzuschaffen, sondern dann muss man diejenigen strafrechtlich verfolgen, die dafür verantwortlich sind, das Gesetz gebrochen und ihre Geheimhaltungspflicht verletzt haben.

Denn zweifellos ist es unter anderem der Telefon- und Raumüberwachung zu verdanken, wenn Schwerverbrecher wie Brusca, Provenzano, Greco, Aglieri, Spatuzza, Vitale, die Lo Piccolos und viele andere gefasst und vor Gericht gestellt wurden.

Doch zurück zu Vito Palazzolo. Mit Hilfe der Telefonüberwachung und der Observierung seiner Freunde gelang es uns nicht nur, am 5. November das Versteck der Lo Piccolos in Giardinello aufzuspüren und beide festzunehmen, sondern auch das gesamte mafiöse Netzwerk in diesem Bezirk aufzudecken, wodurch sich später weitere Ermittlungsansätze ergaben.

An dieser Stelle möchte ich noch darauf hinweisen, dass die Erkenntnisse aus den Ermittlungen, zusammen mit dem Material, das bei dem Einsatz gefunden und beschlagnahmt wurde, später die Abteilung Organisierte Kriminalität in die Lage versetzte, Dutzende von Personen zu verhaften und damit die Organisation im Bezirk der Lo Piccolos in die Knie zu zwingen.

Die *pizzini* sind angerichtet

Es heißt, aus Erfahrung wird man klug, und eigentlich sollte das auch für die Erfahrung anderer gelten. Doch offensichtlich war den Lo Piccolos die Verhaftung von Bernardo Provenzano in Montagna dei Cavalli im April 2006 ebenso entgangen wie die Tatsache, dass der Fund seiner *pizzini* und deren Auswertung durch Polizei und Justiz die halbe Cosa Nostra samt Gefolgsleuten in die Enge getrieben hatte.

Damals wurden auch ein paar später entschlüsselte Schreiben von Sandro und Salvatore Lo Piccolo gefunden, doch offenbar schien die Sache den Boss von Tommaso Natale und seinen Sprössling nicht weiter zu beunruhigen. Tatsächlich enthielten diese Schreiben keine Hinweise auf das Versteck der beiden Flüchtigen oder die Identität ihrer Versorgungsleute, dafür jedoch Angaben zu geschäftlichen Beziehungen und gemeinsamen Freunden, die in der

Folge natürlich identifiziert und gegen die dann ermittelt wurde.

Auf jeden Fall hatte der Fund des Provenzano-Archivs damals ein enormes Medienecho ausgelöst, deshalb trauten wir unseren Augen nicht, als wir in Giardinello einen ganzen Koffer mit Briefen fanden. Darin wurde eine so breite, dermaßen undurchsichtige Themenpalette angesprochen, dass den beiden möglicherweise gar nicht einleuchtete, warum es besser gewesen wäre, die Briefe aus Sicherheitsgründen nach der Lektüre zu vernichten. Aufgeflogen wären sie ohnehin nur im Fall einer Verhaftung, denn Salvatore Lo Piccolo hatte den Koffer immer bei sich. Vielleicht dachte er auch einfach: »Wenn sie mich verhaften, ist eh alles egal, dann kann ich auch auf die *pizzini* pfeifen.«

Aber das sind Spekulationen. Wirklich wichtig ist nur, dass wir auch in Giardinello eine beträchtliche Zahl von Briefen fanden, zwar weniger als bei Provenzano, aber vom Informationsgehalt her genauso aufschlussreich, vielleicht sogar noch ergiebiger.

Halb Palermo, um es salopp zu formulieren, bezahlte demnach Schutzgeld an die Lo Piccolos, inklusive einer ansehnlichen Zahl von Großunternehmen, die offiziell alles abstritten oder sogar der Antiracket-Organisation angehörten.

Einige dieser Unterlagen habe ich höchstpersönlich entdeckt, in der Wasserspülung der Toilette.

Als wir auf die Spurensicherung warteten, beschlossen mein Freund und Kollege Fofò und ich in Erinnerung an unsere Erfahrungen aus der Via Salerno, die Bäder etwas genauer unter die Lupe zu nehmen. Im Bad im ersten Stock fanden wir zahlreiche Briefchen, die noch mit Klebeband versiegelt waren, aber im Wasser lagen. Damit hatten wir die Bestätigung, dass Unterlagen in Mafiakreisen am liebsten im Bad entsorgt wurden.

Also zogen wir die *pizzini* aus dem Wasser, entfernten den Klebestreifen, falteten sie auseinander und legten sie sofort zum Trocknen aus. Hätten sie noch länger im Wasser gelegen, wäre die Tinte endgültig verlaufen und man hätte nichts mehr lesen können.

Um die Papierröllchen zum Trocknen auszubreiten, brauchten wir eine glatte Fläche. Da kam Fofò auf die Idee, zu diesem Zweck die Porzellanteller aus der Küche zu benutzen. Unter dem besorgten Blick von Cono Incognito und eines Kommissars wurden die Briefchen auseinandergefaltet und auf Teller gelegt. Doch im Haus war es zu kühl, deshalb nutzten wir den sonnigen Tag und brachten sie in ein Auto, das vor dem Haus in der Sonne stand.

So wurden die *pizzini* wie köstliche Gerichte aufgetragen und in dem aufgeheizten Auto zum Trocknen ausgelegt. Nach und nach veränderten sich Konsistenz und Farbe des Papiers, zunächst außen, dann allmählich auch innen. Nach einer Weile wurde die Schrift wieder erkennbar; wir waren gerade noch rechtzeitig gekommen.

Auf den ersten Blick enthielten die Blätter endlose Listen aus Ziffern und Namen. Manche waren uns bekannt: Supermärkte und Großunternehmen, und daneben Zahlen, Tausende von Euro. Andere Firmen oder Einzelpersonen mussten noch identifiziert werden. Offensichtlich handelte es sich um das Hauptbuch des Mafiabezirks, mit allen Einnahmen und Ausgaben. Eine wahre Fundgrube für Staatsanwälte und Ermittler der Antimafia.

Mit diesem Fund begann eine grundlegende Erneuerung. Unter dem Druck der Öffentlichkeit, die mit Abscheu und Empörung reagierte, als die Liste in den Medien veröffentlicht wurde, beschlossen die Berufsverbände, allen voran der Unternehmerverband, sich eine neue Satzung mit strengen Regeln zu geben, worin es zum ersten Mal in der sizilianischen Geschichte klipp und klar hieß, dass derjenige, der Schutzgeld bezahlt und die Erpresser nicht anzeigt, aus dem jeweiligen Berufsverband ausgeschlossen wird.

Es kam zu einer heftigen Debatte, an der sich zahlreiche gesellschaftliche Gruppen beteiligten, und es entstanden neue Organisationen gegen die Mafia.

Fast über Nacht tapezierten die jungen Leute von Addiopizzo, eine Bewegung, die sich inzwischen zum Symbol für den Widerstand in unserer Stadt entwickelt hat, die Straßen mit Antimafia-Aufklebern. Überall in der Stadt war die Parole »*Ein ganzes Volk, das Schutzgeld zahlt, ist ein Volk ohne Würde*« plakatiert. Darüber wurde bei allen Fernsehsendern berichtet, diese Bilder gingen um die Welt, ebenso wie die ausgelassene Menge aus Addiopizzo-Aktivisten und vielen anständigen Palermitanern, die sich vor dem Gebäude der Kriminalpolizei versammelte, um auf die Verhaftung von Salvatore und Sandro Lo Piccolo anzustoßen.

Zum zweiten Mal war das schlafende Volk aufgewacht. Nach dem längst vergangenen palermitanischen Frühling, zu Zeiten von Bürgermeister Leoluca Orlando, wirkte die Antimafia-Bewegung jetzt wie neu geboren, und diesmal wild entschlossen, eine echte Grassroot-Bewegung mit vielen Gruppen, die nicht parteigebunden und von niemandem vereinnahmt waren.

Bleibt zu hoffen, dass die Palermitaner und die Sizilianer diesmal die nötige Kraft aufbringen, um sich endgültig durchzusetzen und ihre Stadt mit angemessener Unterstützung der Institutionen von dieser Pest zu befreien, die einerseits alle wirtschaftlichen Aktivitäten lähmt und andererseits einige wenige bereichert und damit deren Machtposition stärkt.

Aus Liebe zu Rosa

Wie immer bei so umfangreichen Ermittlungen, waren wir auch nach der Verhaftung weiter mit dem Fall Lo Piccolo beschäftigt, um der Justiz weitere Informationen über Vermögenswerte und Unterstützer zuzuführen. Bis heute sind die polizeilichen Ermittlungen über die *pizzini* und bestimmte verdächtige Personen, die damals nicht festgenommen wurden, noch nicht abgeschlossen.

Doch dann gab es plötzlich eine freudige Überraschung, die jedoch die Pläne von uns allen ein wenig durcheinanderbrachte. Im Mafiabezirk Tommaso Natale beschlossen ein paar Spitzenleute auszupacken. Eine einmalige Sache, die weitreichende Konsequenzen hatte. Neben Franco Franzese waren das unter anderem das hochkarätige Mafiamitglied Gaspare Pulizzi sowie weitere Mafiamitglieder wie Nino Nuccio, Andrea Bonaccorso und ein paar andere. Sie alle wollten über den Graben springen und ihren Teil der Wahrheit beisteuern, um zur Aufklärung der Hintergründe und Vorgehensweisen in diesem hochkomplexen, einflussreichsten Bezirk der palermitanischen Mafia beizutragen.

So wurden die Lo Piccolos bloßgestellt; und das nicht nur aufgrund des Hauptbuches und der Briefe, durch die das gesamte Unternehmen ins Wanken geriet, sondern auch durch die mündliche Aussage der Hauptakteure, die jahrelange Erpressungen, Intrigen, Morde, Vereinbarungen und Strategien enthüllten.

Sogar der Anwalt Marcello Trapani, ein getreuer Gefolgsmann des Clans, packte aus, als man ihm die Bilder einer Überwachungskamera der Finanzpolizei vorführte, auf denen zu sehen war, wie er mit Calogero Lo Piccolo, dem zweiten Sohn von Salvatore, dunkle Geschäfte erörterte. Trapani verriet, dass der gefürchtete Pate einen Teil seines Geldes in Norditalien investiert hatte. Außerdem steckte er seine Gelder in den Sportbereich, insbesondere in den von den Italienern so heiß geliebten Fußball, und so verwunderte es nicht, dass in diese Geschäfte sogar Führungskräfte des Fußballvereins Palermo Calcio verstrickt waren.

So wertvoll diese Aussagen für die Ermittlungen auch waren, entwickelten sie sich doch für andere Abteilungen wie die unsere logistisch und operativ zu einem wahren Alptraum. Niemand, mich eingeschlossen, hätte sich je vorstellen können, was es bedeutete, wenn jemand seine eigenen Vergehen gesteht, dann aber die Aufnahme in ein Schutzprogramm beantragt, bevor er offiziell mit der Justiz zusammenarbeitet.

Eines Abends nach der Verhaftung Lo Piccolos, als ich mit meiner Frau und den Kindern zu Hause war, um meinen wohlverdienten Feierabend zu genießen, klingelte um elf Uhr mein Handy, und der Diensthabende aus unserem Sekretariat teilte mir ohne weitere Vorrede mit, dass ich meinen Koffer packen solle, weil ich am nächsten Tag dienstlich verreisen müsse. Da man am Telefon keine Einzelheiten erörtert – eine Vorsichtsmaßnahme, die mir im Laufe der Jahre in Fleisch und Blut übergegangen war –, beschränkte ich mich darauf, zu fragen, ob er denn wisse, wie lange diese Reise wohl dauern würde. Schließlich müsse ich mit meinen Eltern und den Schwiegereltern absprechen, wer sich um die Kinder kümmert. Zwar konnte sich der Kollege, selbst Vater von drei Kindern, nur allzu gut in meine Lage versetzen, wusste aber auch nicht mehr und meinte nur, mit zehn Tagen müsse ich schon rechnen.

Ziemlich aufgeregt besprach ich die ganze Sache mit meiner Frau, der Ärmsten, die mir trotz allem anschließend noch beim Packen half. Denn obwohl ich beim Militär gewesen bin, stehe ich bis heute mit dem Einpacken meiner Siebensachen auf Kriegsfuß. Selbst wenn ich nur ein paar Tage wegmuss, schaffe ich es nicht, alles Nötige unterzubringen, während meine Frau darin eine wahre Zauberkünstlerin ist. Sie faltet alles, was ich ihr gebe, systematisch und verstaut es problemlos im Koffer. Da sie mich kennt, weiß sie natürlich auch, dass sie noch ein bisschen Platz im Koffer lassen muss, denn sonst komme ich später mit Tüten und Taschen wieder zurück, weil ich nicht alles untergebracht habe.

Am nächsten Morgen kam ich um acht ins Büro, um noch ein paar bürokratische Dinge zu erledigen und die Einzelheiten der Reise in Erfahrung zu bringen. Es wurde mir mitgeteilt, dass eine Person, die ich hier im Folgenden als X bezeichnen werde, sich entschieden habe, mit der Justiz zusammenzuarbeiten. Deshalb müsse man nun rasch, bevor etwas durchsickere, seine Frau mit der neugeborenen Tochter in Sicherheit bringen und so lange an einem geheimen Ort bewachen, bis die Kollegen vom Zeugenschutzprogramm NOP übernehmen würden.

Für mich wie für die meisten Kollegen von der Catturandi war das Hüten von Zivilisten etwas ganz Neues. Im Laufe der Jahre hatte man uns schon mal als Eskorte eingesetzt, aber jemanden rund um die Uhr zu bewachen, das hatte bis dato keiner von uns je gemacht. Da es sich um eine Frau und ein Baby handelte, sollte außer mir und einem Kollegen auch noch eine Kollegin aus dem Polizeipräsidium mit von der Partie sein, die Frau eines Kommissars, also eine extrem vertrauenswürdige Person.

Ich erhob keine Einwände, fragte mich aber schon, warum ausgerechnet wir von der Catturandi für solche Aufgaben herangezogen wurden. Die Antwort war sehr einfach: Wir hatten X verhaftet, er wollte bei uns auspacken, also mussten wir auch seinen Schutz übernehmen. Damit war alles gesagt, wir mussten nur noch in der Buchhaltung vorbeigehen, um das Geld für die Flugtickets, die Hotelrechnung und andere notwendige Ausgaben abzuholen.

Doch dort erwartete uns eine unliebsame Überraschung. Äußerst verlegen teilte uns der Abteilungsleiter mit, dass er nicht mehr genügend Geld in der Kasse habe. Er bat uns, die Kosten für Reise, Kost und Logis vorzustrecken, sie würden uns später von der Verwaltung erstattet.

Wir waren entsetzt: Nicht nur, dass man uns eine Aufgabe zuteilte, für die wir eigentlich nicht zuständig waren, jetzt sollten wir auch noch alles aus eigener Tasche bezahlen. Ich verdiene ungefähr 1.400 Euro im Monat, davon gehen 700 Euro allein für das Abbezahlen der Wohnung weg. Wovon sollte ich irgendetwas vorstrecken?

Doch wie gewohnt behielt das Pflichtbewusstsein die Oberhand, auch über die häuslichen Finanzen: Ich benutzte meine Revolving-Kreditkarte, bei der ich die Beträge in Raten abstottern konnte, wobei ich mir vornahm, die Schulden bei erfolgter Rückerstattung sofort zu begleichen, damit ich nicht auch noch für meine Arbeit Zinsen zahlen müsste. Was sich letzendlich dann natürlich doch nicht vermeiden ließ: Der Einsatz fand 2007 statt, doch erst zum Sommeranfang 2009 bekam ich mein Geld von der Verwaltung erstattet.

Doch das war noch nicht alles. In der Welt der Mafia fliegen die Nachrichten schneller als überall sonst, so dass ein

Unbekannter, der X für einen Verräter hielt oder ihn für alle Fälle abschrecken wollte, ihm ein deutliches Zeichen schickte. In der Nacht, bevor wir unser improvisiertes Schutzprogramm installierten, wurde in dem Geschäft der Ehefrau von X Feuer gelegt, ganz in der Nähe des Gerichts.

Vor Ort waren Streifenwagen im Einsatz gewesen, und unerklärlicherweise erreichte uns die Nachricht erst mit großer Verspätung. Kaum war sie eingetroffen, raste ein Auto zur Wohnung der Signora, die Hals über Kopf ein paar Sachen zusammensuchte. Die Lage war gefährlich: Wir mussten Palermo so rasch wie möglich verlassen und äußerst vorsichtig sein. Um alles andere, Möbel und persönliche Dinge, würden sich dann die Kollegen kümmern.

Äußerst angespannt zischten wir – im wahrsten Sinne des Wortes – los, mit einem Baby an Bord, und machten uns auf den Weg zum Flughafen *Falcone e Borsellino*. Am dortigen Polizeiposten erwartete uns ein Kommissar mit Flugtickets und Reiseziel. Am frühen Nachmittag waren wir in Sicherheit, in einem Hotel in einer kleinen mittelitalienischen Stadt. Wir nahmen drei Zimmer nebeneinander: das in der Mitte für Mutter und Kind, die beiden rechts und links daneben für uns, ihre Schutzengel.

Die ersten zwei Tage vergingen wie im Flug. In der Eile hatte die Signora ein paar grundlegende Dinge wie Windeln und Fläschchen vergessen, so dass ich mehrmals das Hotel verlassen konnte, um das Notwendige zu besorgen. Sehnsüchtig wartete ich auf die Ablösung durch die Kollegen von der NOP, denn den Babysitter zu spielen gehörte nicht zu meinen Lieblingsbeschäftigungen. Und wenn schon, dann hätte ich das lieber zu Hause bei meinen eigenen Kindern gemacht.

Aber wie es manchmal so geht, verwandelt sich etwas,

worauf man sich zunächst nur widerwillig einlässt, später in eine unvergessliche Erfahrung, die einen für immer prägt.

So vergingen die Tage, doch die versprochene Ablösung ließ weiter auf sich warten. Für Angehörige der Kronzeugen stand der Präfektur in Palermo ein relativ hohes Budget zur Verfügung, aber wir – obwohl wir alles aus eigener Tasche vorstreckten – mussten auf die Kosten achten. Für unsere Verpflegung stand uns ein Tagessatz von vierzig Euro pro Person zu, und das reichte gerade mal für Mittag- und Abendessen, obwohl das Hotel keineswegs ein Luxushotel war. Doch dann kam uns die Signora zu Hilfe: Bald aßen wir mit ihr an einem Tisch, und mit ihrem Tagessatz konnten wir auch die Kosten für uns drei Polizisten abdecken.

Dieser Frau hatten wir den Mann genommen, hatten sie aus ihrer gewohnten Umgebung herausgerissen, sie und die Kleine einem nicht unbeträchtlichen Risiko ausgesetzt und folglich interpretierte ich ihren harten, undurchdringlichen Blick als Ausdruck von Feindseligkeit gegen uns, vor allem gegen mich. Es war normal und nur allzu verständlich, dass sie etwas gegen uns hatte.

In Wirklichkeit jedoch fand ich bald heraus, dass ich ihr Verhalten missverstanden hatte. Das war kein Groll, sondern Zurückhaltung. Tja, einfach nur jene alte, zurückhaltende Art, wie sie sizilianischen Frauen eigen ist.

Für sie waren wir schließlich Fremde, sie kannte uns nicht, und dem Kind die Windel zu wechseln oder die Brust zu geben waren für sie intime Dinge, bei denen sie sich in unserer Anwesenheit immer ein wenig unwohl fühlte. Anfänglich fiel unsere Unterhaltung recht einsilbig aus. Die Signora konnte ja nicht wissen, dass ich als »Herr über die Telefone« seit Jahren alle ihre Unterhaltungen verfolgt hatte, dass ich ihre Mutter, ihren Vater und all ihre Verwandten nur zu gut kannte.

Von der Geburt ihrer Tochter hatte ich wohl als Erster erfahren, und ich hatte mich für sie gefreut, obwohl ich doch ein vollkommen Unbekannter war. Ich weiß noch heute, wie viele Telefonate wir abhaken konnten, weil es darin ausschließlich um das Taufkleid des Kindes ging. Wie meine Kollegen kannte ich die Geheimnisse des Ehemanns, und im Unterschied zur Signora wusste ich ganz genau, dass sich hinter der Fassade des guten Geschäftsmanns und Familienvaters einer der gefährlichsten Statthalter von Salvatore Lo Piccolo verbarg.

Doch durch die vielen gemeinsamen Mahlzeiten und die langen Spaziergänge durch die Flure und Säle des Hotels kamen wir uns langsam näher. Dabei spielte die kleine Rosa – den Namen habe ich natürlich erfunden – den Katalysator. Irgendwann hörten wir dann auf, die Bullen zu sein, die ihren Mann gejagt hatten, und wurden zu ganz normalen Menschen, die sich im Urlaub in diesem Hotel kennengelernt hatten.

Bald fanden wir heraus, dass jenseits der starren Rollen und Masken eine Welt existiert, in der sich Leute wie *sie* und Leute wie *wir* durchaus etwas zu sagen hatten, dass man angenehme Unterhaltungen führen, witzige Bemerkungen machen, über Familie, Kinder und Zukunftspläne reden konnte. Und so war es.

Und für die kleine Rosa, so die Signora, sollte es eine Hoffnung geben, die Hoffnung auf einen anderen Vater, ein anderes Leben, weit weg von Palermo und den Rohheiten der Mafia. So fanden wir heraus, dass die beiden bei der Entscheidung von X zur Zusammenarbeit mit der Justiz eine wichtige Rolle gespielt hatten und dass diese Frau, auch wenn sie nichts Genaues wusste, doch mitbekommen hatte, dass ihr Mann Geheimnisse und Missetaten für sich behielt.

Schon am Tag der Verhaftung hatte die Frau ihren Verwandten zu verstehen gegeben, dass ihr Mann vielleicht alle Brücken hinter sich abbrechen und ein neues Leben anfangen würde. Daraufhin hatten sich Schwiegereltern und Schwager von ihr abgewandt, was sie zwar verstand, aber bedauerte. Dafür brachten ihre Eltern ihr mehr Verständnis entgegen, und das ist in bestimmten Kreisen durchaus eine Seltenheit.

Sie hatte ihren Mann wissen lassen, dass sie zur Abreise bereit sei, ohne die Feindseligkeit seiner Verwandten zu verschweigen, und hatte abgewartet. Als dann die Polizei und der Anwalt vor ihrer Tür standen, wusste sie, wie ihr Mann sich entschieden hatte: für eine Zukunft mit ihr und dem Kind. Die Signora war froh darüber, umso mehr, seit sie uns kannte.

Die Tage vergingen, und endlich wurden Rosa und ihre Mutter von der NOP übernommen. Als ich abfuhr, hatte ich Tränen in den Augen, denn ich wusste, dass ich die wundervolle Kleine und ihre starke, couragierte Mutter nie wiedersehen würde.

Am Flughafen wurde ich dafür von meiner Frau und meinen Kindern empfangen, mit einem großen blauen Luftballon mit der Aufschrift: *Willkommen daheim, Papa.*

Ich drückte alle drei fest an mich und verbrachte zwei wunderbare Tage mit ihnen, bevor ich wieder an meine gewohnte Arbeit zurückkehrte.

Kleine Fische

Am 17. Dezember 2008 berichteten alle Presseorgane ganz groß von der legendären Operation Perseus, die die Carabinieri in Palermo durchgeführt hatten. Mehr als neunzig Festnahmen, darunter einige hochkarätige Mafiosi, aber auch viele kleine Fische.

Eigentlich ging es in dem Fall um den Plan der alten, aber immer noch einflussreichen Bosse Benedetto Capizzi und allen voran Gaetano Lo Presti, die frühere Provinzkommission der Cosa Nostra wieder ins Leben zu rufen. Die alten Paten waren es leid, dass die unteren Chargen einzelner Clans auf eigene Faust Streifzüge in andere Reviere unternahmen, und sie wollten mit dieser Unsitte aufräumen. Natürlich auf ihre Art, nach ihren Regeln und mit ihren Anweisungen, damit alle anderen gehorchten und sie den Vorteil davon hätten.

Als an diesem 17. Dezember 2008 nationale wie lokale Fernsehsender enthusiastisch über die Operation Perseus berichteten, entging ihnen vollkommen, dass unter den Verhafteten eine Hauptperson fehlte.

Tatsächlich hatte Sandro Capizzi, Benedettos Sohn und Kronprinz für den Chefsessel der palermitanischen Mafia, am Abend vor der Aktion den Braten gerochen und war geflohen. Und mit ihm sein Leibwächter und Vize: Salvatore Freschi.

Als die Carabinieri am frühen Morgen das Haus der Capizzi stürmten, hatten sie nur den alten Benedetto Capizzi angetroffen, der nicht fliehen konnte, weil er an der Dialyse-Maschine hing. Aber von seinem Kronprinzen keine Spur. Die Nachricht verbreitete sich wie ein Lauffeuer, umgehend wurden sämtliche Polizeikräfte in Alarmbereitschaft versetzt, obwohl im Zentralcomputer noch kein

Hinweis darauf erschienen war, dass man Sandro Capizzi aufgespürt hatte.

Uns von der Catturandi war Sandro Capizzi bestens bekannt, denn bei den Ermittlungen im Fall Lo Piccolo waren wir mehrfach über ihn gestolpert. Wir kannten sein Gesicht, seine Gewohnheiten und auch seine Freunde.

Wir wussten über ihn Bescheid, aus den endlosen Telefongesprächen, die wir mitgehört hatten. Einmal hatte er bei einer solchen Gelegenheit erwähnt, dass er, falls er je untertauchen müsse, jederzeit auf die Wohnung eines Großmütterchens zurückgreifen könne, denn die Alte sei immer bei den Enkeln und fast nie zu Hause. Über diese Wohnung machte Sandro Capizzi damals genaue Angaben, die, obwohl uralt, niemand kannte und die deshalb vermutlich noch stimmten.

Und wir von der Catturandi sind wie die Elefanten: Bei uns geht nichts verloren, was irgendwann einmal bei uns registriert wurde, und man kann sicher sein, dass irgendjemand sich im gegebenen Augenblick daran erinnert. So war es auch diesmal. Als wir erfuhren, dass Sandro entkommen war, kramten wir die alten Bänder wieder hervor und suchten die Stelle mit der Wohnung heraus.

Wie immer ist der Rest Geschichte: Einen Tag lang observieren, eine Gardine, die sich bewegt, Capizzi wird erkannt, das Haus wird umstellt, dann erfolgt der Zugriff, diesmal mit einer freudigen Überraschung, denn bei ihm war der ebenfalls gesuchte Salvatore Freschi.

Dann riefen wir bei den Carabinieri an und teilten ihnen mit, dass ihre Flüchtigen festgenommen wurden. Von uns. Die Carabinieri gratulierten uns sogar zu unserem Erfolg, auch wenn ich glaube, dass sie im Grunde liebend gern darauf verzichtet hätten.

Der einzige Wermutstropfen: Am nächsten Tag berichteten

Fernsehen und Presse zwar von der Verhaftung, doch keiner erwähnte, dass wir Polizisten von der Catturandi es waren, die Capizzi gefasst hatten. Doch schon bald sollte uns diese Unaufmerksamkeit Glück bringen.

Raccuglia, eine Verhaftung zum Nulltarif

Eins muss man uns lassen: Wir von der Catturandi sind einfach unschlagbar. Ich hoffe, man wird mir diese Bemerkung nachsehen, denn sie ist kein Zeichen von Überheblichkeit, sondern lediglich von berechtigtem Stolz, denn nur zwei Jahre nach der Verhaftung der Lo Piccolos gelang unserer Abteilung erneut ein historischer Coup.

Im Zentrum von Calatafimi, in der Provinz Trapani, dem Revier des ebenfalls gesuchten Matteo Messina Denaro, umstellten die Männer der Staatspolizei ein dreistöckiges Haus und verhafteten Domenico Raccuglia, der bereits zu lebenslanger Haft verurteilt gewesen war und seit vierzehn Jahren wegen mehrerer Morde gesucht wurde, unter anderem an dem kleinen Giuseppe Di Matteo, dessen Leiche auf Befehl von Giovanni Brusca in Säure aufgelöst wurde.

Das Ganze glich einer Szene aus einem Actionfilm. Vom Balkon im dritten Stock schleuderte Raccuglia ein Tasche mit Waffen, *pizzini* und Bargeld auf das angrenzende Grundstück – mit viel Bargeld: mehr als 130 000 Euro. Dann kletterte er über die Mauer des Nachbarhauses und versuchte, über die Dächer zu entkommen. Doch die Männer von der Catturandi waren auf der Hut. Als sie seinen Fluchtversuch bemerkten, brüllten sie, er solle stehen bleiben, und als er erschrocken weiterrannte, gab einer der Beamten einen Warnschuss ab.

In diesem Augenblick begriff Mimmo Raccuglia – wegen seiner Tierliebe auch Tierarzt genannt –, dass er nicht ungeschoren davonkommen würde. Wollte er sich keine Kugel einfangen wie sein berühmter »Kollege« Daniele Emmanuello in Caltanissetta, dann musste er sich ergeben. Also hob er zum Zeichen der Aufgabe die Hände.

So ging uns auch Raccuglia, Jahrgang 1964, ins Netz.

Als unehelicher Sohn von Giovanni Brusca und eingefleischter Corleonese hatte er ein Leben lang über ein ausgedehntes Territorium geherrscht. Als Chef des Mafiaclans von Altofonte hatte er stillschweigend Gebiete erobert, die sich über drei Provinzen erstreckten: über Palermo, Trapani und Agrigent. Und das alles dank seiner uralten Freundschaft mit einem anderen flüchtigen Superboss, dem bereits erwähnten Matteo Messina Denaro.

Doch selbst der Schutz durch den ebenfalls seit langem untergetauchten Padrino sollte ihm nichts nützen. Obwohl es überall von Wachposten und Ehrenmännern nur so wimmelte, nahmen die besten Polizisten Italiens – nichts als gesundes Selbstbewusstsein meinerseits – den Kampf gegen alles und jeden auf und brachten das Unternehmen erfolgreich zum Abschluss.

Gegen alles und jeden: Das kann man mit Fug und Recht behaupten. Ein feindseliges Gebiet, aufgrund physischer wie ethnografischer Gegebenheiten fast uneinnehmbar. Ein fast an Antagonismus grenzender Wettstreit mit den Carabinieri, die eifersüchtig über ihre eigenen mehr als zehnjährigen Ermittlungen wachten und uns kaum Handlungsspielräume ließen, dabei zusätzlich noch begünstigt durch gewisse Vorlieben in der Staatsanwaltschaft Palermo.

Erschwerend kam hinzu, dass aufgrund der ökonomischen Krise gerade im Bereich Sicherheit, besonders bei der Staatspolizei, gespart wurde, wobei auch Eliteeinheiten wie die Kripo Palermo nicht verschont wurden. Das bedeutete fehlende Mittel für Überstunden, Verbot von Einsätzen im Außendienst, unsäglich lange Arbeitszeiten trotz vertraglicher Arbeitszeitregelungen und freiwillige Ausgaben aus eigener Tasche ohne Rückerstattung.

Oft hängt die Fortsetzung der Ermittlungen vom Engagement und der Hartnäckigkeit der Männer ab, von der Genialität der Vorgesetzten, die von Ermittlern zu Buchhaltern, Ökonomen und Verwaltungsexperten werden.

Angesichts immer neuer Kürzungen beschwerte sich der Kripochef Vito Calvino: »Ich verbringe mehr Zeit mit der Beschaffung von Geldern als mit der Bearbeitung von Straftaten.«

Unter diesen Umständen blieb selbst dem Polizeipräsidenten Sandro Marangoni nichts anderes übrig, als zu improvisieren. Da die Catturandi unbedingt Verstärkung brauchte, kratzte er deshalb aus allen anderen Abteilungen – zum Verdruss der betreffenden Abteilungsleiter – zehn motivierte junge Leute zusammen und versetzte sie kurzerhand zur Catturandi. Zehn zusätzliche Kräfte zu den bisherigen vierzig, die jung und erpicht darauf waren, bei der Catturandi zu arbeiten. Echte Bullen, die monatelang hart arbeiteten, um zu erreichen, was sie sich vorgenommen hatten: die Verhaftung von Domenico Raccuglia. Denn einen Boss muss man hinter Schloss und Riegel bringen, auch ohne Mittel, auch ohne Geld. Koste es, was es wolle.

Häufig bekam der Staat diese Leistung zum Nulltarif, alles auf Kosten der Mitarbeiter, das möchte ich betonen.

Und dennoch hat ein kostenloser Service wie die Verhaftung von Raccuglia Geschichte geschrieben und ist als Gedenktag im kollektiven Gedächtnis fest verankert: 15. Dezember 2009, Calatafimi, Provinz Trapani. Mit freundlicher Unterstützung der Catturandi von Palermo.

Auch Nicchi verhaftet:
Die Catturandi ist gerettet

Es war schon öfter vorgekommen, dass es mich nach einem langen, aufregenden Arbeitstag drängte, alles aufzuschreiben. So auch in der Nacht des 2. August 2007, wenige Stunden nach der Verhaftung von Franzese. Aus dem, was ich damals in den Computer hackte, entstand später mein erstes Buch *Catturandi*.

Die letzte Attacke dieser Art überkam mich am 6. Dezember 2009 um zwei Uhr morgens, und der Impuls war derselbe: Ich wollte mir alles von der Seele schreiben, ohne auch nur einen Augenblick innezuhalten.

Vielleicht um das Adrenalin abzubauen, das an diesem Nachmittag verrückt gespielt hatte.

Vielleicht nur aus Lust, ein gerade überstandenes Abenteuer zu erzählen.

Tja, denn am 5. Dezember 2009 nachmittags um drei war der letzte große Flüchtige der Palermitaner Mafiaszene der unsterblichen Catturandi ins Netz gegangen. Nach einem vergeblichen Fluchtversuch hatte sich Gianni Nicchi schließlich den Jungs der erfolgreichsten und berühmtesten Polizeieinheit Italiens ergeben müssen. Nicchi, Spitzenvertreter der Cosa Nostra und Chef des Bezirks Pagliarelli mit dem Spitznamen »das Kind« war bis dahin über drei Jahre frei herumgeflattert wie ein Vögelchen im Wald.

Niemand, nicht einmal wir Bullen, hatte damit gerechnet, dass uns nur drei Wochen nach der Verhaftung von Domenico Raccuglia erneut ein so großer Erfolg gelingen würde.

Das ist der Beweis dafür, dass für unser Team nichts unmöglich ist, wenn zur gewohnten Professionalität noch ein Quentchen Glück hinzukommt.

Klar, wir mussten keinem mehr etwas beweisen, wir brauchten eigentlich nur so weiterzumachen wie seit der Verhaftung von Provenzano, in demselben frenetischen Tempo. Auch weil die letzten beiden Fälle, Raccuglia und Nicchi, uns wirklich das Äußerste abverlangten. Das war, wie gesagt, ein Kampf gegen alles und jeden.

Da wir im Fall Giovanni Nicchi weder seine Blutsfamilie noch seine Freunde überwachen konnten, weil gegen sie bereits von anderer Seite ermittelt wurde, war die ganze Sache äußerst kompliziert. Folglich mussten wir sehr weit ausholen und stießen, immer wenn wir näher kamen, auf ein Hindernis oder ein anderes Ermittlungsteam. Das war wirklich stressig.

Eines Tages forderte uns die Staatsanwaltschaft, wenn auch höflich, auf, unsere Erkenntnisse an die Carabinieri weiterzugeben, da sie schon vor uns gegen diese Personen ermittelt hatten. Es war wie bei einem Wettlauf, und wir wurden immer Zweiter.

Die Choreographie der Ermittlungsansätze sah etwa so aus: Erst eine Spur, dann Monate später eine andere, danach musste man einen Clan überprüfen und schließlich noch einen. Ehrlich gesagt verlor ich langsam den Überblick, und meine Kollegen auch.

Eines schönen Tages hatten wir endlich das Gefühl, auf dem richtigen Weg zu sein. Dank einer institutionellen Quelle, die unseren Verdacht bestätigte, beschlossen wir, uns auf eine bestimmte Person zu konzentrieren, sie zu unserer Zielperson zu machen, an der man dranbleiben muss, koste es, was es wolle.

Während der folgenden Monate wurde die fragliche Person intensiv observiert und abgehört, doch der Name Gianni Nicchi wurde nie erwähnt. Uns war bekannt, dass die beschattete Person kriminell war: Sie redete von Mafia, Waffen und Drogen, aber nie von einem Flüchtigen. Sie hatte Kontakt zu allen Mafiaclans der Stadt, doch nach Monaten des Abhörens immer noch kein Wort über Gianni, »das Kind«.

In der Zwischenzeit machten die anderen, die an Raccuglia dran waren, Fortschritte, so dass einige aus der Nicchi-Gruppe nach und nach dorthin abwanderten.

Deshalb wurde es für uns immer schwieriger, alle Aufgaben abzudecken, zumal am Ende des Tunnels kein Licht zu sehen war.

Dann kam der 15. Dezember und Domenico Raccuglia wurde festgenommen. An dieser Aktion nahm auch mein Team teil, und wir waren stolz und glücklich. Doch zugleich wurde die Distanz zwischen den beiden Gruppen immer größer.

Die Geschlossenheit der Catturandi schien gefährdet. Während die anderen feierten und gefeiert wurden, blieb uns nichts anderes übrig, als stillschweigend weiterzuarbeiten. So lange, bis auch wir, unterstützt durch unseren Vorgesetzten Mario Pignone, endlich eine Glückssträhne hatten. Bei einer ganz normalen Observierung bemerkten die Beschatter, zufällig jene jungen Polizisten, die zu unserer Unterstützung aus anderen Abteilungen abgezogen worden waren, plötzlich etwas Verdächtiges.

In Gesellschaft unserer Zielperson tauchte plötzlich ein unbekannter Mann auf, der sich äußerst merkwürdig verhielt. Er behielt seinen Motorradhelm auf, wenn er in ein Lokal ging, und nahm ihn erst ab, wenn er drin war. In einer Bar trank er sogar einen Espresso, ohne den Helm abzunehmen, als hätte er Angst, erkannt zu werden.

Unsere jungen Kollegen schöpften sofort Verdacht und gaben den erfahreneren Kollegen Bescheid. Daraufhin stellten wir eine Sonderbeschattung auf die Beine: Die ganze

Nacht wurden die beiden observiert, ohne dass sie es auch nur ansatzweise bemerkten.

Im Morgengrauen gelangten wir schließlich zu dem Unterschlupf in der Via Filippo Juvara.

Der Rest war Routine: Als ein weiterer verdächtiger Typ mit Plastiktüten in der Hand das Haus betrat, folgten ihm die Kollegen. In der Wohnung, die er aufsuchte, war dann Gianni Nicchi. Das war also der Mann, der den Helm nie absetzte ... Zwar versuchte er noch, über den Innenhof zu fliehen, aber die Kollegen hatten schon das ganze Haus umstellt.

Der junge Boss, der an allen erdenklichen Luxus gewöhnt war, an Markenkleidung, Champagner und ausschweifende Urlaube mit Limousinen in New York, ergab sich in einem ganz gewöhnlichen Wohnhaus in der Via Juvara, nicht weit vom Gerichtsgebäude entfernt.

Festumzug, Fotografen, die jungen Leute von Addiopizzo vor dem Gebäude der Kripo: Die Geschichte wiederholte sich, zum Glück. Die Catturandi war gerettet. Auch die Nicchi-Gruppe konnte jetzt aufatmen und den Kollegen wieder ins Gesicht sehen, in dem vollen Bewusstsein, ebenso geschickt und erfolgreich zu sein wie sie.

Im Übrigen ist unsere Abteilung mehr als eine einfache Polizeieinheit, sie ist eine Familie, ein Team. Sie ist eine unzertrennliche Einheit trotz aller Gruppen und Untergruppen. Ich hoffe von ganzem Herzen, dass sie ihren Geist, ihre Hingabe und ihre Professionalität erhalten kann, um ihren Erfahrungsschatz an alle weiterzugeben, die Tag für Tag die Mafia bekämpfen und weiterhin bekämpfen werden, in all ihren Ausprägungen und allen Städten unseres Landes.

Kapitel 6

Der vielstimmige Chor

Bahn frei für die Kollegen

Alles bisher Geschilderte betrifft meine Sicht der Dinge, meine Erinnerungen und Empfindungen. Das gilt sowohl für meine ganz persönlichen Erfahrungen wie für die Ausführungen über den Geist der Catturandi und die Arbeit, die meine Kollegen und ich gemeinsam oder getrennt verrichten. Jetzt gebe ich meine Solistenrolle ab und lasse Kollegen und Techniker zu Wort kommen, die mit uns zusammenarbeiten. Ich habe Verstärkung angefordert, damit der Leser auch andere Stimmen aus dem großen Chor hört, den unser Team bildet.

Giovanni

von Vincenzo, genannt »der Scharfmacher«

Die achte Abteilung des Einsatzkommandos hatte an jenem Tag Bereitschaft, folglich waren am Nachmittag Alessandro, Francesco, Nicola, Riccardo und ich im Dienst.
Es war noch kein Jahr her, da hatte ich mit aller Macht darum gekämpft, vom Kommissariat San Lorenzo zum

zentralen Einsatzkommando Palermo versetzt zu werden. Tausend Anträge, aber keine Antwort. Eines Tages wurde ich dann als Wachposten eingesetzt in der Abteilung, zu der ich unbedingt gehören wollte, was echt deprimierend war. Ich, der ich davon träumte, selbst zu ermitteln, sollte mich damit zufriedengeben, am Eingang Wache zu stehen, von wo ich neidisch das Hin und Her der Polizisten in Zivil beobachtete, manche mit langen Haaren, manche mit Bart und Ohrring auf Motorrädern oder in Zivilfahrzeugen, alle geschäftig, eilig und vor allem aktiv.

Mit der Ausrede, ich müsse mal zur Toilette, bat ich einen Kollegen, mich kurz zu vertreten. Doch stattdessen schlich ich mich in den ersten Stock hinauf und ging ins Sekretariat.

»Was gibt's?«, fragte mich ein Mann mit welligem Haar und Schnurrbart, den ich später als Ciccio kennenlernte, unwirsch.

Eingeschüchtert von der Frage sagte ich mit einem Piepsstimmchen: »Ich möchte den Chef sprechen.«

»Was? Und was willst du ihm sagen?«

»Dass ich hierher versetzt werden möchte.«

»Stell einen schriftlichen Antrag wie alle anderen, und geh an deinen Platz zurück«, sagte er. »Wir haben zu tun.«

Enttäuscht wollte ich gerade kehrtmachen, als ich aus dem Nebenzimmer ein Brummen hörte: »Wer ist denn da?«

»Ach nichts, Dottore, nur ein Kollege, der bei uns arbeiten möchte«, gab Ciccio zur Antwort.

»Lass ihn rein!« Das war Arnaldo La Barbera.

Vor lauter Aufregung setzte ich mich, als er mir einen Stuhl anbot, ganz vorne auf die Kante, streifte die Rückenlehne nur leicht und stützte mein Gewicht auf die zitternden Beine.

»Warum willst du zur Kripo?«, fragte er mich.

»Es ist mein Traum, zur Polizei zu gehen und als Polizist zu arbeiten.«

La Barbera sah Ciccio an, nickte leicht mit dem Kopf und grinste, was äußerst selten vorkam. Das war seine ganze Antwort.

Von da an veränderte sich für mich alles grundlegend, fortan bestimmte die Arbeit mein Leben, das durch diesen Nachmittag unwiderruflich geprägt wurde.

Einen Tag bevor ich dann schließlich anfing, sah ich auf dem Schwarzen Brett nach, wofür man mich am folgenden Tag eingeteilt hatte. Dort stand: *Dienstplan 23. Mai 1992. Bereitschaft: Alessandro, Riccardo, Francesco, Vincenzo.* Und dieser *Vincenzo*, das war ich.

Am 23. Mai klingelte durchdringend das Telefon.

»Verdammt, wieso nimmt keiner ab?«, brüllte Riccardo. Ich stürzte ans Telefon.

Ich hörte eine aufgebrachte Stimme: »Hier ist die Einsatzzentrale. Ihr habt doch Bereitschaft, nicht wahr? Sofort zur Autobahn nach Capaci. Es sieht so aus, als wäre dort ein Zementwerk explodiert … schnell! Und noch was, vermutlich gibt es Tote.«

Auf der Höhe von Tommaso Natale versperrte eine Wand aus Autos jede Weiterfahrt. Wir ließen unseren gelben Punto auf der Notspur stehen und gingen zu Fuß weiter. Unter den Schuhsohlen war Staub, doch je näher wir der angegebenen Stelle kamen, desto mehr verwandelte sich dieser Staub in etwas anderes, Hartes: Steine, Felsbrocken, große Stücke aufgeplatzten Asphalts.

Als ich stehen blieb, um Luft zu schnappen, sah ich in der Ferne die aufgeplatzte Autobahn und einen Trümmerhaufen, unter dem ein weißer Fiat Croma hervorschaute.

Ich begann zu ahnen, dass ich an diesem Nachmittag,

dort, auf diesem Autobahnstück, Zeuge einer unfassbaren Tragödie werden würde, von etwas Unmenschlichem, angerichtet von Männern der Ehrlosigkeit.

Ich ging näher heran: Da standen zwei Streifenwagen der Carabinieri. Ein Krankenwagen fuhr weg, und in einen anderen wurde ein blutender Mann eingeladen, der mit der Hand fuchtelte. Ich glaube, er hatte ein Metallstück im Hals stecken.

Der Sanitäter, der die Bahre schob, sagte: »Machen Sie sich keine Sorgen, Dottore, Ihrer Frau geht es gut. Sie müssen jetzt an sich denken.«

Ich fragte den Fahrer des Krankenwagens, wer der Verletzte sei.

»Giovanni Falcone«, sagte er.

Dann fügte er noch hinzu, in dem anderen Krankenwagen sei seine Frau, auch sie schwer verletzt, womöglich sogar schon tot.

Trotz der schrecklichen Eindrücke keimte ein Hoffnungsschimmer in mir auf. Denn da der Richter noch lebte, dachte ich: *Scheißkerle, ihr habt es nicht geschafft. Wenn er wieder gesund ist, jagt er euch zum Teufel.*

Aber so war es nicht, leider.

In diesem Augenblick erzählte mir einer der Streifenpolizisten, er habe gehört, die Kollegen aus dem ersten Auto der Eskorte seien um Haaresbreite mit dem Leben davon gekommen. Falcone hatte im mittleren Auto gesessen, von dem letzten Wagen war nichts mehr vorhanden.

Plötzlich brüllten alle: »Der Wagen mit Montinaro, wo ist der Wagen mit Montinaro?«

Irgendwann, als mein Kollege Alessandro Richtung Meer schaute, über die Betonsilos einer Baustelle hinweg, murmelte er:

»O Gott ... ich fasse es nicht ...«

Allen Anwesenden stockte das Blut in den Adern, plötzlich herrschte Grabesstille.

Während wir etwa hundert Meter vorrückten, schlug uns das Herz bis zum Hals, denn noch hofften wir, dass es sich bei der Rauchsäule, die wir weiter vorne sahen, nur um verbranntes Stroh handeln würde.

Aber so war es nicht.

Der Anblick war grauenhaft: Der vermisste Wagen war nur noch ein schwarzes, rauchendes Knäuel aus verbogenem Blech, und er sah aus, als käme er direkt aus der Schrottpresse.

Ich sah, wie das heruntertropfende Blut auf der glühenden Karosserie verdampfte.

Dann kam ein Kollege mit dem Dienstplan des Polizeipräsidiums für den Begleitschutz. Ich las ihn: Begleitschutz Goivanni Falcone, Funkfrequenz Savona 56, Schichtende 14 Uhr: Antonio Montinaro, Rocco Di Cillo, Vito Schifani.

Das war ihr Blut.

Rocco kannte ich nicht, Antonio und Vito schon. Noch kurz zuvor waren auch sie in unserer Dienststelle gewesen. Antonio war ein scheuer, zurückhaltender Typ, der immer in einem beigefarbenen Trenchcoat herumlief, wie Columbo, und bei uns in der Mordkommission arbeitete. Vito dagegen war aus meiner Abteilung. Er war ein komischer Typ, manchmal fast ein bisschen zu still. Und er hatte zwei große Leidenschaften: seinen Sohn, der gerade erst ein paar Monate alt war und von dem er stets Fotos herumzeigte, und das Fliegen. Er hatte einen Flugschein für kleine Maschinen, die er bisweilen am Militärflughafen Boccadifalco auslieh.

Ich weiß noch, wie er mich eines Tages im Beisein seiner Frau dazu eingeladen hatte, einmal mitzufliegen.

»Du spinnst doch!«, kommentierte ich sein Ansinnen. »Mit dir würde ich nicht mal Fahrrad fahren.«

Und natürlich hatten alle gelacht.

Als wir uns am Abend der Tragödie im Leichenschauraum des städtischen Krankenhauses trafen, erkannte mich seine Frau und umarmte mich. Vielleicht weil sie dachte, ich hätte auch zum Begleitschutz gehört und sei dem Blutbad entkommen, fragte sie mich: »Was ist mit Vito passiert? Was haben sie euch angetan? Hast du ihn gesehen ... hat er sehr gelitten?«

Für mich waren diese Fragen wie ein Schlag ins Gesicht.

Ich wusste nicht, was ich sagen sollte, wie ich mich verhalten sollte.

Ich glaube, ich habe nicht einmal die Umarmung erwidert, wie versteinert stand ich da, mit hängenden Armen, und dachte nur daran, wie ich mich möglichst schnell verdrücken könnte, weil ich mit dieser hochdramatischen Situation überfordert war und einfach keine sinnvolle Antwort wusste.

Die richtigen Antworten haben wir, glaube ich, in den folgenden Jahren nach und nach gegeben. Unsere erfolgreiche Arbeit war die beste, die einzige Antwort, die man den Opfern dieser ungeheuren Tragödie geben konnte.

Wenn ich heute, Jahre später, an diese schrecklichen Ereignisse zurückdenke, wünsche ich mir nur, dass die Idee der Gerechtigkeit und das Engagement dafür von den kommenden Generationen übernommen werden, auch von meinem Sohn, den ich Giovanni genannt habe.

Ein Rammbock für alle Türen

Von Giovanni,
genannt »der Hammer«

Als ich Ende der achtziger Jahre bei der Catturandi in Palermo angefangen habe, war die Mannschaft, wie sie bei manchen von uns heißt, gerade erst im Entstehen und hatte noch einen langen Weg vor sich, bevor sie weltberühmt wurde. Gemeinsam mit den Kommissaren, die den ursprünglichen Kern bildeten, stürzte ich mich – damals als Ermittler noch ein echtes Greenhorn – ins Gewühl.

Ich kam damals von den *Fiamme Oro*, der Sporteinheit der Staatspolizei, wo ich mich in einer besonderen Sportart durch nationale und internationale Bestleistungen ausgezeichnet hatte. Obwohl ich die sportliche Betätigung später ganz aufgab, blieb ich meiner Disziplin doch in gewisser Weise treu, wenn auch auf ganz andere, völlig neuartige Weise.

Denn schon bald erwiesen sich meine Kraft und meine athletische Statur bei den Einsätzen der Catturandi als äußerst nützlich, auch wenn sie unter der jahrelangen Wettkampfabstinenz und durch den kleinen Ansatz eines Bauches inzwischen ein wenig gelitten hatten.

Gerade die Kombination aus kräftigem Körperbau und sanftem, überlegtem Verhalten sorgten dafür, dass die Kollegen mich immer dabeihaben wollten.

»Giovanni, du fährst mit mir«, so hieß es stets bei den älteren Kommissaren.

»Giovanni, du machst die Tür auf, und wir folgen«, verlangten die anderen.

Also übernahm ich, kurz gesagt, eine Sonderrolle, die ich auch heute noch bekleide: Ich gab den Sturmbock, neben meiner Arbeit als Experte für akustische Raumüberwachung.

Ich weiß nicht mehr, wie viele Türen und Tore ich eingeschlagen habe. Doch Achtung, damals machte man das nicht mit Spezialwerkzeugen wie heute, sondern mit bloßen Händen.

Es gibt einige, die das sicher nicht so leicht vergessen werden. Fifetto Cannella zum Beispiel: Weil er die Tür nicht schnell genug aufmachte, gab mir unser damaliger Chef Claudio Sanfilippo die Anweisung, sie einzuschlagen. Zwei gezielte Schläge, schon sprang die Tür aus den Angeln, fiel nach innen und begrub den dahinterstehenden Cannella unter sich. In der Aufregung trampelten alle darüber hinweg, und es dauerte ein paar Sekunden, bis wir merkten, dass der Gesuchte unter der Tür eingequetscht lag und dort der unvermeidlichen Festnahme harrte.

Bei Aglieri und Peppuccio La Mattina hingegen verlief die Sache ein bisschen anders: Merkwürdigerweise öffnete sich das Tor zu ihrem Unterschlupf in umgekehrter Richtung, das heißt nach außen, was wir allerdings nicht wussten. Folglich drückten die Mafiosi, um herauszukommen und sich zu ergeben, das Tor nach außen, während wir nach innen drückten und sie daran hinderten: ein echter Slapstick wie bei Dick und Doof oder Charlie Chaplin.

Als mir schließlich aufging, was los war, musste ich herzhaft lachen und bedeutete meinen Kollegen, ein paar Schritte zurückzugehen. Aber es war zu spät: Ein paar übereifrige Kollegen waren schon durch die Fenster eingestiegen und hatten die Ärmsten gepackt, die schon seit Minuten vergeblich versuchten, sich zu ergeben.

Zum Glück wurde bei unseren Einsätzen nie jemand ernsthaft verletzt. Im Nachhinein sind manche Dinge oft zum Lachen, doch während der Aktionen stehen alle unter

Hochspannung und setzen sich einem hohen Risiko aus. Freilich fällt die Statistik zu unseren Gunsten aus, und das ist ein Zeichen hoher Präzision und Professionalität.

Es gab selten Verletzte, und wenn, dann war das meist ein Missgeschick. Einmal löste sich bei einer gefundenen Waffe ein Schuss, der einen Kollegen streifte. Das hätte schlimm enden können, doch diesmal ging es glimpflich aus. Aus diesem groben Fehler zogen wir eine wichtige Lehre: Trotz aller Erfahrung nie mit einer Waffe hantieren, die man nicht kennt, sondern in jedem Fall auf den Munitions- oder Waffenexperten warten.

Bei anderer Gelegenheit brach sich einer von uns die Schulter, meines Erachtens aus Übereifer. Beim Einsatz warf er sich mit der Schulter gegen ein Tor, das jedoch schon offen war. Beim Aufprall sprang das Tor auf und der Kollege stürzte unglücklich auf die Seite. Folge: zur gebrochenen Schulter eine Hüftverrenkung und schallendes Gelächter. Eine weitere Lehre: nie irgendwo hochklettern, eine Tür oder ein Tor einschlagen, bevor man nicht weiß, dass sie wirklich verschlossen sind.

Hallo, Papa?
von Alfonso, genannt »Gimondi«

Ich kam 1998 zur Catturandi, und zwar zur Squadra Mobile Palermo. Von da an erlebte ich ein Crescendo an Gefühlen, das nicht leicht zu beschreiben ist. Abgesehen von den beruflichen Erfolgen, die zu Recht als unglaublich und einmalig gelten, werde ich nie die Zuneigung und Unterstützung vergessen, die mir die Kollegen entgegenbrachten, wenn ich einmal private Probleme hatte.

Dabei denke ich insbesondere an Michele, der zwar zu den ältesten Kollegen gehörte, es aber aufgrund seiner Lebhaftigkeit und Menschlichkeit verstand, einen im Handumdrehen aufzumuntern. Selbst in schwierigen Augenblicken höchster Anspannung hat er stets einen flotten Spruch auf den Lippen, oder er gibt eine Episode aus bekannten Polizeifilmen der siebziger Jahre zum Besten, wobei er selbst natürlich die Rolle von Tomas Milian spielt.

So vergingen die Jahre, ein Fall löste den anderen ab und das Arbeitsklima hätte nicht besser sein können.

Um mein Verhältnis zur Catturandi zu beschreiben, brauche ich wohl nur zu erwähnen, dass ich immer, wenn ich zur Arbeit gehe, zu meiner Frau sage: »Ciao meine Liebe, ich gehe jetzt zur Arbeit, da kann ich mich dann ausruhen.«

Zwar kann es dann passieren, dass man rund um die Uhr im Dienst bleiben muss, um Telefongespräche abzuhören und zu protokollieren, Sachverhalte zu überprüfen oder die Aufzeichnungen der Überwachungskamera anzuschauen. Doch das gehört dazu, so ist unsere Arbeit nun mal, einmalig und unersetzlich.

Zu den vielen Dingen, die ich in meiner Tätigkeit bei der Catturandi erlebt habe, gehört auch eine komische Geschichte, die vor ein paar Jahren passiert ist, als meine damals zwölfjährige Tochter noch in die Mittelschule ging.

Palermo scheint zwar groß, aber in Wahrheit ist es ein Dorf. Wie der Zufall so spielt, besuchte der Sohn eines Verdächtigen die gleiche Schule wie meine Tochter, und eines Tages hatte dieser Junge das Handy seines Vaters dabei, das von uns abgehört wurde.

Am Abend zuvor hatte meine Tochter mich gebeten, das Guthaben ihres Handys aufzuladen, doch ich musste Überstunden machen und hatte nicht mehr daran gedacht.

Wie dumm von mir. Am nächsten Morgen rief sie mich auf meinem Handy an, von einer unbekannten Nummer: »Papa, du musst unbedingt mein Handy aufladen. Ich bin pleite und kann nicht telefonieren.«

»Später Schätzchen, jetzt muss ich arbeiten.«

Als ich wenig später die mitgeschnittenen Telefongespräche abhörte, um sie zu protokollieren, hörte ich plötzlich mich selbst und meine Tochter über das Aufladen von Handys reden. Ich erstarrte. Wie ein Kind, das beim Naschen der Marmelade ertappt wird, bekam ich rote Ohren, mir brach der Schweiß aus und mein Mund wurde trocken.

Bald merkten die Kollegen neben mir, dass irgendetwas nicht stimmte, und fragten, ob mir schlecht sei.

Ich gab keine Antwort. Ich sprang auf, warf die Kopfhörer auf den Tisch und stürmte zum Geldautomaten im Foyer. Anstatt der üblichen fünf überwies ich fünfzig Euro: Manchmal ist es besser, vorzusorgen. In aller Ruhe rief ich dann meine Tochter an und flüsterte ihr fast ängstlich zu: »Papa hat eine Überraschung für dich.«

Von meiner Überraschung will ich lieber gar nicht reden.

Als ich wieder nach oben kam, hatte die gesamte Belegschaft Kopfhörer auf und grinste vor sich hin. Sogar unser Chef und Michele ließen sich diese Show nicht entgehen.

Als sie mein komisches Gesicht sahen, gab es kein Halten mehr, einer brach in schallendes Gelächter aus, das sofort alle anderen ansteckte.

Wie immer in solchen Fällen endete es damit, dass man mich lautstark aufzog und mein Stress sofort verflog.

Allerdings blieb es mir nicht erspart, im Protokoll zu vermerken: *Mann, Identität noch zu klären, wird von seiner Tochter ausgeschimpft, weil er ihr Handy nicht rechtzeitig aufgeladen hat.*

Verrückt und leichtsinnig, aber erfinderisch

von Salvatore,
genannt »der Technikmann«

Ich will in meinem Beitrag ganz offen sein, so als ob ich mit einem Freund sprechen würde. Alles fing damit an, dass ich 1989 mehr oder weniger zufällig einen Job bei der Kriminalpolizei in Gela fand, weil dort jemand gesucht wurde, der sich mit technologischen Hilfsmitteln auskannte, wie sie damals bei sogenannten traditionellen Ermittlungsmethoden (Observierungen, Überprüfungen usw.) eingesetzt wurden.

Ehrlich gesagt war ich damals auch kein großer Experte auf diesem Gebiet, aber mit einer Ausbildung als Elektrotechniker und dem unbedingten Willen, Polizist zu werden, erreichte ich glänzend mein Ziel.

Damals steckte die Abhörtechnik noch in den Kinderschuhen, ein Begriff wie *Mikrosender* war noch weitgehend unbekannt, und man verwendete noch altmodische Geräte, die in Steckdosen oder Ähnlichem montiert wurden. Nachts wurde verwanzt, Festnahmen erfolgten fast immer im Morgengrauen. Deshalb erkundigten sich Nachbarn oder Bekannte oft bei mir, ob ich vielleicht als Nachtwächter arbeitete, denn meistens waren meine Kollegen und ich im Dienst, wenn *normale* Menschen schlafen – und daran hat sich bis heute nichts geändert.

Jetzt will ich mal einen großen Sprung machen, die Mafiakriege in Gela, Agrigent und Caltanisetta auslassen und gleich auf das Jahr 1997 zu sprechen kommen, als ich auf Anfrage eines Kommissars der berühmten Catturandi in einem Wohnhaus in Palermo eine Überwachungskamera montierte.

An die Aktion erinnere ich mich noch, als wäre es gestern

gewesen. Auf dem Weg zum Einsatzort waren wir ziemlich aufgeregt, das Herz klopfte uns bis zum Hals, und um uns selbst ein bisschen Mut zu machen, sagten wir lachend: »Wie wir aussehen, wer soll uns da schon erkennen?«

Denn da die Aktion diesmal am helllichten Tag stattfand, hatten wir uns verkleidet.

Am Einsatzort gingen wir zur Portiersloge.

Als wir uns vorstellten und sagten, wir hätten hier einen Auftrag zu erledigen, war die Verwunderung groß.

Der Portier platzte heraus: »Aber das ist doch … Totò, was für eine Freude. Arbeitest du jetzt bei der ENEL?«

Das war mein Einstand bei der Catturandi in Palermo.

Trotz des Vorfalls montierte ich die Kamera, und das war eine der erfolgreichsten Arbeiten meiner Laufbahn. Danach begann eine lange und fruchtbare Zusammenarbeit mit dieser ganz besonderen Gruppe von Männern, die oft und gern die Schwelle zum Unmöglichen und Unvorstellbaren überschritt und mich dabei mitzog.

Eines Tages beispielsweise, als wir zu Fuß in den Bergen unterwegs waren, kamen wir nach stundenlangem Fußmarsch über Stock und Stein zu einem Gehöft, in dem es weder Strom- noch Telefonanschluss gab.

Die Kommissare sahen mich an und sagten einfach:

»Totò, wir müssen hören und sehen!«

Irgendwie würde es schon gehen, ich sollte mir halt irgendwas einfallen lassen. Auf diese Art wurden Improvisation und Phantasie zu meinem Motto.

Ich weiß noch, wie mich eines Tages der Chef rufen ließ, um mir mitzuteilen, aus mitgehörten Telefongesprächen habe sich ergeben, dass bald in einem Stall an der Staatsstraße von Palermo nach Agrigent ein wichtiges Treffen stattfinden würde.

Ein Stall, das bedeutete ein großer Raum mit vier Wänden, auf der einen Seite das Tierfutter, auf der anderen ein klappriger Tisch, kein elektrisches Licht. Wieder einmal sollte ich mir was einfallen lassen. Um es kurz zu machen: Ich kaufte schnell vierundzwanzig Stabbatterien, ein paar Kupferfedern, ein paar 5-mm-Steckstifte, und die Sache war gelaufen.

Auch diesmal waren wir der Zeit voraus und bauten Mikrosender mit Batterie, wie sie noch nie zuvor benutzt worden waren. Am nächsten Tag ging uns mit Benedetto Spera ein gefährlicher Mafioso ins Netz.

Solche Episoden ereigneten sich mit schöner Regelmäßigkeit. Um sie alle zu erzählen, würde ein Buch nicht ausreichen, dazu bräuchte man eine ganze Buchreihe.

Noch einen Geniestreich verlangten sie von mir bei unserer regelmäßigen Besprechung, die stets im Büro des Chefs abgehalten wurde und an der auch ich teilnahm. Dabei schilderte der Chef – zuerst Claudio Sanfilippo, dann Renato Cortese, später Cono Incognito und heute Mario Bignone – stets eine Situation am Rande des Unmöglichen, die jedoch auf irgendeine Art bewältigt werden musste.

Wieder einmal gab es einen Hinweis, der sich aus Observierungen und mitgehörten Telefongesprächen ergeben hatte, ein Glücksfall. Diesmal ging es um einen leicht abfallenden zweihundert Meter langen Feldweg, der durch Getreidefelder führte und von ein paar Bäumen gesäumt war, wo die Herren Mafiosi sich offenbar sicher fühlten, in aller Seelenruhe auf- und abspazierten und dabei mündliche Mitteilungen und *pizzini* austauschten.

»Totò, hast du vielleicht eine Idee, wie wir da mithören können?«, fragte mich der Chef. Ich weiß gar nicht mehr, was ich mir in diesem Fall ausgedacht habe, aber das war wieder eine von den Aufgaben, wo man das Unmögliche möglich machen musste.

Bei anderer Gelegenheit experimentierte ich auf Nachfrage mit dem heute berühmt-berüchtigten Unterwassersender und setzte dabei meinen Job aufs Spiel.

Zunächst baute ich einen Prototyp: Ich nahm jede Menge Silikon in Topqualität, umhüllte damit einen herkömmlichen Sender, um ihn wasserdicht zu machen – jedenfalls hoffte ich das –, und testete ihn dann in einem Eimer Wasser. Ich rechnete mit einem Knall, aber glücklicherweise funktionierte es. Wäre es schiefgegangen, das möchte ich betonen, dann hätte ich alt ausgesehen und wäre nicht nur bei meinen Freunden von der Polizei, sondern auch beim Chef der Herstellerfirma unten durch gewesen. Immerhin hatte der Sender, bevor ich ihn in Silikon verpackte, einen Wert von ca. 18.000 Euro. Wäre er bei meinem Spielchen kaputtgegangen, hätte ich ein Jahr lang umsonst arbeiten müssen, was auch meiner Frau bestimmt gar nicht gefallen hätte. Von diesem Tag an habe ich Hunderte dieser Sender installiert, wobei ich jedoch meine waghalsigen Experimente wohlweislich für mich behielt und weder den Chefs noch den anderen davon erzählte.

Ein weiterer wichtiger Faktor für das Gelingen einer Aktion, zumal einer ungewöhnlichen, besteht darin, die Mitglieder des Teams sorgfältig auszuwählen. Man sollte stets Leute kombinieren, die in Arbeitsauffassung und Charakter eine gewisse Affinität haben. So hatte ich es häufig mit einem Kommissar zu tun, der als streng galt und bei jedem Einsatz seine Mitstreiter fragte: »Habt ihr eure Dienstwaffe und eine kugelsichere Weste?« Denn man muss immer auf das Schlimmste gefasst sein.

Doch nun zurück zu Ereignissen, die ich bei der Catturandi erlebt habe. Einmal hatten wir einen Feldweg mit batteriebetriebenen Geräten bestückt, wobei die Batterien nach einer Funktionsdauer von zwölf Stunden ausgetauscht werden mussten. Die Sender taten ihren Dienst, und die Mafiosi, die sich sicher fühlten, plauderten ganz offen und lieferten so den Ermittlern wertvolle Hinweise. Aber die Sender hatten wie gesagt eine begrenzte Arbeitszeit, so dass wir jede Nacht diesen Feldweg erneut aufsuchen mussten. Und bei einem dieser Termine vor Ort geschah etwas Seltsames.

In dieser Nacht war es sternenklar, und es herrschte absolute Stille, nur eine Eule war zu hören. Es war eine dieser Nächte, in denen man das Gefühl hat, es würde nie etwas passieren.

Wir tauschten nach und nach die Batterien aus und kamen abgespannt und müde zur sechsten und letzten. Wir wussten, dass wir gleich fertig sein würden, und freuten uns schon darauf, diesen unwirtlichen Ort zu verlassen. In Gedanken waren wir schon bei Kaffee und Brioche, was wir uns immer gönnten, bevor wir nach Hause fuhren, um ein paar Stunden zu schlafen.

Plötzlich gab es einen lauten Knall, das ganze Tal wurde von einem grellen Licht erleuchtet und wir gerieten in Panik.

»Sie schießen auf uns!«, brüllte einer.

»Ein Überfall!«, ein anderer.

Und dann der Befehl des Kommissars: »Alles in Deckung!« Es vergingen ein paar entnervende Minuten mit der Waffe in der Hand, aber nichts geschah, es war wieder still. Ich versuchte die Sache zu entschärfen, und dachte, der Knall wäre vielleicht von einem Transformatormast verursacht worden, denn wenn die Luft sehr feucht war, kam es da manchmal zu einem Kurzschluss.

Beunruhigt verließen wir schließlich schweigend das Gebiet.

Wir beschlossen, uns eine Weile nicht blicken zu lassen, damit sich alles beruhigen konnte, und kamen erst ein paar Tage später zurück. Dasselbe Team, dieselbe Uhrzeit, und dann entdeckten wir, dass sich an der entlegensten Stelle in einem Getreidefeld, wo sich ursprünglich der Sender Nummer 1 befunden hatte, ein Krater von etwa einem Kubikmeter in der Erde aufgetan hatte.

Mir war sofort klar, was passiert war: Ein mangelhaftes Gerät war mit einem lauten Knall explodiert. Gar nicht auszudenken, was hätte passieren können, schließlich hatten wir das Ding in der Hand gehabt, zuerst im Büro, dann hier, und dann noch im Auto herumkutschiert, eine ganze Stunde lang.

Wir haben einfach Schwein gehabt, echtes Schwein. Wäre das Ding im Auto hochgegangen, dann wäre ich jetzt nicht hier, um zu berichten.

Ein anderes Mal hatten wir in der Wohnung eines hochrangigen Mafiamitgliedes zu tun, an einer der Hauptstraßen von Palermo. Dabei entging unseren Wachposten, dass der Hausherr unerwartet nach Hause kam und schon vor der Tür prompt merkte, dass in seiner Wohnung Eindringlinge waren. Unerschrocken begann er zu brüllen und gegen die Tür zu schlagen.

Drinnen machte sich Panik breit, bei mir jedenfalls. Bis dahin war ich stets unbehelligt in Wohnungen und Villen hinein- und auch wieder herausgekommen, aber diesmal war es anders, und obwohl mir etliche Polizisten sowohl drinnen wie draußen zur Seite standen, bekam ich doch einen gehörigen Schreck.

So kam der Notfallplan zum Einsatz: Wir simulierten einen Einbruch und riefen die Polizei, die mit heulenden Sirenen bald zur Stelle war.

Die uniformierten Kollegen spielten ihre Rolle großartig.

Wir wurden festgenommen, als wären wir ganz gewöhnliche Einbrecher, die man auf frischer Tat ertappt hatte. Damit das Ganze glaubwürdig war, fing ich mir sogar eine Ohrfeige ein. Wie peinlich …

Wie die Männer von der Catturandi vermutet hatten, kontrollierte der Mafioso die Wohnung, und nachdem er festgestellt hatte, dass nichts fehlte, verzichtete er als klassischer Ehrenmann darauf, Anzeige zu erstatten. Und als die Polizisten (großartige Schauspieler) insistierten, sagte er nur, wahrscheinlich seien das doch kleine Fische, sie hätten ihre Lektion bekommen und würden zukünftig bestimmt die Finger davon lassen.

In diesem Fall konnten wir nur um Haaresbreite verhindern, dass die ganze Ermittlung aufflog. Daraufhin wurde darauf verzichtet, die Wohnung zu verwanzen, weil man davon ausgehen konnte, dass der Hausherr, selbst wenn er die Story geglaubt hatte, aus Sicherheitsgründen an diesem Ort bestimmt keine vertraulichen Gespräche mehr führen würde.

In einem anderen Fall sollten wir ein Auto verwanzen, das im Hof eines luxuriösen Wohnhauses in der Garage stand. Als wir schon in der Garage waren und gerade das Auto öffnen wollten, hörten wir hinter uns plötzlich Stimmen. Das waren die Arbeiter einer Telefongesellschaft, die in diesem Gebäude ihren Hauptsitz hatte. Uns blieb nichts anderes übrig, als uns hinter einem Pfeiler zu verstecken und dort die ganze Nacht stehend auszuharren, bis zur Morgendämmerung. Um zu verschwinden, mussten wir über das Dach der benachbarten Box klettern und uns an den Fenstergittern im Hochparterre hinablassen, um dann auf der anderen Seite herauszukommen. Kaum hatten wir den Boden erreicht, wollten wir sofort das Weite suchen und stellten dabei fest, dass wir nur ein paar Meter neben einem Carabinieriposten mit Maschinengewehr herausgekommen waren, der uns zum Glück nicht bemerkte.

Das hätte uns gerade noch gefehlt; eine – wenn auch gespielte – Verhaftung hatte mir gereicht. Wenn wir jetzt auch noch den Carabinieri hätten begreiflich machen müssen, dass wir in einer Polizeiaktion unterwegs waren, hätte das garantiert den ganzen Tag gedauert und wäre ohne Intervention des Leiters der Kripo oder sogar des Polizeipräsidenten bestimmt nicht abgegangen.

Als Letztes möchte ich noch von einem Erlebnis berichten, das sich an einem Nachmittag ereignete, an dem ich wie so oft darauf wartete, dass es von den Jungs der Catturandi, die ich als Kollegen bezeichne, etwas Neues gäbe. Irgendwann bestellten sie mich zu sich, genauer gesagt ins Büro des Chefs, wo die gesamte Kommissarsriege auf mich wartete.

Mir gruselte ein bisschen, auch weil ich, noch bevor sie damit herausrückten, worum es eigentlich ging, zu absolutem Stillschweigen verpflichtet wurde. Bei den laufenden Ermittlungen sollte das Gerät, das ich installieren sollte, den Durchbruch bringen, und wenn ich daran denke, bekomme ich noch heute Gänsehaut.

Ich machte mich sofort an die Arbeit, besorgte die erforderliche Ausrüstung und konnte nicht umhin, die Hilfe einer Vertrauensperson in Anspruch zu nehmen. Dann führte ich im Wettlauf mit der Zeit meinen Auftrag aus.

Den Tag werde ich nie vergessen, es war der 11. April 2006, der Tag, an dem Bernardo Provenzano festgenommen wurde. An diesem 11. April erlebte ich einen der größten Glücksmomente meines Lebens, ein Hochgefühl, das mir bis dahin unbekannt war. An diesem Tag ging ein Kapitel zu Ende, das mein Leben und das vieler anderer unauslöschlich geprägt hat; das ist auch der Grund, warum auch ich an dieser Stelle meinen Beitrag leisten wollte, damit im kollektiven Gedächtnis etwas zurückbleibt von den Opfern, die wir für diese Festnahme auf uns genommen haben, und vor allem von dem großen Erfolg, den wir errungen haben, für uns selbst und für alle anderen.

Robertos Taufe

von Peppe, genannt »Panda«

Es gibt Hunderte von mehr oder weniger kuriosen Episoden, die sich während der Arbeit ereigneten, doch eine Taufe zu organisieren, das war bei einer Observierung noch nie vorgekommen.

Dabei war das kein Fall von Amtsmissbrauch, kein Angestellter im Öffentlichen Dienst, der sich in der Arbeitszeit um seine eigenen Angelegenheiten kümmert. Nein. Es war nur eine kleine Notlüge zum guten Zweck, auf die als Buße höchstens ein Ave Maria oder ein Vaterunser gestanden hätte. Ziel des Einsatzes war es, die Mutter eines gesuchten Mafioso aus Ciaculli aufzuspüren, die am Morgen verschwunden war und verdächtigt wurde, ihren Sohn zu besuchen.

Die Signora war eine traditionsbewusste Frau, sehr fromm und religiös, sie stand stets früh auf und besuchte die Frühmesse in der Gemeindekirche. Meine Kollegen Peppino und Ciccio sollten überprüfen, ob sich die Signora nach der Messe länger als gewöhnlich in der Kirche aufhielt, vielleicht um zu beten oder sich mit einer Freundin zu unterhalten.

Giuseppe stieg aus, Ciccio blieb im Auto. Da er in die Kirche ging, ließ Giuseppe sein Handy im Auto. Er wollte nur kurz einen Blick in die Kirche werfen, um zu sehen, ob die Frau auch wirklich da drin war.

Als er das einschiffige Gotteshaus betrat, stellte er rasch fest, dass niemand drin war; dann ging er langsam zum Altar, weil er dort Frauenstimmen hörte. Er stieg die beiden Stufen hinauf, die nach hinten zur Sakristei führten, blieb im Halbschatten stehen und streckte geräuschlos den Kopf vor, um zu sehen, ob eine der beiden Frauen die gesuchte war.

Als er sah, dass die beiden mit Schaufel und Besen hantierten, machte er einen Schritt zurück, um den heiligen Ort zu verlassen, doch als er sich umdrehte, stand der Pfarrer vor ihm, der ihn sofort drohend ansah und fragte, was er hier wolle.

Natürlich hätte Giuseppe seinen Ausweis zeigen können, doch wie immer war der Bulleninstinkt stärker. Instinktiv breitete er die Arme aus und begrüßte den Priester, fast als wollte er ihm vorwerfen, dass er nicht sofort aufgetaucht war. Dann erzählte er dem Priester, sein Sohn, der kleine Roberto, müsse getauft werden, und da seine Frau zu Hause mit dem Baby beschäftigt sei, sei er selbst in die Kirche gekommen, um seine Pflicht als Vater zu erfüllen.

Der Priester setzte sofort ein freundliches Gesicht auf und entschuldigte sich bei Giuseppe, in letzter Zeit seien in der Gemeinde ein paar kleinere Diebstähle vorgekommen, und seither sei er Fremden gegenüber stets misstrauisch. Dann führte er Giuseppe ins Pfarrhaus, holte den Terminkalender und begann seine Arbeit als Pfarrer.

In der Zwischenzeit wurde Ciccio draußen im Auto langsam nervös. Der Kirchenbesuch, der eigentlich nur ein paar Sekunden hätte dauern sollen, zog sich jetzt schon mehr als eine Viertelstunde hin.

Giuseppe war nicht erreichbar, weil er sein Handy im Auto gelassen hatte. Und wenn ihm da drinnen nun etwas zugestoßen war? Hatte er womöglich die Frau in Gesellschaft des gesuchten Sohnes angetroffen und brauchte jetzt Hilfe?

In Ciccios Kopf ging es zu wie in einem Spionagefilm, eine Filmszene jagte die nächste. Ein paar Minuten würde er noch warten und dann selbst in der Kirche nachsehen, aber nicht ohne vorher die Kollegen zu alarmieren.

Gerade als Ciccio den Wagen abschloss und vom Handy aus den Polizei-Notruf anrufen wollte, erschien Giuseppe scheinheilig in Begleitung des Pfarrers, der ihn noch hinausgebracht hatte und sich jetzt verabschiedete.

Ciccio brach den Anruf ab, öffnete die Tür und setzte sich ans Steuer. Grinsend stieg auch Giuseppe ein. Ohne ein Wort zu sagen, griff er zum Handy und rief im Büro an. Er berichtete, die Frau sei nicht in der Kirche, und sie beide würden nun auf neue Anweisungen warten. Dann, nachdem sie schweigend ein paar Meter gefahren waren, wandte er sich an Ciccio und fragte: »Hast du am 30. September schon etwas vor?«

Ciccio sah ihn verblüfft. »Nein«, antwortete er dann.

»Gut, dann halt dir den Tag frei«, sagte Giuseppe höchst ernsthaft, »ich lade dich zur Taufe meines Sohnes Roberto ein«.

Ciccio, der seit mehr als zehn Jahren mit Giuseppe zusammenarbeitete, wusste genau, dass er keine kleinen Kinder hatte, die noch getauft werden mussten, und erst recht keins, das Roberto hieß.

Und Giuseppe lachte herzhaft. Als er endlich aufhörte, erzählte er, wie der Priester plötzlich vor ihm gestanden habe und dass ihm keine andere Ausrede eingefallen sei.

Ein paar Tage später rief Giuseppe den Pfarrer an, um die

Taufe abzusagen, wobei er eine Ausrede vorbrachte, die den Pfarrer sprachlos machte: »Meine Frau und ich haben beschlossen, die Religion zu wechseln. Wir werden Buddhisten.«
Da knallte der Pfarrer den Hörer auf.

20. Mai 1996
von Rosario, genannt »Dux«

Mein Freund und erprobter Kampfgefährte I.M.D. hat mich gebeten, ein paar Zeilen über meine beruflichen und persönlichen Erfahrungen zu schreiben, die ich im Rahmen der inzwischen berühmten und geschätzten Abteilung Catturandi gemacht habe (ich nenne sie lieber die »Mannschaft«).

Da ich die Ehre hatte, fünfzehn Jahre lang in dieser Arbeitsgruppe tätig sein zu dürfen, könnte ich viel erzählen, doch da ich hier nur Gast bin und kein Berufsschreiber, werde ich mich kurz fassen und vielleicht auch ein bisschen ungeschickt ausdrücken, um dem Leser zu verklickern, was es bedeutet, als Polizist in dieser besonderen Mannschaft zu arbeiten.

Zu diesem Zweck werde ich mich an eine Episode halten, die für mich zu den wichtigsten gehört: die Festnahme von Giovanni Brusca. Operativ hat jede Festnahme ihre Besonderheiten, aber der Modus Operandi, das heißt die Vorgehensweise, ist immer gleich. Was sich meiner Meinung nach ändert, ist die Bedeutung, die Leidenschaft, die Hingabe, mit einem Wort die Gefühle, die jeder vor, während und nach einer derartigen Aktion in sich spürt. Das ist auch der Grund, warum ich für die Catturandi lieber den

Begriff »Mannschaft« benutzte anstelle von »Abteilung«. Obwohl formal korrekt, vermittelt der Begriff »Abteilung« Distanz, Professionalität, Bürokratie.

»Mannschaft« hingegen ist ein sehr persönliches Wort: Es bezeichnet eine Gruppe von Menschen, die gemeinsame Ziele und Ideale hat. Ein perfekter Rahmen für eine Gruppe von Zwanzigjährigen, die zur Polizei gingen, weil sie gefühlsmäßig eine Revanche wollten für alle Ungerechtigkeiten und vor allem für den Terror der Mafia, der unserem Land so viel Schaden zugefügt hat.

In meinen Augen verkörperte Giovanni Brusca, eine hochgradig kriminelle Person, das Böse der Mafia schlechthin. Brusca gehörte zu den Mördern der Richter Falcone und Borsellino und der Männer der Eskorte, meiner Freunde Antonio Montinaro, Rocco Di Cillo und Vito Schifani, die bis zuletzt versucht hatten, die beiden zu schützen; er hat den kleinen Giuseppe Di Matteo abgeschlachtet, dessen einziges Vergehen darin bestand, Sohn eines Mafioso zu sein, der sich gegen die Ehrenwerte Gesellschaft und für das Gute entschieden hatte. Dieser Brusca geriet im Mai 1996 ins Fadenkreuz unserer Ermittlungen.

Nach ein paar Tagen Observierung hatten wir am 19. Mai die Gewissheit, dass er sich in einem der Häuser einer Appartmentanlage in Contrada Cannatello, in der Nähe von Agrigent, versteckt hielt.

Das Warten war nervenaufreibend. Ich litt am meisten darunter, vielleicht weil ich emotional stärker betroffen war als manch anderer. Ich konnte keinen Augenblick stillhalten, kontrollierte immer wieder meinen Overall und die Ausrüstung, die ich beim Einsatz anlegen würde. Ich wartete auf den Zugriffsbefehl des Einsatzleiters.

20. Mai: Wir wurden in Alarmbereitschaft versetzt.

Ich zog den Kampfanzug an. Das ist ein Overall, wie ihn

sonst Hubschrauberpiloten tragen und den wir im Einsatz benutzen, weil er aus sehr widerstandsfähigem Material besteht und trotzdem große Bewegungsfreiheit erlaubt. Außerdem hat er jede Menge Taschen für verschiedene Ausrüstungsgegenstände: Ich habe immer mein Sägemesser dabei, das noch aus meiner Zeit bei der N.A.P.S. (Einheit zur Bekämpfung von Entführungen) stammt, außerdem einen dunklen Karabinerhaken, Plastikstreifen zum Fesseln von Hand- und Fußgelenken, ein Reservemagazin und meine unentbehrliche Taschenlampe. Meine halbautomatische Schusswaffe steckt in einem Beinholster, das am Gürtel befestigt ist, stets geladen, so dass ich bei Bedarf sofort schießen kann.

Der 20. Mai ist ein besonderer Tag: Giovanni Brusca hat Geburtstag. Im Fernsehen läuft jedes Jahr ein Film über das Attentat von Capaci, zur Erinnerung an Giovanni Falcone, der am 23. Mai 1992 zusammen mit seiner Frau und seinen Leibwächtern ermordet wurde.

Dieses Mal dachte ich ernsthaft, wir würden ein göttliches Werk vollenden; meine Gruppe und ich, gesalbt vom Herrn im Kampf gegen das Übel unserer Gesellschaft, die Cosa Nostra.

Dann kam das Zeichen: Wir erklommen den legendären grauen Transporter, der uns schon so oft ans Ziel gebracht hatte. Zehn Mann insgesamt, quetschten wir uns hinein, bewaffnet bis an die Zähne. Trotz der Temperatur und des Gedrängels floss das Adrenalin in Strömen, so dass man sich fühlte wie auf einer Reise in der ersten Klasse. Die Fahrt vom Sammelpunkt bis zum Ziel dauerte genau achtzehn Minuten, doch uns kam es vor wie eine Sekunde.

Und dann: »Zugriff, wir gehen rein!«

Wie eine Horde von Barbaren, die es mit einer ganzen

Armee aufnehmen würde, stürmten wir das Haus in Cannatello.

Drinnen fanden wir Giovanni Brusca, wie er im Kreise seiner Familie und der seines Bruders Enzo Salvatore seelenruhig am Tisch saß. Sie wollten gerade essen und dabei im Fernsehen den Film über Falcone sehen, um noch einmal das schreckliche Blutbad zu feiern.

Doch als er von den Kollegen in Handschellen abgeführt wurde, hatte Brusca, das wilde Tier, plötzlich jeden Schrecken verloren. Rasch brachte man ihn zum Wagen des Chefs, der bald mit Blaulicht losfuhr, um ihn nach Palermo zu bringen, in die Dienststelle der Kripo, wo alle Welt, alle anständigen Leute bald ausgelassen feiern und auf seine Verhaftung anstoßen sollten.

Als der Druck endlich von uns wich, fühlte ich mich leer und fing unerklärlicherweise an zu weinen. Das war meine Art, mich abzureagieren, die Nervosität der letzten Stunden, die Anspannung der letzten Tage, die Wut der letzten Jahre abzuschütteln.

Doch dann wurde ich von den Kollegen geschüttelt: Wir sollten den Konvoi mit den Verhafteten eskortieren. Ich fuhr im dritten Wagen mit und kam noch vor Brusca und dem Chef in Palermo an.

Sowohl vor als auch in der Dienststelle hatte sich schon eine große Menschenmenge versammelt. Im Hof hörte man die Schreie der Kollegen, darunter auch jene aus der Abteilung Begleitschutz, die mit Brusca noch eine besondere Rechnung offen hatten. Brusca, da bin ich mir sicher, hatte Angst, ließ sich aber nichts anmerken. Sein Bruder Enzo aber fing an zu weinen und machte sich in die Hose. Ihn in diesem Zustand zu sehen bereitete mir weder Freude noch Genugtuung, aber das Wissen, dass er nun hinter Gitter kam, erfüllte mich mit einem tiefen Frieden.

Am nächsten Morgen, dem 21. Mai, überstellten mein Kollege V. S. und ich, beide vermummt, Giovanni Brusca ins Gefängnis.

Als wir das Gebäude verließen, wurden wir vom Blitzlichtgewitter der Journalisten aus aller Welt überrascht. Ich schaute mich um, und während ich mich zu dem Boss umdrehte, sagte ich mit einer Spur Häme in der Stimme zu ihm: »Siehst du, jetzt bist du berühmt. Zeig dein hübsches Gesicht, damit die Welt sieht, wie ein echtes Ungeheuer aussieht. Aber so wirst du niemanden mehr einschüchtern. So werdet ihr alle enden, das ist dir doch klar, oder?«

Brusca sagte nichts. Schweigend gingen wir die drei Stufen zu den Zellen hinunter.

Dennoch war ich kein Unmensch, keiner von uns. Obwohl es gegen die Vorschriften ist, erlaubten wir den Gefangenen im Allgemeinen, sich von ihren Liebsten zu verabschieden.

Das galt auch für Brusca: Er durfte seine Frau und seinen kleinen Sohn sehen, der noch kleiner war als Giuseppe Di Matteo, den er umgebracht und in Säure aufgelöst hatte. Wir erlaubten dieses Treffen, weil wir selbst Familienväter und Ehemänner sind, vor allem aber Männer mit Gewissen und Sensibilität, Männer des Staates.

Der Bulle, der Schäfer und der Schäferhund

von Vicio, genannt »der Spürhund«

Zu den zahlreichen Orten, die von uns kontinuierlich observiert wurden, gehörte auch ein Gehöft in der Gegend von Montelepre. Eines Tages konnten wir beobachten, dass dort verdächtige Versammlungen stattfanden, die von zwei einheimischen Kleinkriminellen organisiert wurden. Mit großer Wahrscheinlichkeit wurden dort sämtliche Nachrichten umgeschlagen, die für Bernardo Provenzano bestimmt waren oder von ihm kamen.

Dort Sender zu plazieren war fast unmöglich, weil das Gehöft Tag und Nacht bewacht wurde. Obwohl es eigentlich nur ein Stall war, schlug der Schäfer dort sein Lager auf, und zwar, wie wir später herausfanden, in Gesellschaft einiger prächtiger Schäferhunde.

Trotzdem wollten wir das Risiko eingehen.

Zum einen wussten wir, dass der Schäfer meistens betrunken war, zum anderen bauten wir auf die Schnelligkeit und Lautlosigkeit unserer Leute. Der Stall sollte also verwanzt werden, während er sich darin aufhielt.

So parkten wir den Jeep in einiger Entfernung auf der Straße und gingen mit Nachtsichtgeräten mehr als einen Kilometer zu Fuß bis zu unserem Ziel. Doch schon tauchte das erste Problem auf: Ganz in der Nähe war Hundegebell zu hören. Wir waren zwar alle bewaffnet, aber natürlich konnten wir nicht auf den Hund schießen, denn bei dem Knall wäre der Schäfer unweigerlich aufgewacht.

Als ich die Hunde sah, nahm ich über Funk Kontakt mit der Zentrale auf und bat um Anweisungen für das weitere Vorgehen.

Daraufhin antwortete Rosario, wir sollten weitermachen, trotz der Hunde. Aufgrund seiner Erfahrung war er der Meinung, wenn wir, ohne zu zögern, geschlossen weitergingen, würden die Hunde uns ignorieren.

Das war ziemlich riskant. Wenn es nicht klappte, würden sich die Hunde auf uns stürzen, und von einem Maremma-Schäferhund gebissen zu werden ist wahrlich kein Spaß.

Trotzdem beschlossen wir, weiterzumachen. Anstatt zu beißen, hörten die Hunde wundersamerweise auf zu knurren und kamen schnüffelnd und schwanzwedelnd auf uns zu. Manche meinten, weil wir einfach weitergegangen waren, hätten uns die Hunde – aber hier bräuchte man einen Hundepsychologen – mit irgendwelchen Einheimischen verwechselt. Tatsächlich herrschte in dem Stall morgens reger Kundenverkehr, denn dort konnte man frischen Ricotta kaufen.

Doch die größte Überraschung stand uns noch bevor. Als wir den Stall betraten, war von dem Schäfer weit und breit nichts zu sehen. Ungläubig suchten wir alles ab und fanden den schlafenden Schäfer schließlich draußen, im Kühlen, wo er es sich auf einer Art Kuhfell mit seiner Weinflasche gemütlich gemacht hatte.

Wir montierten die Sender unter einem Holztisch. Doch als wir gerade gehen wollten, gab es ein neues Problem: Einer der Hunde war uns gefolgt und hatte sich drinnen für den Rest der Nacht häuslich eingerichtet.

Das ging auf keinen Fall, denn die Tür musste von außen abgeschlossen werden. Also blieb uns nichts anderes übrig, als das Tier irgendwie wieder nach draußen zu locken, und das, ohne Krach zu machen. Ein ziemliches Problem, denn er wollte einfach nicht, und Maremma-Schäferhunde sind für ihre Sturheit bekannt.

Aber der Hund musste weg. Also beschloss ich zu handeln, auch wenn es riskant war, schließlich hatte ich nicht umsonst den Spitznamen »Spürhund«. Wie ein Gabelstapler schob ich die Arme unter ihm durch, hob ihn hoch wie ein Lämmchen und trug ihn nach draußen. Das Tier ließ ich alles gefallen, bedankte sich bei mir, seinem neuen Freund von der Polizei, für den Spaziergang, leckte mir das Gesicht und machte sich dann schwanzwedelnd von dannen. So brauchten wir nur noch die Tür abzuschließen.

Die Piraten kommen

Von Piero, genannt »die Wanze«

Eins kann man mit Sicherheit von den Männern der ehrenwerten Gesellschaft behaupten, nämlich dass sie mit der Mode gehen und alles mitmachen, was die Medien propagieren. So ist es beispielsweise für einen, der eine Spitzenposition bekleidet, undenkbar, kein Boot zu haben.

So war es auch bei dem, gegen den wir zu jener Zeit gerade ermittelten, und obwohl er eine echte Schrottkiste aus zweiter Hand hatte, eine Art Halbkabinenboot, auf dem er sich oft mit seiner Geliebten traf, legte er Wert auf einen Liegeplatz in einem sündhaft teuren, selbstverständlich supermondänen Yachthafen. Er bezahlte einen Haufen Geld, um seine Nussschale zu Wasser zu lassen und dort mit Frau und Kindern das Wochenende zu verbringen, während sie ihm unter der Woche als Liebesnest diente. Bisweilen traf er auf dem Boot auch die »Freunde der Freunde«, und so mussten auch wir notgedrungen dort tätig werden.

Wie üblich sollte die Aktion nachts durchgeführt werden, aber diesmal war uns der Landweg verwehrt, denn das Wachpersonal steckte mit dem Verdächtigen unter einer Decke. Unter diesen Bedingungen war eine Absprache ausgeschlossen, wir konnten ja schlecht zu ihnen sagen: »Hört mal, wir sind von der Polizei. Wie wär's, wenn ihr einfach wegguckt, während wir das Boot verwanzen?« Folglich mussten wir uns wie immer etwas einfallen lassen.

Deshalb verfiel Cono Incognito, vielleicht weil er selbst von Seeleuten abstammte, zusammen mit anderen auf die Idee, es mit einer Art Piratenaktion zu versuchen.

Der Plan sah vor, das Team, ganz in Schwarz und mit vermummtem Gesicht, in einem Schlauchboot vom Meer aus in den Yachthafen zu bringen. Dabei wollte man den Steg ansteuern, der am weitesten von den Wachposten entfernt lag, in einem gewissen Abstand den Außerbordmotor abstellen und den Rest rudern, um dann vom Wasser aus das bezeichnete Boot zu entern.

Selbstredend war das leichter gesagt als getan.

Denn in dieser Nacht schien uns das Meer nicht gewogen, die Fahrt dauerte eine halbe Stunde länger als geplant und außerdem wäre der Mann, der rittlings am Bug saß, unterwegs mehrmals beinahe ins Wasser gefallen.

Obwohl es schon weit nach Mitternacht war, war auf dem Steg immer noch Betrieb. Deshalb wurde der Motor viel weiter draußen abgeschaltet als geplant. Und das Rudern entpuppte sich als ziemlich anstrengend. Als wir endlich den Steg erreichten, kletterten die Techniker und ich an Land, während Totò und Franco als Wache im Schlauchboot zurückblieben.

Unser Chef und ein paar Kollegen beobachteten die Aktion vom Land aus. Falls irgendetwas schiefgehen sollte, würden sie mit der »Kavallerie« am Haupteingang auftauchen.

Das richtige Boot zu finden war ein Kinderspiel, und in kürzester Zeit waren wir drei an Bord, um die Wanzen zwischen den Polstern zu verstecken.

Doch der Abend stand unter keinem guten Stern und sollte noch einige Überraschungen für uns bereithalten.

Plötzlich ging einer der Wächter genau auf den Steg zu, wo unser Schlauchboot vertäut war, und zwar so schnell, dass Franco und Totò keine Zeit mehr blieb, rechtzeitig zu verschwinden. Es kam zu einem Wortwechsel:

»He, was macht ihr da?«

»Nichts Besonderes, wir ruhen uns nur einen Augenblick aus …«

»Ausruhen? Ihr spinnt wohl. Entweder ihr haut sofort ab, oder ich rufe die Carabinieri!«

Das hätte uns gerade noch gefehlt, dann wären wir komplett gewesen: Bullen als Piraten verkleidet, Piraten, die sich als Bullen aufspielen und drei arme verängstigte Würstchen, die sich im Boot eines Sch…kerls versteckten …

Franco und Totò zogen es vor, sich auf keine Diskussion einzulassen. So konnten sie wenigstens den Motor anlassen, schnell verschwinden und ersparten sich zudem noch die Plackerei mit dem Rudern.

Blieben noch wir drei. Doch ein Ärger kommt selten allein, der Krach hatte die anderen beiden Wachleute aufgeschreckt, die nun bewaffnet und mit Hunden im Schlepptau anrückten. Langsam wurde es brenzlig. Denn die Schurken verstanden ihr Geschäft und begannen nun, systematisch jedes einzelne Boot zu kontrollieren. Offensichtlich hatten sie die Ausrede von Franco und Totò keineswegs geschluckt.

Als ich hörte, wie sie immer näher kamen und auch die Hunde durch den fremden Geruch langsam nervös wurden, blieb mir nichts anderes übrig, als meine Pistole durchzuladen, meinen Dienstausweis bereitzuhalten und – zu beten. Vielleicht würde Incognito und den anderen noch etwas einfallen, um die Situation zu retten. Natürlich wollte ich nicht, dass die Sache aufflog, aber dafür konnte ich nicht mein Leben und das der beiden Techniker aufs Spiel setzen. Ich würde einfach mit Pistole und Dienstausweis in der Hand rausgehen und »Polizei!« rufen. Dann würde ich mich als Kommissar der Kripo ausweisen und mit meinen Leuten abziehen. Zum Teufel mit den Sendern, dem Mafioso und dem vermaledeiten Boot.

Aber zum Glück hatte Cono Ingognito einen genialen Einfall und inszenierte ein Ablenkungsmanöver. Er forderte drei Streifenwagen an, die mit Blaulicht und Sirenengeheul vorfuhren und so viel Krach machten, dass die Wächter in diese Richtung liefen und ihre Suche aufgaben. Vorne am Tor teilte ihnen ein hoher Beamter im Befehlston mit, beim Polizei-Notruf sei ein Diebstahl auf dem Gelände gemeldet worden, und sie müssten der Sache nun nachgehen.

Einer der drei Wächter verschwand daraufhin für ein paar Minuten, vielleicht war seine Waffe nicht ordnungsgemäß gemeldet. Diese Abwesenheit machten wir uns zunutze, um das Boot zu verlassen, rannten zur Grundstücksgrenze des Yachthafens, kletterten über den Zaun und flüchteten uns in ein Auto, wo wir mit Kaffee und Croissants empfangen wurden.

Zu guter Letzt war der Piratenangriff doch noch erfolgreich. So konnten wir ein paar Tage später akustisch eine Art Frauenboxkampf verfolgen. Die Ehefrau unseres Verdächtigen wusste, dass ihr Mann sich auf dem Boot aufhielt, und wollte ihn mit einem Besuch überraschen. Doch die Überraschte war sie selbst, als sie ihn in trauter Gesellschaft mit einer anderen Dame antraf.

Die Schreie und Beschimpfungen hallten durch den Abhörraum der Kripo. Die beiden Frauen rissen sich gegenseitig an den Haaren und schlugen hemmungslos aufeinander ein. Dabei bekam die Ehefrau das meiste ab und fiel sogar ins Wasser.

Doch auch die Geliebte erlebte eine unliebsame Überraschung, als sie ihre nagelneue Vespa, die sie vor dem Hafengelände geparkt hatte, ziemlich ramponiert wiederfand: ohne Rückspiegel, mit eingeschlagenem Scheinwerfer und Tacho und der aussagenkräftigen Aufschrift »Hure«.

Die Vespa des Nachbarn
und die Männer der Unehre

von Ivan, genannt »der Wolf«

Wie allseits bekannt, wurde bei den Papieren im Unterschlupf der Lo Piccolos in Giardinello auch der berühmte Ehrenkodex gefunden, in dem genau erklärt wird, was ein Mitglied der ehrenwerten Gesellschaft tun muss und was es auf keinen Fall tun darf.

Historiker datieren die Entstehung dieses Regelwerks sogar auf die Mitte des 19. Jahrhunderts, als sich das Aufnahmeritual einbürgerte, die sogenannte *punciuta*. Dabei muss der Kandidat ein Heiligenbild mit seinem Blut benetzen, das dann zum Zeichen der Reinigung verbrannt wird, wobei der Kandidat vor einigen Mitgliedern der Organisation, darunter auch seinem Paten, laut den Schwur spricht. Darin heißt es: *Falls ich je die Cosa Nostra verraten sollte, soll mein Fleisch verbrennen wie dieses Heiligenbild.* In Palermo handelt es sich gewöhnlich um die Heilige Rosalia, die Schutzpatronin der Stadt.

Wenn man der Cosa Nostra beitritt, muss man also bestimmte Regeln beachten, die zum großen Teil jedoch nicht schriftlich fixiert sind.

Die *zehn Gebote* (eigentlich sind es keine zehn) bilden eine Art Verfassung der Cosa Nostra, sie enthalten die Grundprinzipien der Organisation, und sie sind die einzigen schriftlichen Regeln: Du sollst nicht die Frau anderer (Mafiosi) begehren; du sollst andere (Mafiosi) nicht bestehlen; du sollst Gasthäuser und Kaschemmen nicht (öffentlich) aufsuchen; du sollst keine verwandtschaftlichen Beziehungen mit Mitgliedern der Ordnungskräfte eingehen (diese Regel wird nicht immer respektiert); du sollst deine Frau ehren und gut für sie sorgen (sonst könnte sie sauer werden und Geheimnisse und Untaten verraten); du sollst nicht mit Fremden (d.h. Nichtmitgliedern) über innere Angelegenheiten der Organisation sprechen usw.

In der Vorstellungswelt mancher Leute gilt die Tatsache, dass man als Mafioso ein Leben im Verborgenen führt, einen geheimen Verhaltenskodex und Macht über Leben und Tod hat, als geil.

Leider haben Literatur und Film dazu beigetragen, die Geschichte und Bedeutung der Cosa Nostra zu verklären. Danach ist der Mafioso jemand, der die Institutionen verachtet, selbst die Macht ergreift und das Volk im Stil eines (vermeintlich) guten Familienvaters führt, wenn nötig mit der Peitsche, aber auch mit Zuckerbrot, indem er anständigen Leuten Arbeit gibt. Diese Einschätzung war lange weit verbreitet, vor allem in den siebziger und achtziger Jahren.

Ich weiß noch, wie ich als Junge einmal eine Demonstration von Bauarbeitern sah, die ihre Arbeit verloren hatten. Auf einem später berühmt gewordenen Transparent stand die Parole: *Es lebe die Mafia, denn als sie noch herrschte, gab es Arbeit. Jetzt herrscht der Staat, und es gibt keine Arbeit mehr.*

In der Zeit vor den großen Attentaten glaubten viele Italiener, die Mafia existiere gar nicht, und selbst in Palermo wurde sie trotz zahlloser Morde von vielen Menschen als wichtige soziale Ordnungskraft anerkannt, große Teile der Bevölkerung hatten sich mit ihrer Existenz abgefunden.

Wer ein Geschäft eröffnen wollte, erkundigte sich, an wen er die sogenannte Provision, also das Schutzgeld zahlen sollte. Im Baugewerbe hingegen gab es einen regelrechten Schmiergeldtarif, der allgemein bekannt und anerkannt war. Sogar wenn einem das Auto oder andere Dinge zu Hause oder in der Firma gestohlen wurden, erstattete man nicht sofort Anzeige bei der Polizei, sondern wandte sich an einen »Freund«, damit der die Sache regelt. Ein kleines »Geschenk« an die richtige Person, und schon fand man »zufällig« das Auto, das Moped oder die Kette der Großmutter wieder, was auch immer einem gerade gestohlen worden war.

Eines Morgens wurde einem meiner Freunde sein Motorrad, eine Aprilia RX Enduro, gestohlen, und zwar auf dem Schulparkplatz. Irgendjemand hatte die Aufsicht umgangen, sich eingeschlichen und das Motorrad entwendet. Am gleichen Nachmittag kamen meine Freunde und ich später als gewöhnlich aus der Schule, weil wir noch einen Übungskurs in Chemie hatten. Als ich gerade das Schulgelände verlassen wollte, was sehe ich da direkt vor dem Tor? Einen Typen, etwa in meinem Alter, der vor aller Augen seelenruhig auf der Aprilia meines Freundes herumkurvt.

Ich ging zu ihm und stellte ihn zur Rede. Kaltblütig gab er mir zur Antwort, wenn ich das Motorrad zurückwolle, oder besser gesagt mein Freund, dann solle ich am nächsten Tag 500000 Lire mitbringen, wenn nicht, werde er es behalten.

Da ich schon damals ein bisschen größer und kräftiger war als die meisten, beschloss ich kurzerhand, nicht bis zum nächsten Tag zu warten, sondern – anstatt den Bus zu nehmen und nach Hause zu fahren – dem Typen die Fresse zu polieren. So verpasste ich ihm mit meinem schweren Rucksack einen Schlag mitten ins Gesicht.

Damit hatte er nicht gerechnet, und er stürzte zu Boden. Dann beschloss er, ein bisschen benommen und inzwischen von meinen Klassenkameraden umringt, dass es wohl besser sei, die Flucht zu ergreifen.

Ich fühlte mich als Held und war stolz auf das, was ich getan hatte. Ich brachte meinem Freund, der im selben Haus wohnte, das Motorrad und glaubte, ihm damit einen Gefallen getan zu haben.

Doch die Sache nahm leider eine böse Wende. Aus irgendeinem Grund, ich weiß nicht mehr warum, ging ich am nächsten Tag nicht zur Schule. Und das war ein Glück.

Meine Klassenkameraden riefen mich an und erzählten mir eine wirklich unglaubliche Geschichte. Während der Unterrichtszeit waren ein paar Leute in die Schule gekommen, waren durch die Klassen gegangen und hatten sich danach erkundigt, wer der Typ sei, der sich die Aprilia RX zurückgeholt hatte. Weder Hausmeister noch Lehrer bemerkten diese schulfremden Personen, wahrscheinlich weil sie unter den Schülern einen Komplizen hatten. Um Diebstähle auf dem Schulhof zu begehen, musste man entweder einen Schlüssel für das Tor haben, das nach dem Klingeln zum Unterrichtsbeginn unweigerlich abgeschlossen wurde, oder einen Informanten in der Schule, der einem Hinweise über die dort parkenden Fahrzeuge gab und dann das Tor öffnete.

Jedenfalls legte sich ein Mitschüler mit diesen Schulfremden, darunter auch ein paar Erwachsene, an und fing sich dafür einen Schlag in die Magengrube ein, zum Glück nichts Ernstes. In der Schule ging derweil die Welt unter: Die Fremden konnten flüchten, aber natürlich wurde die Polizei gerufen, und es begann eine Untersuchung, um die Abläufe zu rekonstruieren. Es war allen klar, dass ich durch meine Heldentat, durch das, was ich für eine rechtmäßige Wiederaneignung gehalten hatte, eine unvorhergesehene Reaktion provoziert hatte.

Erschrocken erzählte ich alles meinen Eltern, die dann mit mir zum Schulleiter gingen. Mit ihm gemeinsam wurde beschlossen, dass es das Beste sei, sofort zur Polizei zu gehen und die ganze Geschichte zu erzählen.

Ich weiß noch, dass ich bei dieser Gelegenheit den echten Commissario Montalbano kennengelernt habe, mit Vornamen hieß er glaube ich Saverio, nicht Salvo wie bei Camilleri. Der Commissario sagte zu meinen Eltern, die Sache sei durchaus ernst. Der Typ, den ich geschlagen und damit gedemütigt hatte, stammte aus einer Familie von Dieben und Erpressern, die den Madonia nahestanden – damals die unumschränkten Herrscher des Viertels. Bei der Polizei lagen bereits diverse Anzeigen gegen ihn und seine Gruppe vor; inzwischen habe man zwar alle Mitglieder identifiziert, wolle aber noch weitere Beweise sammeln, bevor man den Haftbefehl beantrage.

Das bedeutete für mich, dass ich von nun an unter Polizeischutz zur Schule gebracht wurde und dass nach der Schule stets ein Wagen des Kommissariats auf mich wartete, zur Freude meiner Mitschüler wie der Lehrer.

Doch in der Zwischenzeit waren die Kriminellen nicht untätig. Da sie sich für unangreifbar hielten, machten sie unverfroren weiter und fanden schließlich die Identität der Eltern meines Freundes heraus.

Nicht zu Unrecht durch die Ereignisse eingeschüchtert, dachten sie vor allem an die Sicherheit ihres Sohnes, vielleicht auch an meine, einigten sich mit den Gangstern und zahlten heimlich die verlangten 500 000 Lire, was für die Gangster unabdingbar war, um ihr Prestige und die Kontrollhoheit über das Viertel wiederherzustellen. Wie ich erst ein paar Jahre später erfuhr, gehörte zu der Vereinbarung auch die Zusicherung, dass ich mich zukünftig aus ihren Angelegenheiten heraushalten würde. Sollte ich mich noch einmal einmischen, würde mich das teuer zu stehen kommen.

Das Schuljahr ging zu Ende, und ich machte das Abitur. Mit achtzehneinhalb trat ich in den Polizeidienst ein, und

1993 durfte ich zu meiner größten Genugtuung miterleben, wie die gesamte Bande verhaftet wurde, auch der Typ, dem ich das Motorrad wieder abgenommen hatte. Auch die Bosse, unter deren Schutz sie standen, nahmen später dasselbe Ende und wurden zu lebenslänglicher Haft verurteilt.

Was hat das mit Ehre zu tun, wenn man die Leute übertölpelt? Was soll der soziale Nutzen sein, wenn ein solches Gesindel unsere Straßen bevölkert und unsere Kinder attackiert? Wie kann man sich je damit abfinden, in einer derartigen Gesellschaft zu leben?

Natürlich kann man behaupten, dass die Mafia auch in meinem Fall gewonnen hat. Doch das war ein vergänglicher Sieg, und so wird es immer sein. In meinem Fall hat irgendjemand für meine Sicherheit bezahlt, doch am Schluss kam es, wie es kommen musste: Die Schuldigen wanderten ins Gefängnis, und ich war, natürlich unter dem Einfluss der Geschehnisse, mehr denn je wild entschlossen, mich auf die richtige Seite der Barrikade zu schlagen.

Der Staat ist da. Wir sind der Staat. Das ist weder Rhetorik noch Utopie. Wenn die Wachsamkeit in der Gesellschaft nachlässt, wird der Staat geschwächt und die Institutionen werden machtlos und korrumpierbar.

Zweifellos gibt es auch Ungereimtheiten. Noch heute, in einer Zeit, wo das Phänomen Mafia umfassend bekannt ist und Justiz und Polizei das Land kontrollieren, muss man tatenlos zusehen, wie Prävention und Bekämpfung der Mafia durch Mittelkürzungen bei den Ordnungskräften und durch den Einsatz der Armee als Alternative gefährdet werden. Diese politischen Entscheidungen halte ich für unlogisch und widersprüchlich.

Einerseits erklärt man der Öffentlichkeit, man wolle Sicherheit und Legalität garantieren, während man andererseits die ohnehin schon mageren finanziellen Mittel in zweitrangige oder ergänzende Bereiche umleitet, anstatt sie den wirklich erfolgreichen Ordnungskräften, nämlich der Staatspolizei, den Carabinieri und der Finanzpolizei, zur Verfügung zu stellen.

Insbesondere durch die Kürzungen im Bereich der Öffentlichen Sicherheit werden funktionstüchtige, bisher erfolgreich arbeitende Ermittlungseinheiten gefährdet.

Das hat nichts zu tun mit Lokalpatriotismus oder einer exzessiven Verteidigung der Interessen der eigenen Berufsgruppe, denn wenn in einem Polizeipräsidium wie dem von Palermo das Budget für Außeneinsätze von 2 Millionen auf 400 000 Euro gekürzt wird, dann heißt das, dass man jede Ermittlung vor Ort, beispielsweise über Mafiafamilien in der Provinz, torpediert.

Wenn man in bevölkerungsreichen und wirtschaftlich interessanten Gebieten wie Partinico oder Altofonte die ohnehin schon schwache Polizeipräsenz noch weiter herunterfährt, tut man nur der Mafia einen Gefallen.

Ich, der ich die Mafia aus eigener Anschauung kenne, ich, der ich Typen wie Brusca, Provenzano, Greco und Aglieri ins Gesicht gesehen habe, ich, der ich mit eigenen Ohren mitangehört habe, wie Honoratioren und Freiberufler wie die Ärzte Antonino Cinà und Giuseppe Guttadauro ihre finsteren Machenschaften aushecken, kann nur warnend in alle vier Winde rufen, dass die Cosa Nostra keineswegs tot ist, sondern quicklebendig und über sämtliche Kräfte verfügt, um sich erneut zu regenerieren.

An der Mafia ist überhaupt nichts nobel oder faszinierend, und Arbeitsplätze schafft sie erst recht keine.

Im Gegenteil, sie untergräbt die Würde aller, die mit ehrlicher Arbeit ihr Geld verdienen. Durch Schutzgelderpressung, getürkte Auftragsvergabe, Errichtung unsicherer Gebäude und ihr Monopol im Dienstleistungssektor usw. schädigt sie den freien Markt und produziert nur Unterentwicklung und Armut, wie es seit jeher und auch heute noch in ganz Süditalien geschieht, und nicht nur dort.

Die Polizei, die Gewerkschaften und die Zukunft der Ermittlungen
von I.M.D.

»Hier bei uns im Einsatzkommando brauchen wir keine Gewerkschaft. Arbeite lieber!«

Als ich in den neunziger Jahren diese Worte hörte, wurde mir klar, dass es bei der Polizei Palermo keinerlei gewerkschaftliche Aktivitäten gab.

Achtung: Das bedeutet nicht, dass die Kollegen nicht Mitglied einer Gewerkschaft sind. Im Gegenteil, sie sind fast zu hundert Prozent gewerkschaftlich organisiert. Nur dass beim Einsatzkommando in Palermo andere Regeln gelten als für alle anderen italienischen Polizisten, denn die Mobile ist eine Welt für sich.

Wer dort anfing, wusste beispielsweise, dass es keine festen Arbeitszeiten gab, dass bei Außendienst nur eine monatliche Pauschale bezahlt wurde, selbst wenn man alle dreißig Tage eines Monats unterwegs war. Dass bei hundert Überstunden nur so viele vergütet wurden, wie der Haushalt es zuließ, der Rest war ein Geschenk an den Staat. Auch Urlaub und Freizeit waren ein heikles Thema: Man bekam sie selten, ganz zu schweigen von allen anderen hart erkämpften Rechten, wie sie für den Rest des »Planeten Polizei« galten und in der Polizeireform von 1981 festgeschrieben worden waren.

Also wird man sich fragen, wozu die Gewerkschaft überhaupt gut ist. Faktisch zu gar nichts. Eigentlich war sie nur ein Verein zur sozialen Distinktion. Schau'n wir mal, in welche Gewerkschaft du eintrittst, und ich sage dir, wer du bist. Im Sekretariat beispielsweise hatte die SAP (Unabhängige Polizeigewerkschaft) das Sagen, und wer sich nicht mit unserem Vorgesetzten Pietro, »dem Hund«, anlegen wollte, trat aus reinem Konformismus dort ein.

Wer dagegen mit der SIULP (Einheitsgewerkschaft der Polizei und Feuerwehr) sympathisierte, galt als Gegner der verfassungsmäßigen Ordnung, als kämpferisch und polemisch, mit einem Wort als Nervensäge. Die Proletarier hingegen waren bei der SIAP, die früher den einfachen Dienstgraden vorbehalten war, heute jedoch vom gehobenen Dienst bevölkert wird und in Palermo zu den kämpferischsten und radikalsten zählt.

So weit, so gut. Aber wenn die Dinge so standen und sich so gut wie keiner für die vertraglichen Rechte der Arbeitnehmer interessierte, warum waren dann alle so wild darauf, bei der Kripo zu arbeiten?

Weil es der Traum jedes jungen Polizisten war, an der Seite solch legendärer Figuren wie Arnaldo La Barbera oder Miranda zu arbeiten, weil man keine Uniform tragen musste, lange Haare, Bart und Brillantohrring haben durfte, weil man gegen die Mafia kämpfte und weil man dafür, dass man auf seine Rechte verzichtete, etwas Besonderes bekam, was normale Polizisten nicht hatten: die goldene Plakette der Kriminalpolizei. Durch dieses Stückchen Blech wurde man geadelt, denn sie wurde nur wenigen Auserwählten zuteil. Wenn man diese Plakette zückte, wurde jeder Gangster augenblicklich kleinlaut, weil er wusste, dass er es nicht mit einem normalen Polizisten zu tun hatte, sondern mit einem von der Kriminalpolizei.

Damals arbeitete man noch nach dem alten System. Verdächtige wurden auf der Straße verfolgt und dann von Streifenwagen gestoppt, um ihre Identität festzustellen. Zur Telefonüberwachung hatte man eine Art riesigen Computer, Digisistem hieß er, glaube ich, der einen langen Papierstreifen auswarf. Auf diesem Streifen standen die Verbindungsdaten der Gespräche, die man dann von einem Tonband abhörte.

Wenn man mal kurz wegging, um im Erdgeschoss einen Kaffee zu trinken, oder vielleicht mal nicht aufpasste, konnte es passieren, dass sich der Papierstreifen verheddert und die ganze Maschine blockierte. Dann brauchte man viel Zeit und eine Engelsgeduld, um das Knäuel wieder zu entwirren.

Echte Steinzeit, im Vergleich zu den heutigen Computern. Um fünf Telefone zu überwachen, benötigte man damals viel Platz und fünf Männer im Schichtbetrieb. Heute braucht man nicht einmal mehr in den Abhörraum zu gehen, man kann die Gespräche auf einen Micropalm umleiten und sie gemütlich am eigenen Schreibtisch abhören. Einmal klicken, und auf dem Bildschirm erscheint der Name des Teilnehmers und der Anschluss. Eines Tages werden wir unseren Palm sogar mit nach Hause nehmen, da bin ich mir sicher.

Als wir 1996 gegen Giovanni Brusca ermittelten, musste man noch nach Deutschland fahren, um ein Gerät zur Ortung von Mobiltelefonen zu kaufen. Damals konnte man den Standort auf einen Umkreis von dreihundert Metern eingrenzen, in einer Stadt ist das ein Riesengebiet. Heute liefern die Telefongesellschaften automatisch weit genauere Daten und der einzugrenzende Umkreis ist zehnmal kleiner.

Die Zeiten ändern sich, die Technologie erleichtert die Ermittlungen, und die Polizei bringt sich kontinuierlich auf den neuesten Stand.

Jetzt ist es die Regel, dass man sich nicht blicken lässt und möglichst aus der Distanz die geheimen Absprachen der Delinquenten mithört. Aber auch die Gegner gehen mit der Zeit und ergreifen alle erdenklichen Gegenmaßnahmen, um das zu verhindern. Am Telefon benutzen sie verschlüsselte Codes, am Computer abhörsichere Systeme, Wohnungen und Autos werden regelmäßig auf Wanzen überprüft. Doch da sie ihr »Business« nicht aussetzen können, müssen sie sich weiterhin treffen, diskutieren, reisen, drohen, bestechen, morden. Diese Tätigkeiten kann man nicht aus der Distanz erledigen, und hier kommen wir ins Spiel.

Damals wie heute gilt, sobald sie das Haus verlassen, werden sie angreifbar, dann kann man sie packen. Untergetauchte fasst man am besten, wenn sie ihren Unterschlupf verlassen, um beispielsweise an einem Gipfeltreffen teilzunehmen. So war es in vielen Fällen, bei den Lo Piccolos, bei Pietro Aglieri und Peppuccio La Mattina, und eines Tages wird vielleicht auch Matteo Messina Denaro an der Reihe sein.

Doch auch die Kripo hat sich verändert. Obwohl sie nichts von ihrer historischen Bedeutung eingebüßt hat, ist ihr Herz nicht mehr dasselbe. Inzwischen sind unsere Lehrmeister, von denen wir das Handwerk gelernt haben, fast alle im Ruhestand. Jetzt sind wir, die wir in den achtziger und neunziger Jahren zur Catturandi kamen, die Alten, wir sind die Gegenwart, und die vielen jungen Leute, die erst kurz dabei sind, sind unsere und eure Zukunft.

Die Umstände haben sich geändert. Die vergoldete Plakette wurde abgeschafft, und die Kriminalpolizei hat denselben Dienstausweis wie alle anderen Abteilungen. Die Gewerkschaften sind aktiver und versuchen – trotz aller arbeitsrechtlicher Probleme, die unsere Tätigkeit mit sich bringt –, für diese schlecht behandelte und kaum anerkannte Berufsgruppe, die nicht einmal ein Streikrecht hat, das Beste herauszuholen. Deshalb hat sich seit einiger Zeit auch das Verhältnis zur Gesellschaft verändert. Und wenn früher weitgehend unbekannt war, dass es bei der Polizei überhaupt Gewerkschaften gibt, sind diese heute Ausgangspunkt zahlreicher Initiativen, die von ihrer Kernkompetenz über kulturelle Aktivitäten bis hin zu Solidaritätskampagnen reichen.

Neben Polizei und Gewerkschaften ist auch die Unterwelt nicht mehr dieselbe. Zwar ist es in einem harten, jahrzehntelangen Kampf gelungen, die alten Bosse und ihre Sprösslinge hinter Schloss und Riegel zu bringen, doch dadurch ist es zu einer Zersplitterung der Macht gekommen, von der vor allem die unteren Ebenen der Cosa Nostra profitieren konnten. Es ist schon paradox: Ausgerechnet jetzt, wo die Bosse im Gefängnis sitzen, wo man eigentlich meinen könnte, alles sei vorbei und auf den Straßen würde wieder Ordnung und Sicherheit einkehren, müssen wir eine neue Blüte der Mafia erleben.

Dabei ist die neue Generation noch dreister und skrupelloser, und das Einzige, woran sie sich noch hält, sind die alten Bezirke. Ansonsten wird unser armes, geschundenes Palermo erneut von Drogen, Raubüberfällen und Gewalttaten überschwemmt. Trotz zahlloser Festnahmen regeneriert sich die Mafia scheinbar kontinuierlich, und offensichtlich ist ihr allein mit Repression nicht beizukommen. Aber das ist kein soziologisches oder kriminologisches Buch, und deshalb höre ich jetzt auf.

Auch die Kripo muss mit der Zeit gehen, deshalb hat man dort zur Bekämpfung dieser kleinen, aber gefährlichen Fische eine neue Sonderabteilung eingerichtet: die Abteilung für Massenkriminalität. Obwohl sie schon seit Monaten existiert, ist das Personal leider immer noch nicht vollständig und manche Stellen sind mit Leuten aus anderen Abteilungen besetzt.

Inzwischen zeichnen sich, meiner Meinung nach, ganz neue Gefahren am Horizont ab. Da sich Palermo mittlerweile in eine multiethnische Stadt verwandelt hat, treiben dort neben der Cosa Nostra auch zahlreiche ausländische Verbrecherbanden im Verborgenen ihr Unwesen. Auf diesem Gebiet liegen meiner Meinung nach die Herausforderungen der Zukunft, und meine Prognose lautet, dass spätestens die nächste Generation von Polizisten mit ganz neuen Problemen und neuen Formen der Kriminalität konfrontiert sein wird, denn dann wird es möglicherweise um Auseinandersetzungen zwischen verschiedenen ethnischen, kulturellen und sonstigen Interessensgruppen gehen. Wichtig ist dabei vor allem, die Fremdenfeindlichkeit zu bekämpfen, denn es darf nicht sein, dass friedliche und ehrliche Menschen aus Afrika, China und Osteuropa, die hier unter uns leben und arbeiten, kriminalisiert werden.

Es ist ein grundlegender Wandel zu beobachten, und in Zukunft werden wir mit einer Kriminalität konfrontiert sein, in der die Mafia nur noch eine untergeordnete Rolle spielt, während ganz andere Probleme und ganz andere Typen von Straftaten in den Vordergrund treten. Doch was auch passiert, eins weiß ich mit Sicherheit: dass die Squadra Mobile auch weiterhin ausgezeichnete Leistungen vollbringen wird, so wie sie es in ihrer langen, ruhmreichen Geschichte immer getan hat.

Ein außergewöhnliches Team

von Guido Marino, ehemaliger Leiter der Kripo von Palermo, heute Polizeipräsident von Catania

Als I.M.D. mich darum gebeten hat, sein *100% Bulle* vorzustellen, fühlte ich mich sehr geschmeichelt und wollte bei meinem Auftreten ganz sachlich und distanziert erscheinen. Das ist mir gründlich misslungen.

Wahrscheinlich werde ich wohl nie emotionslos von der Kripo in Palermo sprechen können, aber ich gestehe, dass mir dies – vielleicht zum ersten Mal in meinen dreißig Dienstjahren – überhaupt nicht leidtut.

Da der Leser weder die heiligen Hallen der Kripo in Palermo noch die Krypta der Catturandi kennt, muss ich zunächst einmal klarstellen, dass der vorliegende Text fast in Tagebuchform die dramatischsten Momente dieser Truppe nachzeichnet – beispielsweise die Ermittlungen, die schließlich zur Verhaftung der wichtigsten untergetauchten Bosse geführt haben. I.M.D. stand dabei an vorderster Front und kann nicht nur die Vorgehensweise genau beschreiben, sondern auch individuelle und ganz menschliche Momente einfangen, das Jagdfieber und die Rückschläge, die Euphorie und die Erschöpfung.

Wenn ich nicht selbst die Ehre und das Privileg gehabt hätte, die Kripo von Palermo mehr als fünf wunderbare und unvergessliche Jahre lang zu leiten, hätte ich das Buch leicht mit angelsächsischem Understatement präsentieren können. Deshalb möchte ich den Leser als Erstes darauf aufmerksam machen, dass hier eine Tätigkeit beschrieben wird, die sich nicht in Regeln und Regelungen, in Bürozeiten und Dienstberichte pressen lässt, denn hier geht es einzig und allein darum, das gesetzte Ziel zu erreichen. Dazu bedarf es der Opferbereitschaft, der absoluten Hingabe, der Phantasie, der Hartnäckigkeit und vielem mehr. Medienberichte über die Festnahme eines Mafiabosses beschränken sich fast immer auf die Endphase der Ermittlungen, sie können aber nie die ganze Atmosphäre vermitteln: die Spannung, die nervenaufreibenden Versuche, auch nur einen winzigen Schritt vorwärts zu kommen, die Wut über unvermeidliche Zwischenfälle, die Frotzeleien unter den Kollegen, die hastig hinuntergeschlungenen Brötchen, die unzähligen Tassen Espresso, die Sonntage im Dienst, die Auswirkungen auf die Familie und das Gedenken an unsere Gefallenen.

Das Besondere dieses Tagebuchs und somit das Verdienst von I.M.D. besteht darin, mit zugleich naivem und leidenschaftlichem Blick seinen Einsatz als Ausnahmepolizist fast fotografisch genau festgehalten zu haben, ohne seine Umgebung zu vergessen, seine Arbeitskollegen und die Begeisterung für die Arbeit. Während ich diese Zeilen schreibe, denke ich darüber nach, welche Vorstellung ein Leser, der nicht vom Fach ist, von diesen Polizisten gewinnt, denen wir die Festnahme von Mafiosi verdanken, von denen man lange Zeit glaubte, sie seien einfach nicht zu fassen. Doch ich muss zugeben, dass es mir schwerfällt, dies zu beurteilen, denn ich sehe die Gefahr, das unermüdliche Engagement dieser Männer entweder zu banalisieren oder im Gegenteil zu übertreiben. Die Darstellung ist zwar durch und durch realistisch und glaubwürdig, aber sie kann das

Leben dieser Männer trotzdem nicht in seiner Gänze erfassen.

Deshalb möchte ich den Leser zum Schluss noch auf etwas anderes hinweisen: Die Catturandi und ganz allgemein die Kripo von Palermo ist keine Gruppe von Marsmenschen, die sich für unverletzlich und unzerstörbar halten, sondern ein außergewöhnliches Team von Polizisten, die überwiegend aus Palermo stammen, ihre Heimat lieben und sie deshalb ehren und verteidigen wollen, in der Nachfolge der (allzu) vielen Polizisten, denen das Polizeipräsidium und die Kripo einen Gedenkstein errichtet hat; ein Team von Polizisten, die beweisen können, dass Palermo – das ein unausrottbarer Gemeinplatz als die Hauptstadt der Mafia bezeichnet – auch die wahre Hauptstadt des Kampfes gegen die Mafia ist!

Diesem hervorragenden Team, mit dem ich fünf unvergessliche Jahre zusammengearbeitet habe, möchte ich meine unendliche Dankbarkeit ausdrücken für all das, was es mich gelehrt hat und durch das ich unverbrüchlich an diese magische Erfahrung gebunden bin.

I.M.D. möchte ich schließlich dafür danken, dass er mir die Möglichkeit gegeben hat, diese Gefühle zum Ausdruck zu bringen, die in der Erinnerung an den dramatischen Tod von Oscar, einem der Besten aus diesem Team, noch stärker geworden sind.

Nachwort

von Giuseppe Tiani,
Generalsekretär der Gewerkschaft SIAP

Dies ist ein Buch über uns, über unsere Arbeit, über unseren Alltag als Polizisten. Verantwortungsvoll und loyal erfüllen wir tagtäglich unsere Pflicht im Dienst der Gemeinschaft und der Institutionen. Eine schwierige Aufgabe, besonders wenn man an so exponierter Stelle wie bei der Catturandi in Palermo, dem Herz des Antimafia-Kampfes, tätig ist.

Der ganze Bericht wäre nicht so interessant, hätte I.M.D. sich auf die Rückschläge und bitteren Erfahrungen konzentriert, wie sie in den Jahren seit der Ermordung der Staatsanwälte Falcone und Borsellino im Kampf gegen die organisierte Kriminalität durchaus an der Tagesordnung waren. Angesichts der mangelhaften finanziellen und technischen Ausstattung wäre das nur allzu verständlich gewesen. Aber diese Arbeit muss man lieben, es ist eine Mission, die große persönliche Opfer verlangt, aber auch ein Beruf, der viel stärker gewürdigt und viel besser bezahlt werden müsste. Denn öffentliche Sicherheit und Ordnung bilden die Grundlage der Demokratie und die Grundvoraussetzung jeder wirtschaftlichen Entwicklung, vor allem im Süden Italiens.

Meines Erachtens ist es nicht hinreichend bekannt, dass Polizisten in einem heiklen institutionellen Umfeld arbeiten und dauernd ihr Leben aufs Spiel setzen, und nicht nur

das biologische: allzu oft unter unzureichenden Arbeitsbe-
dingungen, und trotzdem hat niemand Verständnis dafür,
wenn irgendetwas einmal nicht klappt. Dennoch ist unsere
Arbeit mit einzigartigen Emotionen verbunden, die man
eigentlich nur verstehen kann, wenn man sie selbst erlebt
hat. Dem Autor gelingt es aber, dem Leser einen Eindruck
davon zu vermitteln, eine Art leises Echo aus der Ferne.
Die vorliegenden Erinnerungen geben einen guten Überblick über die komplexe Arbeit der Kriminalpolizei, schildern anschaulich die Ermittlungen im Kampf gegen das in-
telligenteste und gefährlichste kriminelle Phänomen, die
Mafia. Weil der Autor alles, was er erlebt hat, die Ereignisse,
die Abstriche am Familienleben und die Anekdoten, aus seiner ganz persönlichen Sicht erzählt, entsteht ein lebendiges
Bild der engagierten Arbeit der Staatspolizei, und zwar von
einem Insider, einem echten »Spürhund«. Im Kampf gegen
das organisierte Verbrechen spielt die Verhaftung der Untergetauchten eine zentrale Rolle, denn damit trifft man die
Organisation ebenso wie alle ihre illegalen Geschäfte auf
nationaler und internationaler Ebene: Durch die Verhaftung der Bosse werden die mafiainternen Entscheidungs-,
Leitungs- und Beziehungsstrukturen unterminiert.
Dieses Buch ist in seiner Art einmalig, geschrieben mit der
Leidenschaft desjenigen, der seine Arbeit liebt und für sie
lebt, ein authentischer Polizist.

Eckart Lohse,
Markus Wehner

Guttenberg

Biographie

Er hat alles, was ein Held braucht: Charisma, Stammbaum, Reichtum, eine schöne Frau und ein großes Amt. Er ist der politische Shootingstar. Sein Erfolg ist beispiellos. Karl-Theodor zu Guttenberg traut man die Kanzlerschaft zu. Zwei Drittel aller Deutschen sind begeistert von ihm. Doch was weiß man wirklich über den »deutschen Kennedy«? Eckart Lohse und Markus Wehner erzählen das private und politische Leben dieses Instinktpolitikers. Viele bislang unbekannte Rechercheergebnisse lassen ein genaueres Bild von ihm zeichnen. Die Autoren schildern den Werdegang, erklären Stärken und Schwächen und das beispiellose doppelte Talent Guttenbergs: Denn er ist nicht nur der interessanteste deutsche Politiker dieser Jahre und vielleicht der Zukunft, er ist der mit Abstand beste Darsteller seiner selbst und ein neuer Typ von Machtmensch.

DROEMER

Maria Eder

Schluss
mit dem Betrug!

Eine Bankangestellte packt aus

Bankberater genießen hohes Ansehen. Ihnen vertrauen
wir, geben Auskunft über unser Vermögen, unsere Lebens-
umstände, unsere Pläne. Doch häufig schwätzen uns Bankberater systematisch unnötige und vor allem teure Finanz-
produkte auf, denn ihr Augenmerk liegt nicht auf dem
Wohl der Kunden, sondern auf der Prämie.

Maria Eder hat bei einem Bankinstitut in Süddeutschland
gelernt, hat sich auf die Arbeit mit Menschen gefreut und
musste feststellen, dass sie die Kundschaft ausnehmen sollte. Nach Jahren des Zweifels und wachsender Gewissens-
bisse hat sie gekündigt und die Branche verlassen. Ihre
bitteren Erlebnisse erzählt sie in diesem Buch.

DROEMER

Susan Casey

Monsterwellen

Auf der Suche
nach der Urgewalt des Meeres

Berichte von ungeheuerlich hohen Meereswellen wurden lange Zeit als Seemannsgarn abgetan. Doch es gibt sie wirklich: Monsterwellen, die sich wie aus dem Nichts urplötzlich aufwerfen und sogar den größten Schiffen zum Verhängnis werden können. Selbst die erfahrensten Kapitäne fürchten sie. Susan Casey präsentiert die neuesten wissenschaftlichen Erkenntnisse über dieses rätselhafte Naturphänomen und schildert die immensen Gefahren, die durch Tsunamis hervorgerufen werden. Sie reist zu den Hot Spots der Riesenbrecher – begleitet von Laird Hamilton, dem berühmtesten Big-Wave-Surfer der Welt. Extremsportler wie er setzen sich wagemutig der Urgewalt des Meeres aus. Für sie ist der Ritt auf einer solchen Monsterwelle das ultimative Abenteuer.

DROEMER